N. V. Peale Trotzdem positiv

NORMAN VINCENT PEALE

Trotzdem positiv

Die Kraft Ihrer Gedanken

OESCH VERLAG

Titel der amerikanischen Originalausgabe:
The Amazing Results of Positive Thinking

Aus dem Amerikanischen übersetzt und bearbeitet von
Ernst Steiger

Neuausgabe 1986
1.–4. Tausend

Schutzumschlag: Heinz von Arx, Zürich
Druck und Bindung: Wiener Verlag, Himberg bei Wien

ISBN 3 85833 321 2

Inhaltsverzeichnis

Vorwort

Dieses Buch wurde von Hunderten von Menschen geschrieben. Meine Aufgabe bestand lediglich darin, die vielfältigen Erfahrungen von Männern und Frauen zu sichten und zusammenzustellen. Es ist die Geschichte erstaunlicher Entwicklungen, die sich im Leben von Tausenden von Menschen abspielten, sobald sie die Grundsätze positiven Denkens in die Tat umsetzten.

Seit mein Buch „Die Kraft positiven Denkens" veröffentlicht wurde, habe ich von unzähligen Lesern Zuschriften erhalten. Dieses Buch zeigt, wie wir unserem ganzen Denken eine neue, positive Richtung geben können. Viele Leser berichteten mir, wie sie die Grundsätze positiven Denkens in ihrem Leben praktisch angewandt haben. Sie erzählten mir, wie es ihnen gelang, ihre Lebensangst zu meistern, wie sie persönliche Beziehungen positiver gestalten konnten, wie sich ihre Gesundheit verbesserte, wie sie innere Konflikte überwanden und neues Selbstvertrauen gewannen.

Viele meiner Leser haben durch mein Buch neue Lebensfreude und Vertrauen in eine göttliche Führung gewonnen. Sie begannen die Bibel zu lesen, und sie erzählten mir, wie sie ihrem ganzen Dasein einen neuen Sinn abgewinnen konnten. Sie entdeckten ganz neue Werte, und die praktische Anwendung geistiger Prinzipien gab ihnen neue Freude und neuen Lebensinhalt, ja, gestaltete ihr ganzes Dasein zu einem spannenden Abenteuer.

Diese Briefe kamen von Katholiken, Protestanten und Juden. Und alle erzählten mir, wie Gott in ihrem Leben zu einer lebendigen Realität geworden ist. Viele von ihnen waren mehr oder weniger regelmäßig zur Kirche gegangen, sie fanden aber wenig Befriedigung und Sinn darin. Plötzlich entdeckten sie neue

Möglichkeiten, neue Gesichtspunkte und gewannen neues Vertrauen.

Alle diese Briefe haben mich so sehr beeindruckt, daß ich sie in dem vorliegenden Buch zusammengefaßt habe. Es ist das lebendige Abbild praktischer Lebenserfahrungen vieler Menschen, die es möglich gemacht haben, ihrem Dasein neuen Sinn und Inhalt zu geben. Die Grundsätze positiven Denkens haben das Leben vieler Menschen verändert. Sorge verwandelte sich in Freude, Schwäche in Stärke, Mißerfolg in Erfolg, Hoffnungslosigkeit in Zuversicht.

Mein neues Buch erklärt, wie dieselben Grundsätze auch Ihnen helfen können. Wenn Sie mein Buch gelesen haben, und wenn Sie seine Grundsätze in Ihrem Leben praktisch anwenden, werden Sie vermutlich selbst ganz neue Wege entdecken, Ihre Probleme zu meistern. Ich freue mich, wenn Sie mir Ihre Erfahrungen auch mitteilen, damit ich sie andern Menschen ebenfalls zugänglich machen kann.

Norman Vincent Peale.

1. Kapitel

Kann positives Denken immer wirken?

Diese Frage muß ich aus voller Überzeugung bejahen. Ich gebe zu, daß es sich hier um eine vielleicht etwas merkwürdig klingende Behauptung handelt. Irgend jemand könnte einwenden, wenn dem so sei, dann sprächen die Tatsachen dagegen. Er habe sich Mühe gegeben, positiv zu denken, trotzdem seien seine Probleme noch ungelöst. Ein anderer könnte sagen: „Ich hatte ein Geschäft, kam in Schwierigkeiten, und es gelang mir trotz meiner positiven Denkweise nicht, sie zu überwinden. Positives Denken allein veränderte die Tatsachen nicht! Mißerfolg ist eine Tatsache. Wer das bestreitet, gleicht dem Vogel Strauß, der den Kopf in den Sand steckt."

Die Bedeutung des positiven Denkens wird oft mißverstanden. Ein positiver Mensch lehnt es nicht ab, das Negative zur Kenntnis zu nehmen, er weigert sich nur, sich ihm zu unterwerfen. Die positive Denkweise blickt immer zuerst auf die guten Möglichkeiten, sie erstrebt selbst unter schlechtesten Verhältnissen die besten Resultate. Es ist immer möglich, etwas Besseres zu erhoffen und anzustreben, selbst wenn die Dinge noch so unfreundlich aussehen. Und es ist eine bemerkenswerte Tatsache, daß Gott an unserer Seite steht, wenn wir wirklich seiner Hilfe bedürfen und sie annehmen wollen.

Vor einiger Zeit erhielt ich Nachricht von einem Freund, der plötzlich seine Stelle verloren hatte. In einer Unterredung mit Bill lernte ich die näheren Umstände kennen. Man hatte ihn ohne Begründung entlassen, indem man ihm lediglich mitteilte, daß durch eine Änderung der Geschäftspolitik seine Dienste nicht mehr beansprucht würden. Um die Sache noch schlimmer zu machen, muß man wissen, daß Bill vor wenigen Monaten eine verlockende Offerte einer andern Firma erhalten hatte. Er besprach damals dieses Angebot offen mit seinem Chef, der ihn aber überzeugen konnte, daß er in der Firma bleiben müsse. „Wir brauchen Sie hier, Bill, und ich sage Ihnen offen, daß Sie bei uns große Möglichkeiten haben", hatte er damals gesagt.
Es ist nur begreiflich, daß mein Freund bitter reagierte. Er fühlte sich verletzt, und sein Selbstvertrauen hatte schwer gelitten. In diesem Zustand war es nur zu gut verständlich, daß er es schwer hatte, eine andere Arbeit zu finden.
Gerade in einer solchen Situation kann positives Denken sehr viel nützen. Eines Tages kam Bill mein Buch „Die Kraft positiven Denkens", das er vor Jahren gelesen hatte, wieder in die Hände. Es wurde ihm bewußt, daß seine Situation voller Schwierigkeiten war, und es wurde ihm klar, daß negative Gedanken und Gefühle seine Sorgen nur noch vermehrten. Wenn es ihm gelingen würde, an ihre Stelle positive, aufbauende Gedanken zu setzen, dann hätte er den ersten Schritt zur Überwindung seiner Schwierigkeiten getan.

Hier bestand zu mindesten eine Möglichkeit, eine Wendung herbeizuführen. Bill versuchte seine negativen Gedanken durch solche des Vertrauens und des Glaubens zu ersetzen. Er begann mit einem systematischen Programm zur Änderung seiner Denkweise. In seinen Gebeten kam zum Ausdruck, daß Gott wohl für sein Leben einen Plan habe, und daß selbst im Verlust seines Arbeitsplatzes ein tieferer Sinn liegen müsse.

Eines Tages, kurze Zeit nachdem er seinem Denken eine neue Wendung gegeben hatte, traf er einen alten Freund. Dieser fragte ihn, wie es ihm gehe.
„Ich habe soeben meine Stelle verloren“, sagte Bill.
Der Freund war erstaunt. „Bill“, sagte er, „du bist sicher ehrlich genug, um dir darüber Gedanken zu machen. Was ist geschehen?“ Bill erzählte den Vorfall und schloß mit den Worten: „Ich weiß, daß Gott für mich anderswo eine Aufgabe bereit hält.“

„Gott? Machst du dir keine weiteren Sorgen?“

„Nicht im geringsten. Eines Tages wird sich eine Wendung ergeben. Wenn eine Tür zugeht, wird sich eines Tages eine neue öffnen, sofern wir genügend Selbstvertrauen und Glauben aufbringen.“

Einige Tage später erhielt Bill den Telefonanruf eines Bekannten. Dieser teilte ihm mit, daß in seiner Firma eine Stelle frei sei, die er sofort antreten könne. Die Arbeit war nicht so gut bezahlt wie seine frühere Tätigkeit, aber sie bot schönere Möglichkeiten. Bill nahm die Stelle an. Er zweifelte nicht daran, daß sie ihm neue und bessere Chancen gab, seine Fähigkeiten anzuwenden und zu entwickeln. Schon nach kurzer Zeit entdeckte er, daß ihm die neue Arbeit weit mehr Befriedigung brachte, ja er begeisterte sich dafür in einer Art und Weise, die er früher überhaupt nicht gekannt hatte. Er wußte, daß ihn diese Arbeit vorwärts bringen würde und daß sie Teil einer gottgewollten Entwicklung war.
Die Wirkungen positiven Denkens haben nichts mit Magie zu tun. Hier wirkt ein eigentlich wissenschaftliches Prinzip. Solange Bill seinen Geist mit Ressentiment, Ärger und Haß angefüllt hatte, zerstörte er seine eigenen menschlichen und beruflichen Werte. Er verunmöglichte es sich selber, bei der Suche nach einer neuen Arbeit das Beste zu leisten. Die Wirkungen einer positiven Denkweise sind nicht zuletzt auch eine Angelegenheit des gesunden Menschenverstandes.

Das positive Denken erkennt, daß Gut und Böse im Leben stets vorhanden sind, daß es aber weit besser ist, auf das Gute zu bauen. Und wenn wir auf das Gute bauen, gewinnt es die Kraft, sich selber zu stärken und zu entwickeln.
Kürzlich verließ ich mein Büro und rief ein Taxi herbei. Während der Fahrt stellte ich fest, daß der Chauffeur ein sehr glücklicher Mensch sein mußte. Er summte und pfiff ständig irgendeine Melodie vor sich hin. Nach einer Weile sagte ich zu ihm: „Sie scheinen heute gut aufgelegt zu sein!"
„Warum sollte ich nicht?" sagte er. „Ich habe heute etwas gelernt: nämlich daß es sich nicht lohnt, sich aufzuregen oder in Wut zu geraten. Alles gleicht sich immer wieder aus."

Der Taxichauffeur erklärte mir, was er damit meinte. Er war am Morgen sehr früh aufgestanden und hoffte, dadurch vermehrte Fahrten machen zu können. Es war ein bitterkalter Tag. Der Chauffeur sagte: „Die Temperatur war so, daß einem die Finger kleben blieben, wenn man Metall berührte. Kurz nach meiner Abfahrt hatte ich eine Pneupanne. Ich wurde sehr ärgerlich, zog mein Überkleid an und versuchte, mit dem Schraubenschlüssel das Rad auszuwechseln. Es war so kalt, daß ich nach wenigen Minuten aufhören und mir die Hände wärmen mußte. Nachdem ich mich eine Weile mit dem Rad herumgeärgert hatte, kam ein Lastwagen angefahren und stoppte. Der Chauffeur sprang heraus, und zu meinem großen Erstaunen begann er mir zu helfen. Als das Ersatzrad an seinem Platze war, sprang der Helfer wieder in seinen Wagen, lehnte meine Dankesbezeugung ab und fuhr weg.
All dies versetzte mich in gute Stimmung. Zuerst war ich ärgerlich über den ‚Plattfuß', dann aber heiterte sich meine Stimmung auf, weil ich mich so sehr über den hilfreichen Lastwagenfahrer freute. Sogar die Geldfrage glich sich wieder aus. Nie hatte ich einen besseren Morgen, ein Kunde nach dem andern verlangte

mein Taxi. Darum ärgern Sie sich nicht, wenn es einmal schiefgeht, alles gleicht sich wieder aus.“

Das war nun wirklich ein Mensch, der positiv denken konnte. Er sagte, daß er den Mißhelligkeiten des Lebens keine Gelegenheit mehr geben wolle, ihn aus dem Gleichgewicht zu bringen. Darin liegt wahres positives Denken. Wenn man warten kann, entwickeln sich die meisten Dinge wieder in besserer Richtung, denn das Gesetz des Ausgleichs ist immer auf der Seite des positiven Denkers. Wer sich auf eine gute Zukunft konzentriert und mit dieser Einstellung dunkle Stunden überwindet, wendet sich automatisch dem schöpferischen Tun zu.

Es ist eine Tatsache, daß keinem von uns die Begegnung mit Schwierigkeiten und Sorgen erspart bleibt. Aber niemand braucht sich durch diese Hindernisse entmutigen zu lassen. Wenn wir dem Leben mit dem festen Vertrauen in den Allmächtigen entgegentreten, können wir unsere Schwierigkeiten überwinden und unsere Sorgen auf Distanz halten. Und das gilt für alles, was uns das Leben bringen kann.

Als ich in San Franzisko weilte, hatte ich das Vergnügen, bei einer äußerst liebenswürdigen Dame eingeladen zu sein. Ich habe selten an einem Nachtessen teilgenommen, an dem eine so fröhliche Stimmung herrschte. Die Gastgeberin, Elena Z., ist Mexikanerin, und das Nachtessen bestand aus siebzehn delikaten kleinen Gängen, die ausschließlich von Elena selbst zubereitet wurden — obschon sie total blind ist.

Elena führte einst ein bekanntes Restaurant in San Franzisko. Es war eine reizende Gaststätte, voll Orginalität und Leben. Eines Tages verschlechterte sich ihr Augenlicht, und sie erblindete bald, um in völliger Dunkelheit zu leben. Kurze Zeit später erhielt sie einen Telefonanruf. Sie suchte ihren Weg zum Apparat und erfuhr dort, daß ihr Mann eben bei einem Unfall ums Leben gekommen war.

Sie saß neben dem Telefonapparat, völlig gebrochen, und sie fragte sich, was nun werden sollte. Während Wochen lebte sie in einem Zustand der Hilflosigkeit dahin. Doch in dieser völligen körperlichen und seelischen Dunkelheit fühlte sie schließlich, daß sich ihrer ein starkes Vertrauen bemächtigte, und sie entschloß sich, ihre Gedanken von den negativen Dingen ihres Schicksals auf positive Möglichkeiten zu lenken. Noch während sie mit ihren schweren Sorgen kämpfte, fühlte sie, „daß eine große, starke Hand sie aufrichte".

Elena faßte den festen Entschluß, ihren Kummer, ihre Einsamkeit und ihre Blindheit zu überwinden. Ihr Vertrauen war so felsenfest, daß sie ihr Leben selbst in die Hand nahm und eine einzigdastehende Wendung herbeiführte. Während Jahren gab sie Vorträge über Kochkunst, die oft von tausend Frauen besucht wurden. Sie hatte drei erfolgreiche Kochbücher und ein begeisterndes Lebensbuch geschrieben. Außerdem besitzt sie mit ihren zwei Söhnen ein eigenes Geschäft für tiefgekühlte Lebensmittel, und sie sucht täglich ihr eigenes Büro auf, um wichtige Entscheidungen zu treffen.

Beim Kochen ist sie völlig auf ihr Tastgefühl und ihren Geruchssinn angewiesen. Aber sie erklärt lächelnd, daß dies schon seit jeher das Geheimnis jeder Kochkunst gewesen sei. Elena ist ein leuchtendes Beispiel für die Kraft positiven Denkens. Selbstverständlich interessierte ich mich für das Geheimnis ihres Erfolges, und während wir die von ihr zubereiteten Speisen genossen, machte Elena eine Feststellung, die ich nie mehr vergessen werde. Es ist die erstaunliche Formel, mit der sie ihrem Leben eine positive Wendung gegeben hat. „Handle immer so", sagte sie, „als ob ein Mißerfolg völlig unmöglich wäre, und Gott wird dir beistehen."

Handle immer so, als ob ein Mißerfolg unmöglich wäre!

Elena gehört zu den Menschen, die William James als „Trotzdem-Menschen" bezeichnet. Nach der Lehre dieses großen Philosophen und Denkers besteht die Menschheit aus zwei Typen: den Trotzdem-Menschen und den Zweiflern und Schwächlingen. Die letzteren gehören zu denen, welche sich den Schwierigkeiten und Hindernissen unterordnen. Ihre Tatkraft erlahmt schnell bei irgendwelcher Kritik, und sie verlieren schnell ihren Mut. Sie sind ängstlich, und ihre Verzagtheit führt zu ihrem Mißerfolg. Ganz anders die „Trotzdem-Menschen". Sie sind unter allen Bevölkerungsschichten und Berufen zu finden, und sie zeichnen sich vor allem durch ein großes Gottvertrauen aus. Sie entwickeln eine innere Kraft, die ihnen die Fähigkeit gibt, Schwierigkeiten entgegenzutreten und sie zu überwinden.

In der kleinen Stadt Carmel, wo ich meine Zeitschrift „Guide Posts" herausgebe, lebte ein Junge namens Jim Mackey. Jim war damals 14 Jahre alt und ein liebenswerter Junge, der zu den vorher erwähnten „Trotzdem-Menschen" gehört. Von Natur aus hatte Jim einen athletischen Körperbau, doch nachdem er in die Hochschule eingetreten war, begann er zu hinken. Untersuchungen zeigten, daß Jim an Krebs litt. Eine Operation war unumgänglich, und Jims Bein mußte amputiert werden. Sobald er das Spital verlassen konnte, humpelte er auf seinen Krücken erneut zur Hochschule, sprach mit seinen Kameraden, lachte und scherzte und machte sich über sein hölzernes Bein lustig. „Seht nur her, ich kann etwas, das keiner von euch kann: Ich kann meine Socken an meinem Bein annageln!"

Sobald die Fußballsaison begonnen hatte, ging Jim in einen Club und fragte, ob er beim Training mitwirken könnte. Regelmäßig erschien er auf dem Fußballplatz und erstaunte seine Kameraden durch seinen Lebensmut und seine Spielbegeisterung. Eines Nachmittags erschien er nicht zum Training. Seine Kameraden erkundigten sich und erfuhren, daß Jim erneut ins Spital eingeliefert werden mußte. Die Ärzte stellten fest, daß er an Lungenkrebs litt. „Jim wird kaum mehr als sechs Wochen zu leben haben", sagten sie.

Die Eltern Jims beschlossen, ihm über seinen wahren Zustand keine Auskunft zu geben. Sie wollten, daß Jim bis zu seinem Tod ein normales Leben führen sollte. So kehrte Jim auch wieder auf den Fußballplatz zurück, und mit seinem ansteckenden Lachen führte er die Mannschaft von Sieg zu Sieg. Seine Kameraden beschlossen, Jim einen Ball zu schenken, auf dem sämtliche Unterschriften des Teams angebracht waren. Es wurde ein Bankett angesagt, doch Jim erschien nicht. Er war zu schwach geworden, um daran teilzunehmen.

Einige Wochen später erschien Jim jedoch wieder. Er war blaß und sah sehr angegriffen aus. Abgesehen davon jedoch war er der alte: lachend und Scherze machend. Als er nach dem Spiel ins Büro des Spielleiters kam, war bereits das ganze Team anwesend. „Es ist sehr schade", sagte der Mannschaftskapitän, „daß du nicht an unserem Bankett teilnehmen konntest." — „Ich muß Diät halten", sagte Jim, und mit einem Lächeln versuchte er seine Schmerzen zu verbergen. Als ihm der Sieges-Fußball übergeben wurde, dankte Jim mit Tränen in den Augen. „Unsere Erfolge haben wir ausschließlich dir zu verdanken, Jim", sagte der Kapitän. Jim und seine Kameraden unterhielten sich noch über die Spiele der kommenden Saison, und als es Zeit wurde zu gehen, sagte Jim: „Good-bye, Captain!"

„Möchtest du nicht lieber ‚auf Wiedersehen' sagen?" fragte der Kapitän.

Jims Augen leuchteten auf, und ein Lächeln erschien auf seinem Gesicht. „Keine Sorge, Captain", sagte er, „mit mir ist alles in bester Ordnung." Und mit diesen Worten verließ er den Raum. Zwei Tage später war er tot.

Jim hatte immer gewußt, wie es um ihn stand. Aber er konnte die Situation ertragen, weil er ein „Trotzdem-Mensch" war. Man könnte sagen, Jim sei trotzdem gestorben. Sein positives Denken habe ihm nicht viel geholfen. Das aber ist nicht wahr. Jim wußte, wie er seine Haltung wahren und eine außerordentlich schwere Lage ertragen konnte. Er steckte den Kopf nicht in den Sand. Er wußte zwar genau, was ihm bevorstand, doch ließ er sich nicht entmutigen. So kurz sein Leben auch war, benutzte er es doch, um Mut, Vertrauen und Fröhlichkeit zu entwickeln, nicht nur in sich selber, sondern auch bei allen Menschen, die mit ihm in Berührung kamen. Kann man sagen, daß ein Mensch, der es fertiggebracht hat, trotz dieses schweren Schicksals sein Leben zu erfüllen, Mißerfolg gehabt hat?

Jim ist ein Beispiel dafür, was positives Denken vermag. Es verneint die Möglichkeit, sich geschlagen zu geben.

Positives Denken macht immer das Beste aus dem Vorhandenen. Ich war stets ein Bewunderer von Thomas Carlyle. Kürzlich besuchte ich Ecclefechan, das kleine schottische Dorf, wo Carlyle geboren wurde. Ich war auf der Suche nach Motiven für die Charakter- und Geistesstärke dieses Mannes. Carlyle war der Sohn eines Steinhauers. Als er zu seiner Ausbildung in Edinburgh eintraf, besaß er nur einen Schilling. Trotzdem hat er den Weg zur Unsterblichkeit beschritten.

Carlyle wuchs in der kleinen Stadt Ecclefechan auf, die halbwegs zwischen der schottischen Grenze und der Stadt Dumfries liegt. Er liebte beide Orte, und obschon er die Möglichkeit gehabt hätte, in Westminster-Abbey begraben zu werden, zog er die kleine schottische Stadt dem Leben in London vor. Als ihn Königin Viktoria einmal fragte, welches die schönste Straße in Großbritannien sei, antwortete er: „Die Straße von Ecclefechan nach Dunfries.“ Und als ihn die Königin dann fragte, was er für die zweitschönste Straße halte, antwortete er: „Den Weg zurück nach Ecclefechan.“

Ich besuchte Carlyles Grab auf dem Friedhof seiner geliebten Heimatstadt. Ich saß dort längere Zeit und las einige seiner Gedanken, und seine Botschaft machte mir erneut großen Eindruck. Die Quintessenz davon lautet: Gib nie auf, stehe dazu, kämpfe es durch, Gott wird dir beistehen.

Carlyle sagte mit andern Worten, das Leben stellt jedem von uns die Frage, ob er ein Kämpfer oder ein Feigling sein will. Und woher nahm Carlyle seine Ideen? Selbstverständlich aus dem Buch, welches die Menschen immer wieder aufgerichtet hat. Die Bibel sagt eindringlich, wir möchten stark bleiben, guten Mut haben, uns nicht fürchten, denn Gott werde uns überall auf unseren Wegen beistehen.
Willst du ein Kämpfer oder ein Feigling sein? Willst du zu den „Trotzdem-Menschen" oder zu den ewig Verzagten gehören? Ein positiver Denker *kann* kein Feigling sein. Er glaubt an sich selber, an sein Leben, an die Menschen und an Gott. Er kennt seine eigenen Fähigkeiten und Möglichkeiten. Niemand kann ihn wirklich besiegen, denn er wird immer das Beste aus allem, was an ihn herankommt, machen.
Vor einiger Zeit plante eine Bank in Manhattan den Bau eines neuen Wolkenkratzers. Der größte Teil der Insel besteht aus gutem Grundstein. Wäre dies nicht der Fall, könnten dort nicht so viele mächtige Gebäude stehen. Die Untersuchungen auf dem Grundstück, welches die Bank bebauen wollte, ergaben jedoch, daß ausgerechnet hier sandiger Boden bestand, auf dem man ganz unmöglich einen Wolkenkratzer hätte erstellen können. Die Bank setzte sich mit Fachleuten in Verbindung, um die Situation möglichst genau abzuklären. Es wurden die verschiedensten Vorschläge gemacht, die jedoch finanziell eine enorme Belastung darstellten. Man fragte die Geologen, wie lange es dauern würde, bis sich sandiger Boden in Sandstein verwandeln werde. Die Geologen antworteten, daß dies rund eine Million Jahre in Anspruch nehmen würde. So lange aber konnte die Bank nicht warten. Man setzte sich hierauf mit Spezialisten in Verbindung, welche wußten, wie lockerer Grund zu behandeln war. Mit Pumpen wurden in den sandigen Boden Lösungen von Sodium, Silikat und Calciumchlorid eingespritzt. In wenigen Tagen festigte sich der Sand und wandelte sich zu einem harten Sandstein, auf dem

ohne weiteres ein sechzigstöckiger Wolkenkratzer aufgestellt werden konnte.

Klingt dies nicht unglaublich? Keineswegs, denn hier handelte es sich um erprobte, wissenschaftliche Tatsachen. Ich selbst aber habe wahre Wunder erlebt, wenn Menschen, die schwach, entmutigt und deprimiert waren, anfingen positive Gedanken zu entwickeln. Ich habe es erlebt, wie solche Menschen stark wie Fels wurden. Die Wandlung kann sich in jedem von uns vollziehen. Positive Denkweise verwandelt uns von Schwächlingen in mutige Kämpfer.

Obwohl die gewaltige Kraft positiven Denkens allen Menschen offensteht, glauben noch viele von uns, sie könnten sich nicht ihrer bedienen. Der Grund liegt in einer seltsamen psychologischen Barriere, die zwischen ihnen und den großen Möglichkeiten der positiven Denkweise steht. Solche Menschen wollen in Tat und Wahrheit ihren Zustand gar nicht ändern. Sie haben Angst vor dem Erfolg, denn es ist oft viel einfacher, sich selbst zu bemitleiden. Unbewußt weisen sie alles von sich, was den bequemen Zustand der Selbstbemitleidung beenden könnte. Wenn der Mensch aber einmal diese ungesunden psychologischen Zusammenhänge erkennt, kann er die Kraft positiven Denkens in sich wirken lassen.

Kürzlich erhielt ich den folgenden Brief eines Lesers aus Petulana in Kalifornien:

„Zum erstenmal in meinem Leben habe ich entdeckt, daß ich selber an meinen bisherigen Mißerfolgen schuld war. Nachdem ich Ihr Buch über die positive Denkweise gelesen habe, ist mir ein Licht aufgegangen. In meinen Gedanken fand ich kleine, längst vergessen geglaubte Ressentiments, die mich daran hinderten, meine Fähigkeiten voll einzusetzen und auszunützen. Gleich Termiten haben sich diese schlechten Gedanken in meinem Denken eingenistet, und ich bin Ihnen zu großem Dank verpflichtet, daß Sie mir geholfen haben, mit ihnen aufzuräumen. Nie habe ich Gutes erwartet, und darum konnte es auch nicht eintreffen. Heute aber sehe ich den Dingen mit Glauben und Vertrauen entgegen. Ich fühle, daß Gott mir ebenso wie andern Menschen eine Chance gibt, und ich werde nicht mehr ruhen, bis ich alle negativen Gedanken aus meinem Kopf entfernt habe."

Dieser Leser hat erkannt, daß er seine Mißerfolge seinem eigenen negativen Denken verdankt. Wir müssen endlich damit aufhören, selber unsere Mißerfolge herbeizuführen. Wir müssen Schluß machen mit der Befürchtung, Erfolg und Glück seien für uns nicht erreichbar.

Ich habe einen guten Freund, welcher in der pharmazeutischen Industrie unseres Landes eine bedeutende Rolle spielt. Er ist Direktor eines der größten Unternehmen auf diesem Gebiet und mußte in seiner Karriere schlimmste Tiefpunkt überwinden. Wie der Flugsand sich in Felsen verwandelte, so hat auch er durch ein geistiges Prinzip die größten Schwierigkeiten überwunden. Ich will meinen Freund hier nur als „Doktor Tom" bezeichnen, denn da er in der Öffentlichkeit eine wichtige Stellung einnimmt, möchte ich seinen Namen nicht nennen. Sein Leben war ein dramatischer Kampf um den Erfolg. Dies mag sonderbar klingen, doch hören Sie seine Geschichte:

Im Jahre 1938 gehörte Doktor Tom zu den leitenden Ärzten einer staatlichen Nervenklinik. Genau zehn Jahre später wurde er dort als schwerkranker Patient eingeliefert.–

Die Jugend Toms schien unter einem glücklichen Stern zu stehen. Es fehlte an nichts: Seine soziale Stellung war glänzend. Er erhielt die beste Ausbildung, die überhaupt möglich war. Während der ersten Schuljahre, die Tom in einer Privatschule verbrachte, befand er sich ständig in Begleitung einer Kinderschwester. Als Tom in die Hochschule eintrat, übergab ihm sein Vater ein Scheckbuch. Was immer er sich wünschte er konnte es ohne Schwierigkeiten erreichen. Seine Umgebung allerdings kontrollierte ihn mit wachsamen Augen. Große Dinge wurden von ihm erwartet, denn er stammte ja aus einer der besten Familien und genoß die denkbar sorgfältigste Erziehung. Was immer Tom auch tat, nie konnte er die hochgeschraubten Erwartungen seiner Umgebung befriedigen. Immer aber, wenn er etwas gut machte, hieß es: „Kein Wunder, es darf bei dieser Herkunft und bei dieser Erziehung gar nicht anders sein!"

Im Unterbewußtsein Toms bahnte sich eine Entwicklung an, wie sie in solchen Fällen oft anzutreffen ist. Eine innere Stimme schien zu sagen: „Wenn ich schon durch Erfolg keine Anerkennung finden kann, dann werde ich sie durch den Mißerfolg erreichen!" Und so kam es auch. Auf der Hochschule begann Tom zu trinken. Die nachteiligen Folgen versuchte er durch Medikamente zu überbrücken. Er heiratete, gründete eine Arztpraxis, wurde Vater, doch sein Zerfall schritt vorwärts. In rund zehn Jahren war er an einem Punkt angelangt, wo ihn ein einziges Glas dazu brachte, tagelang, ja wochenlang weiterzutrinken — bis zur Besinnungslosigkeit. Als Tom eines Tages nach einer solchen Periode nach Hause kam, mußte er feststellen, daß die Behörden Maßnahmen gegen ihn ergriffen hatten. Mit Gewalt wurde er in jenes Spital überführt, in dem er vor relativ kurzer Zeit selbst Arzt gewesen war.

„Während 45 Tagen war ich praktisch ohne Besinnung", erzählte Tom später. „Ich aß aus einem Blechteller wie ein Tier, und während weiteren 86 Tagen lag ich in einem Dämmerzustand zwischen Leben und Tod. Ich war so tief wie nur möglich gesunken. Und dann — noch heute spüre ich wie mein Herz stärker pocht, wenn ich daran denke — hörte ich deutliche, eindringliche Worte an meinem Ohr: „Er handelt nicht mit uns nach unseren Sünden und vergilt uns nicht nach unserer Missetat. Denn so hoch der Himmel über der Erde ist, läßt er seine Gnade walten über die, die ihn fürchten. So ferne der Morgen ist vom Abend, läßt er unsere Übertretungen von uns sein." (Psalm 103, 12.)

Diese Worte haben Toms Leben verändert. Was war geschehen?

Tom wußte es nicht. Er wußte nur, daß ein Wendepunkt in seinem Leben eingetreten war. Er wurde ruhig, und bald erlaubte man ihm, seine Zelle zu verlassen und sich in der offenen Abteilung des Spitals aufzuhalten. Hier lernte er zwei Männer kennen, mit denen er sich befreundete und die ihn mit einer Organisation bekannt machten, die sich mit Alkoholgefährdeten befaßte. Schon nach kurzer Zeit konnte er unter der Führung dieser Leute aus dem Spital entlassen werden. Zu jener Zeit lernte ich Tom bei einer religiösen Zusammenkunft kennen. Noch selten ist mir ein Mann begegnet, der so nach dem Wasser des Lebens dürstete. Er verlangte nach Gott, und Gott verlangte nach ihm, und sie fanden sich.

Tom kehrte nicht plötzlich in seine Praxis zurück. Er fühlte, daß er dazu noch nicht bereit war. Er suchte nach einer Arbeit, die ohne jegliche Verbindung zu seiner Jugend und seiner Ausbildung stand. Die einzige Beschäftigung, die er finden konnte, bestand in einer Arbeit als Hilfsarbeiter in einem Labor. So kam es, daß ein ausgebildeter Arzt, der aus den besten Kreisen der Stadt stammte, im Industrieviertel der Stadt eine einfache Arbeit ausübte. Aber Tom selbst wollte es so. Er wollte herausfinden, ob man ihn als Mensch, seiner eigenen Qualitäten wegen, nicht auf Grund seines guten Namens und seines Geldes, akzeptieren würde.

Eines Tages, als Tom bei seiner Arbeit war, kam eine Delegation des Stadtrates, um eine Inspektion durchzuführen. Tom erkannte darunter einige seiner ehemaligen Klassenkameraden. Er befürchtete, sie möchten ihn erkennen, und drehte ihnen den Rücken zu, bückte sich und beschäftigte sich mit irgendeiner Arbeit am Boden. Einer seiner Arbeitskameraden, ein Neger, bemerkte dies und begriff die Situation instinktiv. Ohne ein Wort zu sagen, übernahm er Toms Arbeit, bis die Besucher sich entfernt hatten.

Dieser kleine Vorfall ist ein Musterbeispiel für die freundschaftliche, brüderliche Haltung einem Mitmenschen gegenüber. Tom und der Neger sprachen nie über diesen Zwischenfall. Doch es entstand zwischen ihnen eine tiefe, freundschaftliche Zuneigung, aus der Tom viel Kraft für seine weitere Entwicklung schöpfte.

„Er hieß Frank", erzählte mir Tom später, „und er wird wohl kaum je erfahren, was er in Tat und Wahrheit für mich getan hat. Frank akzeptierte mich um meiner selbst willen. Zuerst hatte ich, in der Einsamkeit meiner Zelle, die Anerkennung durch Gott gefunden. Darauf folgte die Anerkennung durch den Menschen, gerade das brauchte ich, um einen neuen Anfang zu machen."

Heute praktiziert Doktor Tom erneut mit großem Erfolg. Sein Leben ist getragen von einem starken Vertrauen, hervorgerufen durch die Erfahrungen einer schweren Vergangenheit. Um mit Carlyles Worten zu sprechen: Tom hatte sich von einem Feigling in einen mutigen Menschen verwandelt.

Nicht immer sind es so dramatische Ereignisse, die uns zum positiven Denken führen. Aber es besteht kein Zweifel, daß wir sehr oft einer positiven Denkweise keinen Raum gewähren *wollen*. Unbewußt sorgen wir dafür, daß die Gründe unseres Versagens bestehen bleiben.

Das aber ist nicht das einzige Hindernis, welches sich dem positiven Denken entgegenstellt. Sehr oft sind es hartnäckige negative Elemente, die wir nicht aus unserem Dasein verbannen wollen. Wir strengen uns zwar an, eine Änderung unserer Denkweise herbeizuführen, aber wir scheitern an der Widerstandskraft solcher negativer Blockierungen.

Eines Abends, nachdem ich bei einer Zusammenkunft meinen Vortrag beendet hatte, sprach mich ein Zuhörer mit den Worten an: „Ich habe gelesen, was Sie schreiben, ich habe Ihre Ratschläge versucht, aber sie bewähren sich nicht."

„Warum bewähren sie sich nicht?" fragte ich ihn.

„Gerade das möchte ich von Ihnen erfahren!" platzte er heraus.

Da ich vor dem Abflug noch etwas Zeit hatte, lud ich ihn zu einer Unterredung in mein Hotelzimmer ein. „Ich wollte nicht unhöflich sein", sagte er, als wir uns setzten. „Aber ich möchte herausfinden, was mit mir los ist. Es scheint, daß ich meine Nerven nicht mehr in der Gewalt habe. Ich befinde mich in einem dauernden Zustand der inneren Spannung. Ich habe eine sehr liebe Frau, eine glückliche Familie, ein gutes Geschäft, ein schönes Heim, und ich besuche auch den Gottesdienst. Jedermann denkt, ich sei glücklich, aber..."
Und in diesem Ton ging es weiter. Sorgen und Schwierigkeiten reihten sich aneinander, und das positive Denken, so sagte er, nütze ihm überhaupt nichts.
Nachdem wir hin und her geredet hatten, stellte ich ihm die folgende Frage: „Begehen Sie irgend etwas Unrechtes?"
„Nicht sehr", brummte er.
„Was ist es?" fragte ich.
„Es lohnt sich nicht, darauf einzugehen. Es ist nichts, das in irgendeiner Beziehung mit meinen Schwierigkeiten steht. Ich tue nur, was andere auch tun."
„Und was ist es, das andere Leute auch tun?" drängte ich weiter.
„Nun", sagte er, „es handelt sich um ein unbedeutendes Verhältnis mit einer Frau."
„Wie unbedeutend?" fragte ich.
Er zögerte und sagte dann: „Nun, vielleicht ist es doch nicht so unbedeutend."
„Dann wollen wir uns besser damit befassen. In Wahrheit wissen Sie genau, daß Sie etwas Unrechtes tun, etwas, über das Sie sich schämen und das sehr wohl der Grund sein könnte, daß positive Gedanken bei Ihnen nicht zum Durchbruch kommen können."
„Wieso?" fragte er, nun bereits in der Verteidigung.
„Weil eine Schuld immer der Entwicklung unserer Persönlichkeit im Wege steht", fuhr ich fort. „Schuldgefühle erzeugen Angst und Zweifel. Sie unterbinden die Kraft und Vitalität ge-

sunder Gedankenströme und erschweren konstruktives Denken; sie erzeugen fast automatisch den Mechanismus der Selbstbestrafung. Wenn man etwas Unrechtes tut, will man sich unbewußt selbst dafür bestrafen. Man erzeugt also selber — so seltsam es klingen mag — die Ursachen für seine Schwierigkeiten und Mißerfolge. All das blockiert natürlich unsere Bemühungen, eine positive Wendung herbeizuführen, und es ist sehr wohl möglich, daß gerade dieser dunkle Punkt in Ihrem Leben schuld daran ist, daß Sie nicht weiterkommen."

„Nun gut, was soll ich tun?" fragte er. „Ich nehme an, daß ich damit Schluß machen muß, um es zu vergessen, nicht wahr?"

„Genau das ist es, was Sie tun müssen", stimmte ich zu. „Und dann müssen Sie sich Ihre Verfehlung selbst vergeben. Wann wollen Sie damit anfangen?"

Er nickte, und ich konnte sehen, daß es ihm ernst war. Wir beteten zusammen, und ich hieß ihn laut zu beten, denn er hatte vieles auf dem Herzen, von dem er sich befreien mußte. Und weil er aufrichtig eine Wendung herbeiwünschte, gab ihm Gott die Kraft dazu. Jetzt erst begann sein positives Denken tatsächlich zu wirken, Heute ist das Verhältnis zu jener Frau gelöst, verschwunden sind die Schuldgefühle und der innere Konflikt. Sobald er eine klare geistige Haltung gewonnen hatte, spürte er, daß er die Grundsätze positiven Denkens mit Erfolg anwenden konnte.

Diese Wendung ergab sich natürlich nicht von heute auf morgen, aber sie vollzog sich, und das ist das Entscheidende. Wenn ein Mensch sich wirklich ändert, indem er sein Denken und Tun auf Gott ausrichtet, ändert sich alles.

Daran ist nichts Mysteriöses. Es handelt sich um einen ganz natürlichen Vorgang. Wenn wir etwas falsch machen, fühlen wir uns schuldig, und wir erwarten eine Bestrafung. Geschieht dies nicht, wächst die Tendenz, uns selber eine Strafe zuzufügen, und dies wiederum geschieht oft dadurch, daß wir Mißerfolge herbeiführen. Der menschliche Geist reagiert nun einmal auf diese Weise. Wenn wir sauberen Tisch machen wollen, müssen wir zuerst einmal unsere Fehler ablegen. Ist dies geschehen, verschwinden auch unsere Schuldgefühle, und das Bedürfnis, uns selber zu bestrafen, fällt weg. Erst jetzt können sich die Grundsätze einer positiven Denkweise voll entfalten.

Sehr oft aber kann sich das positive Denken auch nicht auswirken, weil man es nicht ernsthaft und während längerer Zeit damit versucht. Die positive Denkweise verlangt Übung und Erfahrung. Man muß sich wirklich damit während längerer Zeit ernsthaft auseinandersetzen, wenn man Erfolg haben will.

Dies war auch bei einer Frau der Fall, die sich monatelang bemühen mußte, bevor sich ein Erfolg einstellte. Ich erhielt von ihr den folgenden Brief:

„Lieber Doktor Peale,

am Morgen des 21. Januar 1956 erwachte ich mit Kopfschmerzen. Ich bin ausgebildete Krankenschwester und machte mir deswegen keine Sorgen. Für eine Mutter von drei Kindern ist Kopfweh keine Staatsangelegenheit. Als ich ein Kopfwehmittel einnahm, dachte ich nicht daran, daß dieses Medikament während der nächsten acht Monate mein ständiger Begleiter sein würde.

Warum sollte ich unter Kopfschmerzen leiden? Ich suchte während längerer Zeit sieben verschiedene Ärzte auf. Meine Ersparnisse schwanden dahin. Ich kaufte ständig die neuesten Schmerzmittel, nahm fünfzehn Pfund ab, litt unter schweren nervösen Störungen, sah auf einem Auge fast nichts mehr, der Blutdruck stieg bedenklich und — das Kopfweh verschwand nicht.

Mein Mann und ich sind überzeugte Katholiken. Da ich nicht mehr fähig war, zu beten, betete mein Mann für mich. Eines Tages, als ich bei einem Chiropraktiker in Behandlung war, empfahl mir dieser Ihr Buch: „Die Kraft positiven Denkens“ (erschienen im Emil Oesch Verlag, Glattbrugg), und er erzählte mir, daß dieses Buch schon vielen Menschen geholfen hätte. Ich hielt nicht viel von seinem Rat, doch als ich das Buch las, begann ich an eine neue Möglichkeit der Heilung zu glauben. Angespornt durch die guten Worte des Arztes und durch Ihr Buch, begann ich, die Grundsätze positiven Denkens praktisch anzuwenden. In dem Maße, wie ich mich von meinen negativen Gedanken befreite, wurde mein Kopfweh schwächer und schwächer. Während vier Monaten brauchte ich keine Schmerzmittel mehr, und im September desselben Jahres spürte ich zum letztenmal Kopfschmerzen.

Ich muß beifügen, daß unsere Ausgaben für Medikamente und Ärzte seither um achtzig Prozent gesunken sind. Ich habe meine Denkweise vollkommen geändert. Wissen Sie, wie eine Krankenschwester denkt? Ich will es Ihnen sagen: Wenn ein Kind einen Schnupfen hat, dann ist dies für jeden andern Menschen eben ein Schnupfen. Nicht so für eine Krankenschwester. Es könnte ja eine Lungenentzündung dahinterstecken! Sie spricht diesen Verdacht aus, das Kind hört es, nimmt die Idee auf — und verwirklicht sie.

Mit meiner früheren Denkweise hätte ich in solchen Fällen am liebsten nicht nur eines meiner Kinder ins Spital geschickt, sondern gleich alle drei und mich dazu. Wenn sich heute eines von ihnen erkältet, dann wird es entsprechend behandelt, und in einigen Tagen ist alles wieder gut."

Wir wollen festhalten, daß diese Frau vier Monate um ihre Heilung kämpfen mußte. Sie verstand zwar die Grundsätze positiver Denkweise, doch erst als sie wirklich bereit war, sie auch restlos anzuwenden und sich selber zu ändern, wurde sie ihre Kopfschmerzen los und erlebte eine positve Änderung ihres ganzen Wesens.

Ben Hogan, einer der besten Golfspieler, hat bei seinem Training eine bestimmte Methode entwickelt, die er als „Muskelgedächtnis" bezeichnet. Er schlägt dabei denselben Ball immer und immer wieder auf genau dieselbe Weise, bis sich seine Muskeln ganz genau an den Schlag „erinnern". Dieselbe Methode müssen wir bei unseren Denkgewohnheiten anwenden. Sie müssen ebenso trainiert werden, bis sie genau so reagieren, wie wir es wollen. Unser Geist muß sich systematisch in der positiven Denkweise üben.

Wir müssen hier noch eine Bemerkung über den Glauben machen. Das positive Denken kann nur wirken, wenn auch unser Glaube lebendig ist. Wir müssen unseren ganzen Denkprozeß mit Vertrauen durchdringen. Der Grund, warum viele Menschen mit dem positiven Denken keinen Erfolg haben, liegt in ihrem mangelhaften Vertrauen. Sie zerstören es mit kleinlichen Zweifeln. Sie bringen nicht den Mut auf, zu glauben! Wenn wir aber wirklich glauben, werden wir auch erstaunliche Vorgänge erleben.

Da ist zum Beispiel D. H. Metzger. Doch zuerst möchte ich etwas über einen der erfolgreichsten positiven Denker, den ich kenne, meinen Freund Roger Burman, New York, erzählen. Roger ist Verkaufsdirektor der National Cash Register Company und ein äußerst hilfsbereiter Mensch. Immer ist er darauf aus, schlummernde Fähigkeiten in andern Menschen zu wecken und ihnen über ihre Schwierigkeiten hinwegzuhelfen.

Der Glaube Rogers an die Kraft positiven Denkens bedeutete eine unschätzbare Hilfe für seinen Verkaufsleiter D. H. Metzger, der plötzlich von einer schweren Halskrankheit befallen wurde. Während der Krisis war David Metzger immer noch fähig zu sagen: „Mein Geist kann trotz meiner Krankheit noch klar denken und Vertrauen entwickeln. Ich weiß zwar, daß mein Leben in Gefahr ist, aber das Gefühl, zur rechten Zeit das Rechte zu tun, gab mir Vertrauen, weiterhin an die Zukunft zu glauben."

Die Krankheit nahm später noch schlimmere Formen an. David Metzger konnte während langer Zeit nicht mehr sprechen. Wie sollte er je wieder verkaufen können, ohne zu sprechen? Aber Roger Burman sagte ihm, daß er mit Gottes Hilfe seine Sprache

wieder zurückerlangen würde, und so geschah es auch. David Metzger wurde später der erfolgreichste Verkäufer in seiner Branche, und getragen vom Wunsch, auch anderen Menschen zu helfen, sagte er:
„Da vielleicht auch andere Menschen in ähnlichen Situationen Nutzen aus meinen Erfahrungen ziehen können, möchte ich betonen, daß mir die Philosophie, welche Dr. N. V. Peale in seinem Buch ‚Die Kraft positiven Denkens' entwickelt, von größter Hilfe war. Ich lernte, mein ganzes Denken von allen negativen Gedanken, von allem Pessimismus und von allen Befürchtungen zu befreien und das so entstehende Vakuum anzufüllen mit dem entschlossenen Wunsch, wieder gesund zu werden, koste es, was es wolle. Ich formte in meiner Vorstellungswelt ein Bild von meiner Rückkehr in den Beruf, und ich stellte mir vor, darin Hervorragendes zu leisten.
‚Vertrauen wirkt Wunder.' Diesen Grundsatz habe ich aus Dr. Peales Buch gelernt. Ich kann den Wert dieses Denkens, seine magische Kraft, gar nicht genug hervorheben.
Alle meine Erfahrungen bestätigen mir das oft gehörte Wort, daß Verkäufer zu viel reden. Ich habe nach und nach meine Verkaufsgespräche auf das Nötigste und Wesentlichste umgestellt. Ich spreche langsamer und in einem ruhigeren Tonfall. Dadurch ist es mir gelungen, die Aufmerksamkeit meiner Kunden zu steigern, denn ich bin nicht mehr wie früher darauf aus, die Situation allein zu beherrschen, und lasse auch meine Kunden zu Wort kommen. Auf diese Weise nimmt der Käufer aktiv an meinem Verkaufsgespräch teil und meine Erfolge sind viel größer als früher."
Conrad Hilton, der während Jahren zu meinen guten Freunden zählte, hat mir berichtet, wie die Kraft positiven Denkens bei der Verwirklichung seiner weltweiten Hotelpläne eine bedeutende Rolle spielte. In seinem dynamischen Buch erzählt er, wie ihm seine Eltern zwei Grundsätze mit auf den Lebensweg gaben.

Seine Mutter sagte „Bete“ und sein Vater sagte „Arbeite“. Bete und arbeite — welche Weisheit liegt in diesen beiden Worten! Meine eigenen Eltern halfen mir in ähnlicher Weise. Mein Vater sagte „Denke“ und meine Mutter „Glaube“. Welche Kraft liegt in diesen vier Worten, wenn sie zusammengefaßt werden: bete, arbeite, denke und glaube!

Dieser Grundsatz kann ein ganzes Leben tragen. Nichts wird ihm auf die Dauer widerstehen. „Alles ist möglich dem, der glaubt“, sagte Math. 17,20. Vertrauen in Gott, Vertrauen in seine Führung, Vertrauen in das Leben selbst: Das ist die Quintessenz des positiven Denkens; kein schwächlicher Zweifel, keine unsicheren Spekulationen, aber großes starkes Vertrauen in die Kraft des Guten.

Wird positives Denken immer zum Erfolg führen?

Gewiß: Positives Denken wird sich bewähren, wenn man es wirklich will. Es ist nicht immer leicht, Disziplin zu halten. Man muß beharrlich und systematisch an sich selber arbeiten. Ein ehrliches Leben, der starke Wunsch, gut zu sein, sind die Voraussetzungen. Und immer dann, wenn wir glauben, am Ziel zu sein, müssen wir erneut mit unseren Bemühungen beginnen.

Mein Freund Justin Dart, Vorsitzender einer chemischen Fabrik und ein sehr begabter Verkäufer und Geschäftsmann, sagte: „Mit dem positiven Denken geht es mir oft wie mit dem Golfspiel. Es gelingen einem zwei oder drei gute Schläge, und schon denkt man, nun sei man Meister geworden. Doch bereits der nächste Schlag geht daneben. Genau so ist es mit dem positiven Denken. Man muß immer und immer wieder daran arbeiten und muß es sozusagen täglich neu erlernen.“

Wie recht doch Justin Dart hat! Die positive Denkweise verlangt unablässige Übung. Aber die Ergebnisse sind bewundernswert. Sie sind es wert, daß wir alles daran setzen, unsere Denkweise entsprechend umzustellen, wie wir es in den folgenden Kapiteln darlegen werden.

2. Kapitel

Voraussetzungen für ein erfolgreiches Leben

Jeder Mensch hat die Möglichkeit, seinen Geist auf Erfolg einzustellen. Das ist einer der wichtigsten Grundsätze positiven Denkens. Es liegt weitgehend in unserer Hand, ob unsere Zukunft erfolgreich sein wird oder nicht. Unsere Gedanken bestimmen unser Schicksal.

Hier müssen wir uns darüber klar werden, was wir unter Erfolg verstehen wollen. Selbstverständlich meinen wir damit nicht das Zusammenraffen von Geld und Gut, sondern vielmehr die Fähigkeit, unser Leben richtig zu erfüllen. Wir sollen dadurch beherrschte, überlegene Persönlichkeiten werden, die zu jenen gehören, die der Welt nicht Schwierigkeiten aufbürden, sondern mithelfen, sie zu überwinden. Das ist das Ziel, welches wir uns setzen sollten: ein erfolgreiches Leben als schöpferisches Individuum.

Als ich anläßlich einer Vortragsreise einen Schlafwagen bestieg, wurde ich dort von einem freundlichen Beamten begrüßt.

„Guten Abend, Sir", sagte er, „sind Sie bereit für eine gute Nacht?"

„Sicherlich", sagte ich. „Ich freue mich tatsächlich auf das Bett und einen guten Schlaf."

Als er mich in mein Abteil führte, bemerkte ich, daß das Bett bereits abgedeckt war und sehr einladend aussah. Alles war sauber und ordentlich und die Temperatur im Abteil gerade angenehm. „Sie scheinen zu wissen, was Ihre Passagiere an einem Schlafwagenabteil schätzen“, sagte ich lobend, ging zu Bett, las noch einige Stellen aus meiner Bibel und fiel bald in einen tiefen Schlaf. Ich erwachte erst um 9 Uhr, obschon ich sonst automatisch um 7 Uhr wach bin.

„Guten Morgen, Sir“, sagte der Beamte, als ich zum Frühstück ging. „Haben Sie gut geschlafen?“

„Ausgezeichnet“, sagte ich.

„Das überrascht mich nicht, ich wußte es. Aber Sie hätten den Passagier sehen sollen, der unmittelbar nach Ihnen kam. Das erste, was er sagte war: ‚Ich weiß, daß ich nicht schlafen kann.‘ Nichts war im recht. Er wollte ein Abteil in der Mitte des Wagens. Das Bett paßte ihm nicht, das Abteil war einmal zu kalt und einmal zu warm. Wissen Sie, warum Sie gut und der andere Herr schlecht geschlafen haben?“

„Nein, aber es interessiert mich.“

„Sie haben gut geschlafen, weil Sie gut schlafen wollten und sich darauf freuten. Der andere Herr aber war bereits fest davon überzeugt, daß er nicht schlafen könne. Schon vor langer Zeit habe ich herausgefunden, daß jene Passagiere, die wirklich schlafen wollen, auch schlafen können. Sie bereiten sich geistig auf einen guten Schlaf vor.“

Diese kluge Bemerkung war tatsächlich eine Reise wert. Jedermann kann die geistigen Voraussetzungen für etwas schaffen. Wir können uns sowohl auf den Schlaf als auch auf Schlaflosigkeit einstellen. Wir können Erfolg erwarten oder Mißerfolg züchten. Mit anderen Worten: Das was wir ständig denken, wird geschehen, es wird zum mindesten die Tendenz dazu geschaffen, und während Sie dieses Buch lesen, sind Sie genau das, was Ihre Gedanken während einer langen Zeit aus Ihnen gemacht haben. Es ist beinahe mit wissenschaftlicher Genauigkeit möglich, zu sagen, was für ein Mensch Sie in zehn Jahren sein werden, wenn man die Gedanken, die Sie heute beseelen, kennt. Sind es negative, destruktive Gedanken? Schaffen Sie damit die Voraussetzungen für Ihren Mißerfolg? Oder sind es positive, gesunde und vertrauende Gedanken, die Ihren Erfolg herbeiführen werden?

Auch du, lieber Leser, kannst Erfolg haben. Höre auf damit, Mißerfolg zu befürchten. Denke an deinen Erfolg. Denke, bete und arbeite. Setze dir ein Ziel, umreiße es klar und gib es nie auf. Doch zuerst: arbeite an deinen Gedanken. Entwickle ein gesundes positives Denken. Das sind die Voraussetzungen für eine aufbauende Veränderung deines Lebens. Wer entmutigende Gedanken hegt, wer sich dem Haß hingibt, wer unehrlich denkt, wer Mißerfolg erwartet, ist destruktiv. Wer aber aufrichtige, liebende Gedanken und den Willen, andern zu dienen, in sich trägt, ist schöpferisch. Durch die Erneuerung des Geistes ergibt sich auch eine Erneuerung des Menschen. Auch der Gesundheitszustand läßt sich auf diese Weise wohltuend beeinflussen. Der folgende Brief ist ein Beweis dafür:

„Vor fünf Jahren, als mein Mann aus dem Krieg zurückkehrte, erlitt ich einen vollkommenen körperlichen und seelischen Zusammenbruch. Ich war nicht mehr fähig, dem Leben ins Gesicht zu blicken. Ich war von Angst besessen und entschuldigte mich immer, wenn jemand von mir irgendeine soziale Pflicht verlangte. Schon die normalen Alltagspflichten machten mich so nervös, daß ich ihnen entfloh, indem ich mich einfach krank ins Bett legte. Ich litt unter ständigen Depressionen und Schuldgefühlen, weil ich durch mein Verhalten meine Familie im Stich ließ, ihr große Sorgen bereitete und nur mit größter Mühe meine dringendsten täglichen Pflichten erfüllen konnte.

Mein Mann war während dieser Zeit im Beruf und in der Gemeinde stark beansprucht, er übernahm immer mehr wichtige Verpflichtungen, die seine Zeit und sein Können beanspruchten.

Was unsere Ehe anbetraf, sah ich mit Sorge in die Zukunft. Wenn es so weiter ging, würden wir bald keine gemeinsamen Interessen mehr haben... er, ein aktiver und glücklicher Mensch, der selten zu Hause war, und ich, eine unglückliche, deprimierte Frau. Dann aber fand ich Hilfe. Ich wurde mit der positiven Denkweise bekannt. Mein Mann besorgte mir Literatur darüber, und ich las diese Bücher mit der wachsenden Erkenntnis, daß hier meine Rettung lag.

Seither erfülle ich meine Pflichten mit Ruhe und Gelassenheit. Ich führe heute das Sekretariat des Elternvereins, arbeite zwei Tage in der Woche für meinen Mann und besorge meinen Haushalt allein. Selten fühle ich mich niedergeschlagen oder mutlos. Mein Mann liebt sein Heim, und wir erfüllen unsere sozialen Aufgaben gemeinsam. Ich danke Ihnen, Dr. Peale; möge Gott Sie segnen."

Das Leben dieser Frau wurde vollkommen geändert durch eine Umstellung ihrer Denkweise. Disraeli, der große englische Staatsmann sagte: „Erfülle deinen Geist mit großen Gedanken, denn du wirst nie höher steigen als deine Gedanken."

Ich glaube, daß wir viel zu oft über uns, unsere Familie, unsere Kinder, unseren Beruf klein denken. Weil wir aber klein denken, erreichen wir auch nur geringe Ergebnisse. Auch ich bin davon überzeugt, daß wir nicht mehr erreichen können als wir denken. Große Gedanken ergeben große Resultate; kleine Gedanke ergeben kleine Resultate.

William Danforth, der Vorsitzende der Purrina Company, ist einer der erfolgreichsten Männer, die ich kenne. Als Junge war William ungefähr das, was man in Inseraten für körperliche Ausbildung als abschreckendes Beispiel sehen kann. Er war nicht nur körperlich unterentwickelt, sondern — wie er mir sagte — auch geistig. Er erwartete nichts von sich selbst, und seine innere Unsicherheit ging Hand in Hand mit seiner körperlichen Schwäche. Das alles aber änderte sich. William hatte in der Schule einen

Lehrer, der ihm einen guten Rat gab. Eines Tages sagte er: „William, du denkst vollkommen falsch. Du fühlst dich als Schwächling, und solange du so denkst, wirst du auch einer bleiben. Das aber braucht nicht so zu sein. Ich bin überzeugt, daß du ein starker Junge werden kannst."

„Wie meinen Sie das?" fragte der Junge. „Man kann sich doch nicht selber stark machen."

„Doch, das kann man. Stelle dich einmal vor mich hin. Deine ganze Haltung beweist mir, daß du schwächliche Gedanken in dir trägst. Ich aber will, daß du starke Gedanken hast. Ziehe deinen Magen ein, atme tief ein und stelle dir vor, daß du groß und stark bist. Stehe fest auf deinen beiden Füßen und halte dich aufrecht wie ein Mann."

William raffte sich auf. Als ich ihn zum letztenmal sah, war er 85 Jahre alt, kraftvoll, gesund und voller Leben. Und die letzten Worte, die er mir vor unserem Abschied sagte, lauteten: „Erinnere dich, halte dich aufrecht!"

Justin Dart, der Vorsitzende einer großen chemischen Gesellschaft, spielte einst als Torhüter in der Mannschaft einer Universität. Vor einem sehr wichtigen Spiel rief ihn der Captain zu sich und sagte: „Spiele heute so, wie ein wirklich großer Torhüter spielen sollte! Ich weiß, du kannst es."

Justin erzählte mir später, daß er wohl gewußt habe, daß sein Captain übertreibe, doch dadurch bekam er Mut und eine andere Vorstellung von seinen Fähigkeiten. „Ich werde nie vergessen, wie begeistert ich an jenem Tag gespielt habe."

Große Gedanken — das ist es, was einen Mann über sich selbst hinaushebt und ihn zum Erfolg führt.

Einer meiner Leser bezeichnet sich selbst als „Geschäfts-Arzt". Er übernimmt die vorübergehende Leitung schlechtgehender Betriebe, um sie in gutgehende Geschäfte zu verwandeln. Er erzählte mir, daß in neun von zehn Fällen dem Geschäft nichts anderes fehle, als eine andere Geisteshaltung des Personals und seiner

Führung. „Ein krankes Geschäft wird in der Regel von kranken Menschen geleitet", sagt er. „Man muß nur die leitenden Leute dazu bringen, von sich selber besser zu denken, sich mehr zuzutrauen, und der Erfolg wird nicht ausbleiben."

John, so wollen wir diesen Leser nennen, erzählte mir von einem jungen Mann, den er in einer Firma kennenlernte, deren Geschäftsgang er überprüfen mußte. Dieser war mit einer untergeordneten Arbeit beschäftigt. Er verbrachte seine Tage damit, Etiketten aufzukleben. Trotzdem hatte unser Freund den Eindruck, hinter dem Jungen stecke mehr und er sei zu Besserem fähig. Eines Tages sagte er zu ihm: „Ich sehe nicht ein, warum Sie eine solche untergeordnete Arbeit ausführen. Sie sehen gut aus, Sie sind intelligent, und ich hoffe nur, daß Sie nicht Ihr Leben lang Etiketten aufkleben wollen. Haben Sie noch nie daran gedacht, Verkäufer zu werden?"

„O nein, das könnte ich nicht!" antwortete der junge Mann. „Sagen Sie das nicht so rasch", sagte John, „ich glaube, aus Ihnen könnte ein guter Verkäufer werden. Ich werde mit Ihrem Chef sprechen und ihm vorschlagen, Ihnen eine andere Arbeit anzuvertrauen."

Der junge Mann war überrascht und unsicher. Er hatte sich daran gewöhnt, Etiketten aufzukleben, doch John hatte Erfahrung in der Behandlung solcher Menschen. Innert weniger Tage hatte er sein blaues Überkleid abgelegt und erschien in einem guten Anzug, um eine andere Arbeit anzufangen.

„Was wollen Sie von mir?" sagte der Junge. „Ich glaube kaum, daß ich irgend etwas verkaufen kann."

„Dann blicken Sie zuerst einmal auf jene Türe dort", sagte John. Die Aufschrift an der Türe lautete „Verkaufs-Direktor", und darunter stand der Name des Inhabers dieser Position, eines älteren Mannes, der sich in einigen Jahren zurückziehen wollte. „Ich möchte", sagte unser „Geschäftsarzt", „daß Sie die Aufschrift dieser Tür in Ihr Gedächtnis einprägen. Stellen Sie sich vor, daß dort eines Tages Ihr eigener Name steht. Schließen Sie die Augen! Können Sie die Tür sehen? Können Sie Ihren eigenen Namen dort lesen?" Der Mitarbeiter nickte mit dem Kopf, und John sagte zu ihm: „Halten Sie dieses Bild in Ihrem Geist fest; arbeiten Sie hart, studieren Sie, lernen Sie, und glauben Sie daran, daß eines Tages Ihr Name an jener Tür stehen wird. Ich weiß, es wird so weit kommen."

„Und wie ging die Geschichte weiter?" fragte ich.

„Nie sah ich einen Menschen so fleißig und intensiv arbeiten. Als er so weit war, daß er seinen ersten Kundenbesuch machen konnte, begleitete ich ihn dabei. Ich fuhr mit ihm in die Stadt, in der er seinen ersten Kunden aufsuchen sollte. Der junge Mann sagte zu mir, als wir vor der Tür seines ersten Kunden standen: ‚Wenn Sie mich nun allein lassen, werde ich mich sehr verlassen vorkommen, aber ich werde mein Bestes tun.'

Ich antwortete: ‚Sie werden nicht allein sein. Denken Sie daran, daß Sie gelernt haben, wie man verkauft, und daß alle, die Sie ausgebildet haben, geistig an Ihrer Seite stehen.'

Der junge Mann machte seinen Weg, und eines Tages war er der beste Verkaufsdirektor, den seine Firma je hatte."

Unsere Vorstellungswelt ist für unsere Zukunft von allergrößter Wichtigkeit. Ob wir gut oder schlecht, stark oder schwach von uns denken, alles hat die Tendenz, Wirklichkeit zu werden. Die menschliche Natur entwickelt sich in der Richtung, in der wir denken. Imagination ist nicht Phantasterei, sondern die Kunst, Vorstellungen zu verwirklichen. Und das Bild, das ein Mensch von sich selber in sich trägt, ist von größter Wichtigkeit für seine Entwicklung, denn dieses Bild kann sich verwirklichen.

Der Gedanke ist der Vater der Tat. Wer seinen Geist mit Gedanken des Erfolges anfüllt, zieht die Verwirklichung des Erfolges auch an. Aber wir dürfen nie vergessen, daß diese Art zu denken nur einen Sinn hat, wenn wir dabei Gottes Hilfe erbitten und in Anspruch nehmen. Ich betone es immer wieder: Die wichtigste Voraussetzung der Kraft positiver Gedanken ist die unmittelbare Teilnahme Gottes an unseren Ideen und Plänen. Dies kommt auch in unseren Korrespondenzen mit unseren Lesern immer wieder deutlich zum Ausdruck. Dafür ein Beispiel:

„Als ich das Buch ‚Die Kraft positiven Denkens' bestellte, war ich arbeitslos. Ich versuchte überall Arbeit zu finden, doch ohne Erfolg. Die Dinge sahen für mich und meine Familie schwarz aus. Dann hörte ich eines Tages von Ihrem Buch, ließ es kommen und las es sofort. Schon nach wenigen Tagen gewann ich etwas Selbstvertrauen, das mir zuvor vollkommen gefehlt hatte. Gott gab mir neuen Mut, und als ich in einer Nacht las, daß wir Gott auch als unseren Partner im Berufsleben betrachten sollten, betete ich, daß es so werden möge. Ich schaffte mir einen Schweißbrenner an, denn mein Beruf ist Schweißer, und unterschrieb einen Vertrag für eine bestimmte Arbei. Ich bat Gott, weiter mein Partner zu bleiben, und schließlich kaufte ich einen Lastwagen, lud mein Werkzeug und meine Ausrüstung auf und suchte nach einer neuen Arbeit. Ich hatte alles auf Kredit gekauft, und ich wußte noch keineswegs, wie sich die Dinge entwickeln würden, doch ich nahm den Kampf auf.

Meine Gebete wurden erhört. Bei einer Ölgesellschaft erhielt ich einen Kontrakt, um eine Pipeline fertigzustellen, und das bedeutete einen großen Fortschritt. Ich liebte meine Arbeit und sah neue Möglichkeiten.
Ich könnte noch über vieles schreiben, doch es wird spät. Nur eines möchte ich hervorheben: Durch Ihr Buch habe ich eine lebendige Beziehung zu Gott gewonnen, und mein Leben hat wieder Freude, Sinn und Inhalt bekommen. Heute weiß ich, was der Mensch durch Vertrauen in Gott erreichen kann. Ich danke Ihnen, daß Sie mir mit Ihrem Buch den Weg gewiesen haben."

Der Brief einer Frau zeigt das Problem von einer anderen Seite, doch auch hier ist die Bedeutung göttlicher Hilfe offenkundig. „Im letzten Jahr wurde ich dreimal wegen Krebs operiert. Die letzte Operation machte die Amputation meines rechten Armes und der Schulter notwendig. Trotzdem bin ich dankbar, daß Gott mir während dieser Zeit beigestanden ist.

Ich hatte einen schweren Kampf mit mir selbst auszufechten, bevor ich den Ärzten die Erlaubnis gab, diese schwere Operation vorzunehmen. Mehrmals las ich in Ihrem Buch ‚Die Kraft positiven Denkens' das Kapitel über die Anwendung positiver Gedanken bei der Heilung von Krankheiten, und ich bat Gott, mich auf den rechten Weg zu weisen. Ich kam zum Schluß, daß es am besten sei, die Ärzte machen zu lassen und mich ganz Gott anzuvertrauen. Sobald ich mich einmal ganz in seine Hände gegeben hatte, fand ich meinen inneren Frieden, und ich betrat den Operationssaal ohne Angst.

Ich erholte mich rasch, und heute, acht Wochen nach der Operation, bin ich damit beschäftigt, mich an einen künstlichen Arm zu gewöhnen. Ich wundere mich, wie es mir möglich war, diesen großen Nachteil ohne Bitterkeit und Depressionen hinzunehmen. Wer die Macht Gottes in sein Dasein einläßt, hat den wichtigsten Schritt getan, um sich innerlich auf eine positive Denkweise umzustellen. Stellen wir uns vor, daß wir ein bestimmtes Ziel erreichen wollen, und gehen wir ihm Schritt für Schritt entgegen. Wer sich etwas Schwieriges und Großes vornimmt, kann es nicht allein von sich aus erreichen. Er braucht die Hilfe Gottes. Es ist eine betrübliche Tatsache, daß viele sich nicht bewußt sind, daß sie das Königreich Gottes in sich tragen. Wir nützen die gewaltigen Kräfte, die Gott uns verliehen hat, nicht. Wir sollten voller Vertrauen auf die Kraft bauen, die Gott uns verlieh, als er uns geschaffen hat. Diese Kräfte stehen allen Menschen auf ihrem Weg zu einem erfüllten Dasein offen. Sie sind für uns bereit, doch nutzlos, wenn wir keinen Gebrauch davon machen.

Sie gleichen jenem alten Mann, von dem ich einmal in Texas hörte. Er besaß eine kleine Farm, die nie viel abwarf. Sein ganzes Leben lang hatte er um ein besseres Dasein gekämpft, bis er alt wurde und starb.
Die Besitzung wurde verkauft. Der neue Eigentümer beschaffte sich eine Bohrmaschine und stieß nach kurzer Zeit auf ein reiches Petroleumlager. Natürlich war das Öl während all dieser Zeit da gewesen — es hatte nur darauf gewartet, entdeckt zu werden. Vielen von uns geht es ganz ähnlich: Wir sitzen auf einer der reichsten Kraftquellen, die man sich denken kann, aber wir unternehmen nichts, um sie auszuwerten. Alles liegt bei uns! Wenn wir diese Tatsache in unser Denken eingehen lassen, wird der Erfolg nicht ausbleiben."

Es ist völlig gleichgültig, wer Sie sind und wie oft Sie Mißerfolg hatten. Es spielt auch keine Rolle, wie alt Sie sind. Erfolg und Befriedigung können immer eintreten. Ich erhielt einen Brief einer Frau in Georgia, worin die erstaunliche Verwandlung ihres Vaters geschildert wird, nachdem er endlich entdeckt hatte, was Gott in seinem Leben bedeuten konnte. Die Frau erzählte mir, daß ihr Vater vor dieser Änderung ein unglücklicher Mensch gewesen sei, der nie Erfolg gehabt habe, und nachdem er auch noch all sein Geld verloren hatte, ein verbitterter und enttäuschter Mensch geworden sei. Er änderte seinen Beruf und versuchte einen neuen Anfang zu machen, erlitt jedoch erneut Schiffbruch. Doch lesen Sie selbst, was die Tochter dieses Mannes schreibt:
„Er war schrecklich unglücklich. Er glaubte an nichts mehr, weder an Gott noch an sich selber. Er schloß sich von allen Freunden ab und tat nichts anderes mehr, als jedermann zu kritisieren. Sie können sich vorstellen, welchen unseligen Einfluß dies auf uns Kinder hatte. Ich kann mich an keine einzige friedvolle Mahlzeit in unserem Heim erinnern. Ständig befanden wir uns in einem Zustand innerer Spannung.

Vor ungefähr achtzehn Monaten zogen meine Mutter und mein Vater nach Florida. Er wollte noch einmal alles von vorn beginnen. Doch auch diesmal wollte ihm nichts gelingen, und alles sah noch schlimmer aus als zuvor. Mein Vater litt so darunter, daß er einen ernsten Herzanfall erlitt und sich einer Operation unterziehen mußte. Während er auf die Operation wartete, griff Gott ein. Zu gleicher Zeit kamen meine Schwester und ich auf den Gedanken, unserem Vater Material über das positive Denken zu senden. Vater las es, und Gott begann auf sein Dasein Einfluß zu nehmen.

Ein Wunder geschah. Ein halbes Jahr später war mein Vater vollkommen genesen, er sieht zwanzig Jahre jünger aus und ist voller Vitalität und Unternehmungslust. Er unterhält gute menschliche Beziehungen zu jedermann, und am Tag, da ich ihn besuchte, gelangen ihm allein drei bedeutende Geschäftsabschlüsse. Er erzählt ohne Scham, daß er Gott allein diese Verwandlung zu verdanken hat, und ich bin fest davon überzeugt, daß nichts, absolut nichts unmöglich ist, wenn wir Gott nur halbwegs eine Chance geben, uns beizustehen. Wir alle können Erfolg und Befriedigung erreichen, wenn wir die Grundsätze positiven Denkens befolgen."

Wir dürfen nie aufgeben, selbst wenn alles noch so schlecht aussieht, selbst wenn wir nicht mehr daran glauben können, jemals wieder Erfolg zu haben. Es öffnet sich immer wieder eine Tür, und Mißerfolg kann sich plötzlich in Erfolg und Hoffnungslosigkeit in Glück verwandeln. Nie ist die Dunkelheit so groß, daß nicht doch noch ein Lichtstrahl sichtbar wäre. Wenn Sie aber Schwierigkeiten gegenüberstehen, die Ihnen unüberwindlich und völlig hoffnungslos erscheinen, dann mögen Sie die Geschichte von Herrn und Frau J. P. Lingle aus Missouri erfahren. Vor einigen Jahren schrieb mir Frau Lingle, nachdem sie mein Buch „Die Kraft positiven Denkens" gelesen hatte, den folgenden Brief:

„Vor drei Jahren hatten mein Mann und ich Gelegenheit, ein eigenes Geschäft zu übernehmen, nachdem wir während vierzehn Jahren die Filiale eines größeren Unternehmens geleitet hatten. Wir waren ziemlich unentschlossen und wollten die Entscheidung Gott überlassen, in dem Sinne, daß wir das Geschäft übernehmen würden, wenn es uns gelänge, das nötige Kapital aufzutreiben. Sollte uns dies nicht gelingen, so wollten wir, ohne zu murren, darauf verzichten.

Freunde und Verwandte offerierten uns jedoch spontan Mittel, und wir hatten den Eindruck, daß dies eine positive Antwort einer höheren Führung sei.

Trotzdem schien alles von Anfang an schiefzugehen. Nie gelang es uns, ein vernünftiges Verhältnis zwischen Einnahmen und Ausgaben zu schaffen. Bald regnete es Mahnungen, Telegramme, Betreibungen und ungeduldige Telefonanrufe.

Heute haben wir eine Schuld von zehntausend Dollar und besitzen nichts außer einem sieben Jahre alten Wagen und unserem Mobiliar. Mein Mann verdient monatlich etwa 310 Dollar, und nachdem die Steuern abgezogen sind, bleibt nichts mehr übrig, um die Schulden zu tilgen. Trotzdem weigerten wir uns, den Bankrott anzumelden, weil dadurch viele Leute, die uns ihr Vertrauen geschenkt hatten, um ihr Geld gebracht worden wären. Es ist schwer, Vertrauen zu bewahren, wenn man häßliche Briefe von Gläubigern erhält und keine Aussicht besteht, mit dem geringen Verdienst Schulden abzuzahlen.

Ich wäre Ihnen sehr dankbar, wenn Sie mir einige Worte zu unserer Situation schreiben könnten. Ich habe vermutlich zu wenig Erfahrung, durch meine Geisteshaltung eine Situation wie die unsrige zu meistern."

Ich schrieb den Lingles einige Ratschläge, die mir richtig erschienen, doch ich dachte, die größte Hilfe für sie wäre der direkte Kontakt mit einem erfolgreichen positiven Denker, der in der Nähe von ihnen lebte. Ich bat ihn, sich der Leute anzunehmen

und mit ihnen zu sprechen. Ich will diesen Mann mit Herr S. bezeichnen, denn er wünscht nicht, daß seine Tätigkeit bekannt wird. Er verfolgt den Grundsatz, daß die rechte Hand nicht wissen sollte, was die linke tut.
Herr S. besuchte das Ehepaar Lingle und stellte fest, daß die beiden so sehr mit ihrem Problem beschäftigt waren, daß sie überhaupt nur von ihrer Schuld von zehntausend Dollar sprechen konnten. Er sagte ihnen, daß der erste Schritt zu einer Lösung des Problems darin liege, sofort mit Sparen anzufangen und jeden nur entbehrlichen Betrag sofort zurückzuzahlen.
„Aber", protestierten die Lingles, „wir haben zehntausend Dollar Schulden!"
„Das will nichts heißen", antwortete Herr S. „Meine Frau und ich waren im Jahre 1933 vollständig bankrott. Wir waren genau in der gleichen Situation, nur hatten wir nicht zehntausend, sondern dreiundsechzigtausend Dollar Schulden, und wir wurden auch damit fertig."
S. erklärte dem Ehepaar Lingle die Grundsätze des richtigen Sparens, wie es den Menschen anspornt, ihm Kraft und neuen Mut verleiht. Er erklärte ihnen aber auch die wichtigsten Grundsätze einer positiven Lebensweise und die Tatsache, daß selbstloses Geben immer gute Früchte trägt.

Herr S. und das Ehepaar Lingle baten Gott zusammen, ihnen bei der Lösung ihres schweren Problems zu helfen; sie versprachen, alles in die Hände Gottes zu legen und sich seiner Führung anzuvertrauen. Sie machten Schluß mit ihrer Selbstbemitleidung, mit ihren Sorgen und ihrer unerträglich gewordenen inneren Spannung. Sie überließen das Problem Gott und gingen mit neuem Selbstvertrauen an ihre Arbeit. Jetzt war der Weg für eine schöpferische, positive Tätigkeit frei. Und kurz darauf stellten sie fest, daß sich dieses geistige Prinzip auch in den praktischen Dingen auswirkte. Das erste Ergebnis wurde mir in einem Brief von Frau Lingle im August, ungefähr vier Monate nachdem sie mir das erste Mal geschrieben hatte, mitgeteilt:

„Ich möchte Ihnen mitteilen, daß ich seit dem Besuch von Herrn S. keinen einzigen Sorgentag mehr gehabt habe. Soeben erhielt ich einen Brief eines Gläubigers, der mir mitteilte, daß er bereit sei, uns weiterhin entgegenzukommen und uns zur Begleichung unserer Schuld Zeit zu lassen.“

Und einige Zeit später kam ein anderer Brief von den Lingles, worin es hieß:

„Möchten Sie eine wunderbare Geschichte hören? Wir können Ihnen eine solche erzählen. Vor zwei Wochen erhielten wir eine Mitteilung des Steueramtes, worin uns für geschuldete neunzig Dollar die Beitreibung angedroht wurde. Außerdem zeigte sich, daß unser Wagen, den wir für unsere Arbeit dringend benötigen, eine teuere Reparatur nötig hatte. Zu allem Überfluß kam noch die Mitteilung, daß die Haftpflichtversicherung für unser Auto fällig sei. Wir konnten uns nicht mehr vorstellen, wie wir diese Verpflichtungen alle erfüllen sollten. An diesem Tag besuchte uns der Vertreter einer Büromaschinenfabrik und teilte uns mit, daß er einen Käufer für unsere Rechenmaschine, die wir seit fünf Monaten zu verkaufen suchten, gefunden hatte. Der Preis war so, daß wir nicht nur unsere Steuern, die Reparatur des Wagens, sondern auch die Autoversicherung damit zahlen konnten. Ist das nicht eine erstaunliche und wunderbare Fügung? Doch das ist nicht alles.

Noch immer war es mir nicht geglückt, eine Arbeit zu finden, die es mir erlaubte, Skippy, unseren kleinen Jungen, bei uns zu Hause zu haben. Doch, indem ich die Grundsätze positiven, selbstlosen Denkens praktisch anwandte, ging ich eines Tages ganz zufällig im Büro unserer Kirche vorbei, stellte mich dort vor und sagte, ich hätte zu Hause eine Schreibmaschine und sei bereit, für die Kirche irgendwelche Schreibarbeiten kostenlos zu übernehmen.

Die Leute waren überaus erstaunt. Sie erzählten mir, daß sie soeben ihre Sekretärin verloren hätten und sehr in Verlegenheit wären. Mein Angebot sei für sie ein wahres Glück. Ich nahm verschiedene Matrizen mit nach Hause, schrieb sie und brachte sie am andern Tag wieder zurück.
Am selben Abend erhielt ich den Telefonanruf einer Firma, bei der ich vor zwei Monaten ein Arbeitsangebot eingereicht hatte, das ich jedoch bereits vergessen hatte. Man fragte mich an, ob ich bereit sei, zu 1,25 Dollar per Stunde als Anfangslohn Matrizen zu schreiben. Ich könne mir die Arbeit einteilen, wie ich wolle, und auch zu Hause arbeiten, wenn mir dies besser zusage. Finden Sie nicht auch, daß dies eine wunderbare Geschichte ist?"
Und so ging es weiter: eine glückliche Fügung nach der andern, und die Lingles vertrauten weiter auf Gott, gaben das Ihre und wurden mit allen Schwierigkeiten fertig. Herr Lingle eröffnete ein neues Geschäft und hatte Erfolg damit, was der folgende Brief seiner Frau, den ich zwei Jahre später erhielt, beweist:
„Ich kann nicht mehr länger schweigen! Hier ist ein weiteres Ereignis, das beweist, wie sehr Gott für uns sorgt und uns weiter hilft. Sie erinnern sich, daß wir seit dem letzten Oktober nach einem andern Auto Ausschau hielten, nachdem unser alter Studebaker seinen Dienst versagte. Wir fanden dann einen Wagen, einen Buick aus zweiter Hand, doch wir waren der Ansicht, daß dieses Auto zu kostspielig für uns sei. Jim suchte weiter, doch er fand keinen anderen Wagen, der es mit diesem Buick in bezug auf Preis und Qualität aufnehmen konnte. Eines Tages sagte er: ‚Nun gut, wir wissen, daß wir nicht unbedingt einen so teuren Wagen brauchen, wir wissen auch, daß wir kaum genug Geld für die Anzahlung haben, doch wenn dies der Wagen ist, der uns bestimmt ist, dann werden wir die Anzahlung auch irgendwie aufbringen, und wenn wir das Geld haben, wird der Wagen auch noch für uns da sein.' Wie Sie wissen, erhält Jim eine Provi-

sion vom Jahresumsatz, doch es waren erst zwei Monate des Jahres 1958 verstrichen, und was wir bis dahin verdient hatten, war durch die Eröffnungskosten unseres Ladens verschlungen worden.
Sie werden sich unser Erstaunen vorstellen können, als Jim von seiner Firma einen Brief erhielt, worin ihm mitgeteilt wurde, man würde ihm seinen Gewinnanteil bereits jetzt auszahlen, da man seine Arbeit sehr schätze und um ihm zu helfen, seine Anfangsschwierigkeiten zu überbrücken. So etwas war überhaupt noch nie vorgekommen, und anstatt der üblichen zehn Prozent erhielt Jim sogar fünfzehn Prozent! Damit hatten wir die Anzahlung für den Wagen erhalten, und obschon seither vier Monate verstrichen waren, war der Wagen immer noch vorhanden. Sie fragten mich an, wieviel wir bisher an unserer Schuld von zehntausend Dollar zurückzahlen konnten. Nächsten Monat ist es zwei Jahre her, seit wir mit unseren Rückzahlungen begannen, und wir haben bereits viertausend Dollar bewältigt!"
Und hier ist der letzte Bericht, den ich von den Lingles erhielt: „Dieser Brief möchte Ihnen davon berichten, wie es uns heute geht. Wir sind zwar keineswegs ganz ohne Schulden, aber wir haben Mut und Selbstvertrauen gewonnen. Es kann gar kein Zweifel bestehen, daß uns die Grundsätze positiven Denkens geholfen haben und daß sie auch andern Menschen in ähnlichen Situationen helfen werden. Wenn wir mit Menschen zusammenkommen, die von Sorgen bedrückt werden, senden wir ihnen einen Brief, den wir vervielfältigen ließen und worin wir unsere Erfahrungen schildern. Vielleicht möchten Sie unsere Idee weiter verwenden. Ich sende Ihnen beiliegend eine Abschrift dieses Briefes."
Der Brief lautet:
„Liebe Freunde, jede Woche legen Jim und ich ein kleines Geschenk in einen Briefumschlag, um damit andern eine Freude zu machen. Wenn wir dann von jemandem hören, der Not lei-

det, so wie es uns oft ergangen ist, senden wir ihm unseren Brief. Unsere kleine Hilfe wird vielleicht dazu beitragen, daß Sie die jetzigen Schwierigkeiten besser überwinden können. Wir wollen nicht, daß Sie uns das Geld zurückzahlen, doch wir haben den Wunsch, Sie möchten zwei Dinge beachten: Erzählen Sie niemandem davon, und wenn Sie wieder festen Boden unter den Füßen haben, halten Sie Ausschau nach jemandem, der ebenso eine Hilfe nötig hat wie es nun bei Ihnen selbst der Fall ist. Zahlen Sie unseren Beitrag nicht *uns* zurück, sondern schenken Sie ihn jemandem unter denselben Bedingungen. Niemand erfährt etwas von unserem Tun. Es soll eine Angelegenheit zwischen Gott, Ihnen und uns sein, und wenn Sie unseren Beweggrund kennen möchten, lesen Sie Matthäus 6, Vers 1 — 4."
Wir wollen nun die wichtigsten Grundsätze einer aufbauenden Lebenshaltung, wie wir sie in diesem Kapitel kennengelernt haben, zusammenfassen. Zuerst ist es wichtig, daran zu denken, was „Erfolg" für uns bedeuten soll. Setzen wir uns ein klares Ziel, und versichern wir uns, daß dieses Ziel mit dem, was Gott mit uns vorhat, im Einklang steht. Machen wir nicht den Fehler, unsere Wünsche einzig und allein auf materiellen Erfolg auszurichten: Gott hat mit uns ganz anderes vor als lediglich einen möglichst hohen Lebensstandard. Er will, daß wir ein erfülltes und in diesem Sinne erfolgreiches Leben führen, sei es nun in unserem beruflichen, sozialen, geistigen, intellektuellen und physischen Wesen. Er ist es, der uns wahren Reichtum verspricht. Unterschätzen wir nicht die göttliche Kraft, die uns zuteil werden kann, wenn wir ihr Einlaß gewähren.

Zweitens: Strengen wir uns an, bis wir wirklich erfaßt haben, daß es uns möglich ist, durch unsere Geisteshaltung unsere Zukunft positiv zu beeinflussen und zu gestalten. Schaffen wir in unserer Vorstellungskraft ein erfolgreiches Bild unserer Persönlichkeit, halten wir daran fest, bis es Wirklichkeit wird. Positives

Denken vermag tatsächlich die Bedingungen unseres Daseins zu verändern.

Drittens: Stellen wir Gott in den Mittelpunkt unseres Daseins. Beten wir, und suchen wir seine Führung.

Viertens: Lernen wir Anteil zu nehmen am Schicksal anderer Menschen, teilen wir unsere Erfolge großzügig mit andern. Lehren wir andere, wie sie ähnliche Ergebnisse wie wir selbst durch eine geistige Umstellung erreichen können. Auf diese Weise werden wir feststellen können, daß ein Strom schöpferischen Lebens unser Dasein durchpulst: Wir zahlen damit die Prämien an eine Versicherung für die Fortdauer eines erfolgreichen Lebens.

Befolgen Sie diese vier Grundsätze mit Entschiedenheit und Ausdauer, und der Erfolg — nämlich ein reicheres, erfüllteres Leben — wird nicht ausbleiben. Beginnen Sie sofort, Ihr Denken nach diesen Grundsätzen neu zu gestalten.

3. Kapitel

Keine Mißerfolge mehr!

Sein Name war Bob. Er war zwar ein großer, starker, aber schüchterner Mann. Bob war Verkäufer, und seine Umsatzkurven bewegten sich meist in den tiefsten Regionen.
Ein Jahr nachdem sein Verkaufsleiter den Entschluß gefaßt hatte, Bob eine letzte Chance zu geben, hatte er jeden seiner Kollegen überflügelt und war an die erste Stelle aller Verkäufer seiner Gesellschaft gerückt. Anläßlich eines Verkaufsmeetings rief der Verkaufsleiter Bob auf die Bühne, um ihm den Preis für den besten Verkäufer des Jahres zu überreichen. Als er ihm den Scheck übergab, sagte er: „Bob, Sie sind für mich ein Rätsel. Noch kurz zuvor haben Sie im Verkauf keinerlei Erfolg gehabt, doch nun haben Sie es erreicht! Sie haben sich von den schlimmsten Mißerfolgen zum besten Verkäufer emporgearbeitet. Wie war das möglich? Bitte erzählen Sie es Ihren Kollegen!"
Bob war etwas verlegen. Er trat von einem Bein auf das andere und bekam einen roten Kopf. „Es ist eigentlich nichts, das ich Ihnen sagen kann", sagte er. „Ich habe einzig etwas entdeckt, das mich in einen andern Menschen verwandelt hat."
„Und was war das?" fragte ihn der Verkaufsleiter gespannt.
„Nun, ich fand zwölf Worte — und diese haben mein ganzes Leben verändert. Als Sie mir damals sagten, Sie würden mich entlassen, wenn ich keine besseren Verkaufserfolge aufzuweisen

hätte, habe ich ernsthaft über mich nachgedacht. Ich ging an jenem Abend nach Hause, saß in meinem Stuhl und versuchte, über meine wahre Lage ein wirklichkeitsgetreues Bild zu gewinnen. Dabei fiel mein Blick zufällig auf eine alte Bibel, die mir meine Mutter einst gegeben hatte. Sie hatte mir damals gesagt, wenn ich je in Schwierigkeiten kommen sollte, würde ich die Antwort immer in diesem Buch finden. Nun, meine Schwierigkeiten waren groß genug. Vielleicht war es an der Zeit, die Bibel zu Rate zu ziehen. Wie dem auch sei, ich nahm sie vom Büchergestell, blies den Staub von dem Buch und begann es zu durchblättern. Kurz bevor ich es wieder zur Seite legen wollte, fand ich genau das, was ich brauchte."
Bob zögerte einen Augenblick, denn es lag ihm nicht besonders, über religiöse Dinge zu sprechen. Dann aber sagte er: „Ich fand die folgenden Worten: Durch MICH wird alles neu. Wer sich selbst überwindet, wird alles überwinden.
Diese Worte hatten für mich den Klang einer Glocke. Wenn irgend jemand sein Leben neu gestalten mußte, dann war ich es. Unmittelbar nachher betete ich zu Gott, er möge aus mir einen anderen, neuen Menschen machen und mir helfen, meine Schwäche zu überwinden. Dies war wirklich mein aufrichtiger Wille, und ich fühlte mich bereits aufgerichtet und stärker. Seit Wochen konnte ich wieder einmal ruhig schlafen, und ich fühlte, wie ein kleiner Funken von Selbstvertrauen in mir erwacht war.
Am andern Morgen sprach ich die zwölf Worte erneut vor mich hin und wiederholte sie mehrmals. Und weil ich dadurch mein Denken veränderte, änderte sich auch alles um mich herum. Eine neue Welt entstand für mich, ich ging zur Stadt, wo ich mein letztes Geld für einen neuen Anzug und eine neue Krawatte ausgab. Ich kehrte nach Hause, nahm eine Dusche, und es schien mir, als ob dabei aller Mißerfolg von mir weggewaschen würde. Ich zog mein neues Kleid an, und bevor ich das Haus verließ,

kniete ich nieder und bat Gott, mir weiter zu helfen. Ich blickte in meinen Spiegel und — ob Sie es mir glauben oder nicht — ich sah darin einen neuen Menschen. Ich weiß, daß das alles ein bißchen seltsam klingt, doch genauso habe ich es empfunden.

Ich sagte mir, daß ich nun meine Kunden besuchen werde, und zwar als ein anderer, neuer Mensch. Ich wußte, daß ich mit Gottes Hilfe bessere Arbeit leisten würde. Bald stellte ich fest, daß ich im Umgang mit meinen Kunden einen anderen Ton anschlug und viel mehr als bisher auf ihre Interessen einging. Meine Arbeit begeisterte mich, und ich begann zu verkaufen. Ich bekam Freude am Erfolg, und alles ging von Tag zu Tag besser. Das ist alles, was ich Ihnen über meinen Aufstieg erzählen kann."

Während Bob seine Geschichte erzählte, hätte man eine Stecknadel fallen hören. Dann aber standen die Zuhörer auf und klatschten ihm begeistert Beifall. Noch nie hatten sie an einem Verkaufsmeeting etwas Ähnliches gehört, und doch hatten sie heute miterlebt, wie einer ihrer Kollegen dank Gottes Hilfe aus sich selber einen neuen, erfolgreichen Menschen machte, während er zuvor am Rande des beruflichen Ruins gestanden war.

Niemand braucht auf die Dauer Mißerfolg zu haben. Ich habe dies immer wieder durch Tatsachen, nicht durch Theorien erfahren. Meine Gründe, warum ich dies mit solcher Bestimmtheit behaupte, liegen darin, weil ich immer wieder erlebt habe, wie viele Menschen überzeugend die Kraft einer positiven Denkweise unter Beweis gestellt haben. Solche Veränderungen ergeben sich nicht immer leicht, doch sie sind erreichbar, und das ist die Hauptsache.

Wenn wir wirklich wollen, daß wir unsere Schwächen überwinden, und wenn wir die Grundsätze dieses Kapitels und dieses Buches konsequent durchführen, besteht kein Zweifel, daß wir damit Erfolg haben werden.

Ich stütze meine Behauptung auf die Berichte all jener Menschen,

die mir überzeugend erzählten, welche großartigen Ergebnisse positives Denken bei ihnen hervorriefen.
Eines Tages befand ich mich in einem großen und sehr schönen Hotel im Westen unseres Landes. Als ich mich abgemeldet und bezahlt hatte, kam der Direktor, um sich von mir zu verabschieden.
„Sie besitzen hier ein wundervolles Hotel", sagte ich, indem ich ihm für den schönen Aufenthalt dankte.
Er lächelte und sagte ruhig: „Das alles verdanke ich Gott und der Hilfe, die ich durch die Kraft positiven Denkens erhalten habe." Später erhielt ich von ihm ein Schreiben folgenden Inhaltes:
„Früher war ich ein Mensch voller Sorgen und Angst vor der Zukunft. Obschon ich keine eigentlichen Sorgen hatte, fürchtete ich mich vor allen möglichen schlechten Entwicklungen und machte mir damit das Leben schwer. Die Ursachen für diese Charaktereigenschaft lagen in meiner frühen Kindheit begründet. Vor fünf Jahren begegnete mir zufällig eine Ihrer Schriften über positives Denken. Diese Betrachtung interessierte mich brennend, und ich erfaßte sofort, daß ich hier etwas gefunden hatte, was mir weiterhelfen konnte. Ich beschaffte mir alles, was Sie über dieses Thema geschrieben hatten, und ich hörte mir am Sonntag auch Ihre Radiobetrachtungen an.
Es ist nicht leicht, mit langjährigen schlechten Gewohnheiten Schluß zu machen. Was mir dabei am meisten geholfen hat, ist die Bibel. Nachdem ich begriffen hatte, daß ich die Hilfe Gottes wirklich wollte, wurde sie mir auch zuteil. In Ihren Schriften entdeckte ich jene Stelle, wo Sie vorschlagen, man solle alle schlechten Gedanken von sich weisen, ebenso wie man schlechtes Wasser aus einem Krug ausschüttet und ihn mit sauberem Wasser füllt. Genau diesen Ratschlag habe ich befolgt; es war eine regelrechte Gehirnwäsche. Vorbei waren meine Sorgen, meine Ängste und meine Stimmungen. Es muß auch noch erwähnt

werden, daß ich außerdem das Trinken aufgab. Heute bin ich ein glücklicher Mensch, ich komme mit jedermann gut aus und habe mich daran gewöhnt, jede Situation mit Ruhe und Gelassenheit zu beherrschen."

Die Grundsätze des positiven Denkens funktionieren immer, wenn wir sie wirklich aufrichtig und mit Entschlossenheit anwenden. Lassen Sie mich Ihnen ein Experiment vorschlagen. Nehmen Sie Papier und Bleistift und notieren Sie sich Ihre drei größten Fehler, das heißt, jene Eigenschaften oder Angelegenheiten, bei denen Sie immer wieder Mißerfolg erleiden oder doch nicht das erreichen, was Sie gerne möchten.

Vielleicht kommen Sie nicht sehr gut mit anderen Menschen zurecht. Vielleicht haben Sie Mühe, Ihre verschiedenen Wünsche unter Kontrolle zu halten, sei es Alkohol, Sex, Nikotin; vielleicht haben Sie sich aber auch einfach daran gewöhnt, viel zuviel zu essen. Vielleicht sehen Sie keinen Weg, mit diesen schlechten Gewohnheiten Schluß zu machen, vielleicht sind Sie schnell entmutigt und geben den Gedanken an eine Besserung bald auf. Was immer es auch sein möge, klein oder groß, wichtig oder unwichtig, notieren Sie Ihre Minus in der Reihenfolge ihrer Bedeutung. Dann wollen wir sehen, was wir dagegen unternehmen können.

Zuallererst müssen wir uns die Frage stellen, warum wir diese Schwächen haben.

Das jedoch kann unter Umständen sehr schwierig sein, und vielleicht bedürfen wir der Hilfe eines Fachmannes, der die wahren, tieferen Gründe für unser Versagen herausfindet. Viele von uns sind gerne bereit, äußere Einflüsse für ihr Versagen anzuführen, doch in Tat und Wahrheit ist es meistens so, daß wir unseren Blick auf uns selbst lenken sollten. Und hier stoßen wir auf seltsame Tatsachen und Komplexe. Unter Umständen kann uns ein Psychologe erklären, daß es selbst so etwas gibt, wie den Wunsch nach Mißerfolg. Aus verschiedenen psychologischen Gründen kann es für einzelne Menschen sehr unerwünscht oder gefährlich sein, Erfolg zu haben. Mit allerlei Tricks und Mitteln finden sie — natürlich unbewußt — Wege, um sich den Erfolg vom Leibe zu halten. Sie wollen ihn nicht. Wenn wir also nun die Gründe für unser Versagen suchen, dann sollten wir uns versichern, daß wir auch die wahren Ursachen entdeckt haben.

Setzen wir jedoch voraus, daß wir wirklich etwas gegen unsere Mißerfolge und Fehler unternehmen wollen. Wie können wir den besten und sichersten Weg dazu finden? Ich habe dafür eine äußerst einfache Regel ausgearbeitet, die, wenn sie wirklich mit dem festen Willen zum Erfolg angewendet wird, sich fast immer bewähren und Sie von Ihren Fehlern befreien wird. Sie lautet:

Versuche, versuche es wirklich!
Denke, denke wirklich positiv!
Glaube, glaube wirklich daran!

Beginnen wir mit dem ersten Punkt: Versuche es, versuche es wirklich! Vielleicht sagt Ihnen dies zuerst nicht sehr viel, denn wirklich etwas zu versuchen, kann so schwer sein, daß die meisten Menschen nach dem ersten Versuch die Flinte ins Korn werfen. Vielleicht sehen Sie auch ein, daß wiederholte Versuche notwendig sind, doch Sie haben zu wenig Kraft, um durchzuhalten. Prüfen Sie sich einmal in dem Sinne, daß Sie sich fragen, wann Sie wirklich den letzten, ernsthaften Versuch unternommen haben, mit dem an erster Stelle aufgeführten Fehler fertig zu werden. Die meisten Mißerfolge auf diesem Gebiet rühren daher, daß wir stets geneigt sind, den Weg des geringsten Widerstandes zu beschreiten. Wir setzen nicht alles ein, um zu gewinnen.

Eddie Arcaro, der berühmte Jockey, sagt, daß nur wenige Pferde wirklich den Versuch unternehmen, ein Rennen zu gewinnen. „70% davon wollen gar nicht gewinnen“, sagt Eddie, und er sollte es wissen. Von diesem Gesichtspunkt aus scheint es, daß wir es wie die Rennpferde halten: Nur selten versuchen wir wirklich zu gewinnen.

William James, der berühmte Psychologe, war sich klar darüber, welche große Anstrengungen es braucht, um Fehler zu überwinden. Er spricht von den Folgen der „ersten Müdigkeit". Damit meint er jene Müdigkeit, die uns überkommt, wenn wir eine kleine außerordentliche Anstrengung unternommen haben. Wir versuchen es eine Weile, werden dann aber müde und geben auf. Gott hat uns aber ein gewaltiges Reservoir an Kräften geschenkt, welches uns immer zur Verfügung steht, wenn wir nur wirklich davon Gebrauch machen. Doch wie selten geben wir uns einen speziellen Anstoß, und wie oft erliegen wir den ersten Anzeichen von Müdigkeit. Überwinden wir sie jedoch, werden wir erstaunliche Resultate erzielen.

Das Geheimnis liegt darin, daß wir wirklich unser ganzes Vermögen einsetzen. In Tat und Wahrheit benützen wir jedoch nur selten unsere volle Kraft dazu. Wir werden zugeben müssen, daß wir selten alle unsere Kräfte auf die Lösung eines bestimmten Problems konzentrieren, es sei denn in ganz schweren Krisen. Wer jedoch seine volle geistige Kraft auf *eine* Schwierigkeit konzentriert, wird erstaunt sein, welche Kräfte er dabei entwickelt. Möchten Sie wirklich Ihre Schwierigkeiten überwinden? Wollen Sie wirklich einen ernsthaften und wiederholten Versuch unternehmen? Sie können es, und Sie können es praktisch auf jedem Gebiet, auf dem Menschen versagen. Ein bemerkenswertes Beispiel dafür ist der folgende Brief einer Leserin aus New York. Sie selbst sagt, daß sie keine große Bildung habe, und ihre Interpunktion ist sicherlich nicht die beste. Doch ich habe ihren Brief absichtlich genau so wiedergegeben, wie ich ihn erhalten habe, und ich finde, daß darin viel Charme und Eigenart liegt.

„Ich bin eine alte Frau in den späten Sechzigerjahren und ich möchte Ihnen berichten, wie es mir gelungen ist, durch die Kraft positiven Denkens ein wahres Wunder zu erleben. Dies für alle, die nicht das Vertrauen haben, ebenso wie ich positiv zu denken. Meine Schulbildung ist mangelhaft, ich kann kaum orthographisch richtig schreiben, doch ich werde es versuchen und Ihnen beweisen wie es mir gelungen ist, durch Glaube und Vertrauen mein schwerstes Lebensproblem zu lösen.

Ich wurde als Krüppel geboren und da meine beiden Hüftknochen eine fatale Verschiebung aufwiesen, sagten die Ärzte, ich würde nie fähig sein zu gehen. Als ich aufwuchs und zusehen mußte, wie die andern Kinder sich tummelten, betete ich zu Gott, er möge mir seine Hilfe nicht versagen. Ich war damals sechs Jahre alt und litt sehr unter meiner Behinderung. Eines Tages stand ich zwischen zwei Stühle und versuchte mit aller Kraft aufzustehen, doch ich fiel sofort wieder zusammen. Aber ich gab nicht auf. Jeden Tag betete ich erneut zu Gott und versuchte es von neuem, bis es mir endlich gelang, mich für einige Sekunden auf den Beinen zu halten. Ich kann meine damalige Freude und Glückseligkeit nicht beschreiben, daß es mir gelungen war, auf meinen Füßen zu stehen. Ich schrie nach meiner Mutter: ‚Ich stehe, ich kann gehen!‘

Dann fiel ich von neuem zusammen. Auch die Freude meiner Eltern ist mir unvergeßlich und ich erinnere mich noch sehr gut, wie mir meine Mutter half, meine ersten Schritt zu tun. Sie hielt mir das Ende eines Stockes entgegen, um mir zu helfen und sagte: ‚Setze langsam einen Fuß vor den andern.‘ Auf diese Weise lernte ich das, was die Ärzte als ‚Entengang‘ bezeichnen, doch ich war dankbar und glücklich für diese Möglichkeit mich zu bewegen.

Vor drei Jahren hatte ich einen Unfall und brach mein rechtes Fußgelenk. Ich wurde in ein Spital eingeliefert und man machte Röntgenbilder von meinen Beinen. Nachher kamen die Ärzte an mein Bett und sagten: ‚Gute Frau, wie um alles in der Welt haben Sie es möglich gemacht zu gehen?‘ Ich antwortete, daß

Gott mein Arzt gewesen sei und sie sagten, es sei tatsächlich ein Wunder, denn meine Hüftgelenke seien überhaupt nicht ausgebildet und es sei unvorstellbar, daß ich überhaupt gehen könne. Ich wunderte mich, daß ich sechzig Jahre alt geworden war, um herauszufinden, daß ich keine richtigen Gelenke hatte.
Dann aber befürchteten die Ärzte, daß ich durch meinen Unfall und in meinem Alter doch nie mehr würde gehen können. Doch Gott kam mir erneut zu Hilfe und zum Erstaunen aller gehe ich wieder. Noch immer tue ich meine Arbeit, indem ich für vier Kinder einer Witwe sorge, während diese arbeitet. Ich selbst bin Witwe und hatte es nicht leicht, meine Kinder großzuziehen. Mein Mann starb an der Grippe im Jahre 1919. Ich hatte damals zwei kleine Mädchen, und ein Knabe wurde zwei Monate nach dem Tode meines Gatten geboren. Ich arbeitete als Putzfrau und rutschte während siebzehn Jahren meines Lebens auf Knien herum. Nie war ich krank, und noch heute weiß ich nicht, was Kopfweh heißt."
Das ist das Beispiel eines Menschen, der weiß, was es heißt, es zu versuchen und immer wieder zu versuchen. „Jeden Tag sprach ich zu Gott und versuchte es von neuem, bis ich auf meinen Füßen stand", erzählt sie. Auch der Rat der Mutter hat mich sehr beeindruckt: „Setze langsam einen Fuß vor den andern." Genau das ist es, was ich meine, wenn ich sage, daß wir es immer und immer wieder versuchen müssen. Wir müssen bei unseren Problemen bleiben, bis sie vollständig gelöst sind. Dabei bleiben, es immer wieder versuchen; diese ständige Bemühung wird eines Tages unweigerlich zum Erfolg führen.
Wenn wir nun Ihre eigenen Probleme betrachten, müssen wir uns fragen, ob Sie wirklich alles daran setzen, sie zu lösen, oder ob Sie immer wieder auf halbem Wege stehenbleiben. Es kann nicht oft genug gesagt werden: Wir können unsere Fehler und Schwächen tatsächlich überwinden, indem wir es versuchen mit aller Kraft, die uns zur Verfügung steht.

Schwierigkeiten sollten uns Ansporn sein. Ein bekannter Staatsmann sagte einst: „Schwierigkeiten reizen Männer von Charakter, denn indem sie sie überwinden, realisieren sie sich selbst." Das ist ein gutes Wort. Versuche es und versuche es wieder, und Gott wird dir zu Hilfe kommen. Gott ist immer bei denen, denen es wirklich ernst ist mit ihrem Bemühen.

Eines Tages besuchte ich eine der großen Leichathletik-Veranstaltungen in Madison Square Garden. Hier erlebte ich etwas, das ich nie mehr vergessen werde, nämlich den Weltrekord im Hallen-Hochsprung durch John Thomas, einen siebzehnjährigen Studenten der Universität Boston. Einen Monat zuvor war er 2,06 m gesprungen; zwei Wochen vor den Meisterschaften sprang er 2,12 m. An der entscheidenden Veranstaltung selbst vor 15 000 Zuschauern brach er den Weltrekord. Ich zitiere hier einen Sportjournalisten, welcher damals schrieb: „Es war ein großer Augenblick in der Geschichte des Sports. Thomas sprang und erreichte die 2,13 m."

Die Zuschauer tobten vor Begeisterung. Ein siebzehnjähriger Junge hatte einen Weltrekord aufgestellt. Sofort wurde John von Fotografen, Reportern und Zuschauern umringt, die ihm gratulieren wollten. Doch er schenkte ihnen wenig Beachtung, ja er ging ihnen aus dem Weg. Noch war sein Versuch nicht zu Ende. Zwar hatte er einen Weltrekord aufgestellt, und er hätte sich sehr wohl auf seinen Lorbeeren ausruhen können, aber John war ein Junge, der wußte, was es heißt, es immer von neuem zu versuchen. Und da war noch ein anderer Rekord, den er in dieser Nacht ebenfalls brechen wollte, nämlich der Weltrekord im Hochsprung unter freiem Himmel. Dieser stand auf 2,16 m. Der Rekord wurde durch einen russischen Sportler gehalten, und John gab die Anweisung, die Latte auf 2,17 m zu legen. Und erneut hielten 15 000 Menschen den Atem an. Beim ersten Sprung gelang es John nicht, diese Höhe zu erreichen. Er versuchte es ein zweites und ein drittes Mal, doch ohne Erfolg.

Meine Reaktion bestand darin, daß ich mir zuerst sagte, John Thomas habe zuviel auf einmal erreichen wollen. Doch dann schämte ich mich meiner Einstellung. Wenn ich darüber nachdenke, was der Junge gemacht hat, dann wird mir klar, daß es ihm nicht nur um den sportlichen Ruhm ging, sondern er wollte einfach etwas mehr leisten, als in seiner Kraft stand. Und genau das ist es, was uns zu wirklich höheren Leistungen führt.

Die Offiziellen gestatteten ihm in jener Nacht keine weiteren Versuche. Trotzdem verließ ich die Spiele im Bewußtsein, dabeigewesen zu sein, wie ein Sportsmann einen großen Erfolg davongetragen hatte, einzig und allein weil er wußte, daß man selbst dann nicht aufgeben soll, wenn man schon gewonnen hat. Selbst dann muß man sich erneut ein höheres Ziel setzen. Und diese meine Überzeugung bestätigte sich drei Wochen später, als John im Madison Square Garden einen neuen Versuch unternahm und diesmal die Latte auf 2,16 m übersprang, wodurch er nicht nur den Weltrekord im Hallenhochsprung, sondern auch denjenigen im Freien gewonnen hatte. John hatte es versucht, er hatte es erneut versucht und — der Sieg blieb nicht aus.

Und wie steht es mit Ihren eigenen Anstrengungen? Sind Sie gewillt, sich ebenso anzustrengen? Haben Sie wirklich auf Ihre eigenen Sorgen und Probleme jene Kraft angewandt, die es braucht, um damit fertig zu werden? Einmal ist keinmal. Es braucht viele und immer neue Versuche. Und Sie werden erstaunt sein, welche Erfolge sich plötzlich damit einstellen. Die meisten Mißerfolge der Menschen beruhen darauf, daß sie keine genügende körperliche und geistige Anstrengung unternehmen, um ihre Schwierigkeiten zu überwinden. Werfen Sie einen Blick auf die Liste Ihrer Fehler und Schwächen! Können Sie wirklich sagen, daß Sie auf jeden einzelnen Punkt alle Ihre mögliche Kraft konzentriert haben? Wenn nicht, dann unternehmen Sie den Versuch, meine Theorie in die Praxis umzusetzen, und Sie werden staunen, was Sie damit erreichen können.

Der zweite Punkt meiner Regel, um Schwierigkeiten zu überwinden, heißt: Denke, denke wirklich positiv! Glaube daran, daß die Kraft positiven Denkens so groß ist, daß wir damit jede Schwierigkeit überwinden können. Wir können damit jedes Problem erfolgreich lösen.

Ein Beispiel dafür ist jener vierzehnjährige Bursche, der im Stellenanzeiger einer Zeitung eine Annonce gesehen hatte, worin einem Jungen seines Alters eine Arbeit angeboten wurde. Als er am anderen Morgen an der angegebenen Adresse vorsprach, fand er dort bereits zwanzig weitere Jungen vor, die sich ebenfalls vorstellen wollten.

Jeder weniger widerstandsfähige Junge wäre angesichts dieser großen Konkurrenz davongelaufen, doch dieser nicht, denn er wußte, wie man sich behaupten konnte: Er dachte nach. Er benützte seinen Kopf, jene großartige Einrichtung, die der Schöpfer den Menschen gegeben hat, damit sie versuchen, ihre Probleme zu lösen. Der Geist des Jungen war nicht negativ, er konnte denken, wirklich denken, und so wurde eine Idee geboren. Welch wundervolles Ereignis ist es doch, wenn unsere Gedanken eine Idee hervorbringen!

Der Junge nahm ein Stück Papier, schrieb einige Zeilen darauf, und indem er die Schlange, in der er Aufstellung genommen hatte verließ, bat er den Jungen hinter ihm, seinen Platz für kurze Zeit zu halten. In dieser Zeit ging er zur Sekretärin des Mannes, welcher die Anstellung vornahm, und sagte höflich: „Bitte Miß, würden Sie so freundlich sein, diese Notiz Ihrem Chef zu übergeben? Es ist sehr wichtig — herzlichen Dank!“ Die Sekretärin war irgendwie von der Entschlossenheit des Jungen beeindruckt: Er war höflich, vergnügt und schien sich durchsetzen zu wollen. Jeder andere wäre von ihr vermutlich abgewiesen worden, doch dieser Junge hatte etwas Besonderes an sich. Sie brachte tatsächlich die Notiz ihrem Chef. Dieser las sie, lächelte und gab sie ihr zurück. Sie las und mußte ebenfalls lachen. Auf dem Zettel stand: „Sehr geehrter Herr, ich bin der einundzwanzigste Junge in der wartenden Schlange. Bitte treffen Sie keine Entscheidung, bevor Sie mich gesehen haben.“

Erhielt der Junge die Arbeit? Was meinen Sie? Ein Junge dieser Art wird unweigerlich Erfolg haben. Er verfügt nämlich schon in jungen Jahren über die Fähigkeit zu denken, wirklich zu denken. Bereits hatte er gezeigt, daß er fähig war, eine Situation rasch zu erfassen, sofort zu handeln und das Beste daraus zu machen.

Was auch immer die Probleme sein mögen, die in Ihrem Leben an Sie herantreten werden, immer werden sich bessere und leichtere Lösungen ergeben, wenn Sie wirklich darüber nachdenken. Die Saturday Evening Post enthielt einen interessanten Artikel über Thommy Bolt, der die nationale Golfmeisterschaft im Jahre 1958 errang. Der Untertitel des Artikels lautete: „Positives Denken veränderte mein Leben.“ Es war die Geschichte eines Sportsmannes, der durch die Kraft positiven Denkens zum Champion wurde.

Thommy Bolt war bekannt für seine Unbeherrschtheit. Mehrmals hatte er sich die Meisterschaft verscherzt, weil er sein Temperament nicht beherrschen konnte. Einmal, als er einen Fehlschlag getan hatte, wurde er so wütend, daß er seinen Golfschläger zerbrach. Oft sagte er: „Wenn ich diesen Schlag verpasse, zerschmetterte ich meine fünf Golfstöcke an einem Baum.“ Die Folge davon war, daß neugierige Zuschauer ihm ständig auf den Fersen waren, um sich darüber zu freuen, wenn Thommy Mißerfolg und einen seiner Wutausbrüche bekam. Thommy Bolt hatte noch nicht gelernt, richtig zu denken und sein Gefühlsleben zu beherrschen. Die Folge war, daß er immer wieder Mißerfolge hatte.

Schließlich kam Thommy zufällig in den Besitz einiger Bücher über Fragen der Lebensgestaltung. Eines davon stammte von

mir, und hier erzählt Thommy selbst, welchen Einfluß diese Schriften auf ihn ausübten.
„Ich stellte mein ganzes Denken vollkommen um. Ich änderte meine Gewohnheiten, und ich setzte mein Vertrauen in etwas, das über mir stand. Sobald ich gemerkt hatte, welchen guten Einfluß dies auf mich hatte, blieb ich dabei. Sauberes, positives Denken veränderte mein Leben. Ich wollte mein ganzes Denken klar und stark erhalten. Das, was ich gelesen hatte, beruhigte mein Temperament und gab mir einen Schutzmantel gegen die früheren schlechten und negativen Einflüsse, die mir so viel Schaden zugefügt hatten."

Dieser Satz ist eine geradezu klassische Formulierung für die Kraft positiven Denkens. Noch mehr aber der folgende: „Ich versprach Gott, daß ich ihm helfen würde, mir selbst zu helfen." Genau das ist es, was Gott von uns wünscht. Thommy benützte seine Schwächen als Ansporn zum Erfolg. Wir müssen unbedingt begreifen, daß durch positive Gewohnheiten Mißerfolg überwunden werden kann. Wir müssen so lange unsere Schwächen bekämpfen, bis sie sich vom Negativen ins Positive gewandelt haben.
Dies erinnert mich an einen ausgezeichneten und unvergeßlichen Lehrer aus meiner Schulzeit. Wenn wir etwas nicht begriffen, unterbrach er den Unterricht, ging zur Wandtafel und schrieb darauf in großen Buchstaben das Wort CAN'T. Dann drehte er sich wieder gegen die Klasse, lächelte und sagte: „Was wollen wir tun?" Die Kinder lachten und riefen zurück: „Wir streichen das T!"
Mit dem Schwamm löschte unser Lehrer das T aus, und das Wort lautete nun CAN. Dieselbe Methode sollten wir auch als erwachsene Menschen anwenden. Streichen wir das T aus, und machen wir daraus das Wort CAN. Das ist der richtige Weg zu denken: ein Leben ohne Mißerfolge. Wenn nämlich das Wort

CAN'T (ich kann nicht) einmal in unserem Denken Fuß gefaßt hat, wird es unweigerlich Sorgen und Schwächen hervorrufen. Es ist erstaunlich, daß sogar erfolgreiche Unternehmen Mißerfolge aufweisen, sobald sich negatives Denken in ihnen festsetzt. Vor Jahren kannte ich einen alten Herrn, der einen Lunchroom an der Autobahn führte. Es war die Zeit der Wirtschaftskrise, und der alte Mann hatte das Glück, schlecht zu sehen und zu hören. Ich sage ausdrücklich: er hatte das Glück, denn durch seine Seh- und Hörschwäche erfuhr er praktisch nichts über die herrschende Wirtschaftskrise. Er las keine Zeitungen, und er brauchte den negativen Diskussionen seiner Bekannten nicht zuzuhören. Und weil er nichts von einer Krise wußte, ging sein Geschäft ausgezeichnet. Er hielt den Lunchroom in Ordnung, er warb mit großen, farbigen Slogans, die er an der Autobahn anbrachte, und seine Mahlzeiten und belegten Brote waren so gut und sorgfältig gemacht, daß er damit eine Menge Kunden anlockte.

Der alte Mann arbeitete fleißig, damit sein Sohn die Hochschule besuchen konnte. Dort erfuhr dieser in den Lektionen über Wirtschaftskunde, wie schlecht die Dinge standen, und als er zu den Weihnachtsferien nach Hause zurückkehrte und feststellte, daß das Geschäft seines Vaters ausgezeichnet ging, sagte er: „Papa, etwas stimmt hier nicht. Eigentlich solltest du geschäftlich gar keinen Erfolg haben. Wie kommt es, daß du dich benimmst, als ob es überhaupt keine Wirtschaftskrise gäbe?"

Der Sohn erzählte seinem Vater alles über die schlimmen Auswirkungen der Krise und wie die Geschäfte überall schlecht standen. Als der Vater über diese Dinge nachdachte und die negativen Gedanken seines Sohnes hörte, dachte er bei sich selbst: „Vielleicht ist es besser, wenn ich meine Fassade dieses Jahr nicht frisch bemale und der Krise wegen mein Geld spare. Vielleicht ist es auch klüger, wenn ich meine belegten Brote etwas weniger üppig mache und auch die Reklamen an der Autobahn aufgebe.

Welchen Sinn hat es, zu werben, wenn die Leute doch kein Geld haben?

Auf diese Weise unterblieben alle seine positiven Anstrengungen, und sein Umsatz begann schnell zu sinken. Als der Sohn an Ostern wiederum seine Ferien zu Hause verbrachte, sagte der Vater zu ihm: „Ich möchte dir für deine Informationen über die Wirtschaftskrise danken; sie haben sich absolut bewahrheitet, denn mein Geschäft geht tatsächlich nicht mehr gut, und ich denke, daß eine ernsthafte Hochschulbildung wirklich von großem Nutzen ist."

So geht es, wenn sich negative Gedanken in uns festsetzen, und darum sollten wir ständig darauf bedacht sein, sie auszuschalten. Frau Dr. Sarah Jordan, die Mitbegründerin einer großen Klinik in Boston, sagt: „Unser Hirn braucht jeden Tag eine gründliche Wäsche." Wahrhaftig ein guter Gedanke, sich von allem Unsinn und Schmutz des negativen Denkens zu befreien. Wir sollten jeden Tag mit frischen, neuen Gedanken beginnen, die unseren Weg zum Glück und Erfolg nicht hemmen, sondern fördern.

Geben wir unserem Hirn jeden Morgen eine Wäsche! Beginnen wir den Tag mit positiven Gedanken, und der Tag wird auch positiv verlaufen.

An einem Wintermorgen mußte ich sehr früh aufstehen. Ich ging in unser Wohnzimmer und erblickte durchs Fenster den wundervollen Winterhimmel. Unwillkürlich mußte ich an die Worte Emersons denken, der einst sagte: „Der Himmel ist das tägliche Brot der Seele." Unsere Wohnung blickt gegen Westen, man sieht den Central Park, der mitten im Herzen der City liegt und vier Meilen lang und eine halbe breit ist. Der Himmel an jenem Morgen wirkte auf mich wie ein gewaltiges Feuer, und er vergoldete nicht nur die dahinziehenden Wolken, sondern auch die Fenster, welche die aufgehende Sonne spiegelten. Noch schlief die Stadt. Die Luft war kristallklar und der Schnee sauber und weiß. Ich empfand das Bedürfnis zu beten, und ich werde nie das erhabene Gefühl vergessen, das mich an jenem wundervollen Morgen erfüllte.

Es wurde ein glücklicher Tag, ohne Mißerfolge und ohne Ärger, und ich bin überzeugt, daß einzig und allein meine geistige Einstellung an jenem frühen Morgen dies bewirkte. Ich hatte das Gefühl, über den Dingen zu stehen und Distanz zu allen kleinen oder kleinlichen Dingen gewonnen zu haben.

Wir sollten uns jeden Morgen daran gewöhnen, einen Blick zum Himmel zu werfen und uns Gott für einige Augenblicke zuwenden, bevor wir unseren Tag beginnen. Selbst wenn wir in großen Schwierigkeiten sind, wird uns diese kurze Besinnung mit neuer Kraft, mit Frieden und mit Mut erfüllen.

Von welchen Dingen soll uns diese „Gehirnwäsche" befreien? Selbstverständlich von Ressentiments, von Haß, von Angst, von selbstsüchtigen, egoistischen und negativen Gedanken, welche uns von einem sauberen, positiven Denken abhalten. Erst wenn unser Denken rein und frei ist, kann es sich neuen guten Gedanken und Taten zuwenden. Vor einigen Jahren arbeitete ich in Hollywood als Berater bei einem Film, der den Titel „Mit einem Fuß im Himmel" trug. Einer der Hauptdarsteller war Harry Davenport. Harry erzählte mir eine Erfahrung, die er vor einigen Jahren, als er einen Tiefpunkt seiner Karriere erlebte, gemacht hatte.

„Ich war ein vollkommener Versager", sagte Harry, „und als ich herauszufinden versuchte, was in mir vorging, stellte ich fest, daß ich von ganz falschen Motiven ausging. Wenn ich vor meinen Zuhörern stand, dachte ich nur an meine Fähigkeiten und an den Eindruck, den ich auf andere machen würde. Ich interessierte mich keineswegs aufrichtig für meine Zuhörer, und dieses egozentrische Denken übertrug sich automatisch auf das Publikum. Wenn jemand nur an sich selber denkt, werden es die andern Menschen sofort fühlen und ihm mit Mißtrauen begegnen. Bald erhielt ich keine guten Engagements mehr. Ich war deprimiert

und begann Gott um seine Hilfe zu bitten. Die Antwort war: Entwickle gegenüber deinem Publikum ein aufrichtiges Gefühl der Sympathie und Liebe und warte ab, was geschieht.
Ich dachte zuerst, dies sei eine etwas sonderbare Idee. Doch meine Lage war so hoffnungslos, daß ich alles versucht hätte, um sie zu ändern. Einige Tage später erhielt ich einen Anruf und wurde gebeten, in einem Stück eine Rolle zu übernehmen. Es handelte sich nicht um eine wichtige Rolle, doch ich nahm an. Bevor der Vorhang hochging, stand ich auf der Bühne und blickte durch das Guckloch auf das Publikum. Ich sah einen Geschäftsmann in der ersten Reihe, der einen recht unglücklichen Eindruck machte. Es schien, als ob ihn seine Frau ins Theater geschickt hätte, daß er aber viel lieber anderswo hingegangen wäre.
‚Nun, ich werde versuchen, dich heute abend fröhlich und glücklich zu machen', sagte ich zu mir selbst. ‚Ich will versuchen, dir Sympathie entgegenzubringen und dir einen vergnügten Abend zu bereiten.' Nie hatte ich eine bessere Vorstellung, und noch nie zuvor fühlte ich mich von meiner Tätigkeit so befriedigt. Dies war der Wendepunkt in meiner Karriere. Heute würde ich nie mehr eine Vorstellung beginnen, bevor ich nicht meine Gedanken kontrolliert hätte."
Diese Unterhaltung machte großen Eindruck auf mich. Ich beschloß selber, nie mehr an ein Rednerpult zu treten, bevor ich nicht Gedanken der Sympathie und der Liebe für meine Zuhörer empfunden hatte. Ich überblicke mein Publikum und bitte Gott, er möge mir helfen, als ein Mittler zwischen ihm und meinen Zuhörern zu walten.
Dasselbe Prinzip läßt sich praktisch in jeder Tätigkeit anwenden. Jim Johnson, der ein großes Hotel in Harrisburg leitet, verbringt jeden Tag eine ganz bestimmte Zeit damit, solche Gedanken für seine Mitarbeiter zu pflegen, und es ist ihm gelungen, in seinem Haus einen ganz wundervollen Teamgeist zu wecken. Am Abend, wenn er nach Hause geht, hält er seinen Wagen an einer

Stelle an, von der aus er die großen Baulichkeiten seines Hotels überblicken kann. Von hier aus schickt er seine besten Gedanken und Wünsche an alle seine Gäste und Mitarbeiter, welche die Nacht in seinem Hause verbringen werden. Diese Denkungsart entwickelt eine beruhigende und aufbauende Lebensweise. Jim sagte mir einst ein Wort, welches ich nie vergessen kann: „Nie erlebte ich einen Sturm, der sich nicht selber ausblies."

Und endlich: „Glaube und glaube von ganzem Herzen! Glaube an was? An Gott, an Jesus Christus und in aller Bescheidenheit auch an uns selber. Glaube daran, daß dir nichts unmöglich sein wird, wenn du es gemeinsam mit Gott beginnst. Warum wohl spricht die Bibel so oft von Vertrauen? Weil der wahre Glaube wirklich Unglaubliches vollbringen kann. Du kannst es, wenn du daran glaubst. Glaube öffnet die Türen zum schöpferischen, aufbauenden Tun, und er entwickelt ungeahnte Kräfte selbst unter den schwierigsten Umständen."

Ein wirklich überzeugter positiver Denker ist Casey Stengel, Captain einer bekannten New Yorker Baseball-Mannschaft. Während der Weltmeisterschaften erlebte Casey ein wirklich frappantes Beispiel positiven Denkens. Seine Mannschaft hatte ein leichtes Jahr hinter sich und hatte alle Spiele ohne große Mühe gewonnen. Die Tatsache, daß ihr kein ernsthafter Gegner gegenübertrat, hatte jedoch nicht für, sondern gegen sie gearbeitet. Als die Weltmeisterschaften begannen, war Caseys Mannschaft keineswegs in der besten Kondition. Das Team verlor die ersten vier Spiele, und es schien, als ob eine Niederlage unvermeidlich sei. Wenn es Casey Stengel nicht gelang, die nächsten drei Spiele zu gewinnen, waren die Weltmeisterschaften verloren. Casey rief seine Spieler zusammen, und es gelang ihm, sie dermaßen anzufeuern, daß sie ein unglaublich gutes Baseballspiel lieferten und schließlich ihre anfänglichen Mißerfolge in einen überzeugenden Sieg verwandelten. Später las ich in einer Sportzeitung einen Artikel über Casey Stengel, der in kurzen Worten sagte, wieso es

Casey gelungen war, das Blatt in letzter Minute zu wenden. Der Verfasser schrieb: „Casey gibt die Hoffnung nie auf. In den Augenblicken der Niederlage denkt er bereits an den kommenden Sieg.“

Genau das ist es! Casey Stengel wollte sich einfach nicht geschlagen geben. Er glaubte an den Sieg, und er wußte, daß er eintreten würde. Diese Gewißheit übertrug sich auf sein Team und machte es unschlagbar.

Ich möchte dieses Kapitel abschließen mit dem Brief einer jungen Mutter, der mich sehr beeindruckt hat. Wenn Sie je Zweifel an den Ergebnissen positiven Denkens gehabt haben, so sollten sie nach der Lektüre dieses Briefes überwunden sein. Mein Büro erhält Tausende von Briefen, die aus den verschiedensten Lebensumständen heraus geschrieben werden. Einige davon könnten einem das Herz brechen. Sie enthalten Erlebnisse, die angefüllt sind mit Schmerzen, Leid und Enttäuschung. Alle Sorgen, die je Menschen beschäftigen können, sind in diesen Briefen enthalten. Trotzdem ist es immer wieder erstaunlich, zu lesen, über welche Kräfte diese Menschen verfügen, sobald sie Glaube und Selbstvertrauen gefunden haben. Jedermann kann die schwersten Hindernisse überwinden, genau so wie es Frau Harry Fike in Bexley, Ohio, getan hat, die mir den folgenden Brief geschrieben hat:

„Lieber Dr. Peale,

am 30. Oktober des vergangenen Jahres im fünften Monat meiner Schwangerschaft verlor ich durch eine unglückliche Veranlagung mein Kind. Dasselbe war schon bei zwei vorausgegangenen Schwangerschaften geschehen, und die Ärzte sagten mir, daß mein Fall absolut hoffnungslos sei, und ich hatte mich bereits mit ihrer Prognose abgefunden. Ich erinnere mich noch, wie ich die Klinik ohne Hoffnung betrat, und als ich mich zur Aufnahme anmeldete, sagte ich: ‚Es ist hoffnungslos, mein Kind ist zu

klein und es wird nicht überleben.' Und genau so kam es auch. Als ich erneut schwanger wurde, sagte mir ein anderer Arzt: ‚Alles liegt bei Ihnen und bei Gott.'
Zuerst erschrak ich, aber ich nahm mich zusammen. Man sagte mir, ich dürfe mich nicht bewegen, und ich entschloß mich, das Bett zu hüten und während eines Monats ruhig zu liegen. Doch das war leichter gesagt als getan. Mit der Hilfe meines Mannes gelang es mir aber, mich einen vollen Monat ruhig zu verhalten. Wenn immer ich ungeduldig wurde, bat ich Gott, mir Kraft zu schenken und meinem Kind das Leben zu erhalten.
Wenn immer jemand mutlose Gedanken äußerte, gab ich zur Antwort, daß alles gut würde. Einen Monat später suchte ich die Klinik auf. Ich empfand keine Angst. Der Geburtshelfer sagte mir, das Kind wäre zu klein, um lebensfähig zu sein. Ich hörte, wie er am Telefon meinem Arzt mitteilte, daß ich der Meinung sei, das Kind sei groß genug, doch hier handle es sich nur um mein Wunschdenken. Ich erschrak tatsächlich, als ich sah, wie klein mein Kind war, doch seine Augen waren offen, und es kämpfte um den Atem. Sein Gewicht war nur 1,2 kg. Mein Arzt besuchte mich, und während alle anderen Leute Zweifel am Überleben meines Kindes hegten, lächelte er und sagte: ‚Es kann überleben.'
Er erzählte mir nichts von den entmutigenden Statistiken, von denen alle anderen ständig redeten. Am vierten Tag kam meine Schwester und sagte, das Kind atme nur noch schwach, doch es atme immerhin noch. Ich telefonierte meinem Arzt, und er sagte mir, wenn die Schwester noch einmal so zu mir sprechen würde, solle ich ihr sagen, sie möge aus dem Fenster springen. Ich dankte Gott und faßte neuen Mut.
Nach sieben Wochen wog mein Kind bereits 2,4 kg und ich konnte es nach Hause nehmen, wo es einen prachtvollen Appetit entwickelte und nun bereits 2,7 kg wiegt. In vierzehn Tagen wird es zwei Monate alt, und in Zukunft wird mir niemand

mehr den Glauben an die Kraft des positiven Denkens ausreden können."

Ich habe diesen Brief an die Mutter zurückgesandt und ihr geraten, ihn aufzubewahren und ihn einst dem erwachsenen Kind zu übergeben. Welch unschätzbarer Besitz wird dieser Brief sein! Wir sollten in diesem Lichte nochmals unsere Sorgen und Mißerfolge betrachten und ihnen drei positive Grundsätze entgegenstellen: Versuchen, denken und glauben; wahrhaft versuchen, ernsthaft denken und wirklich glauben. Diese drei Grundsätze können alle unsere Schwierigkeiten überwinden. Mit diesen positiven und schöpferischen Gedanken können wir unsere Persönlichkeit entwickeln und alles Negative von uns abwenden.

4. Kapitel

Menschen, die wir lieben

Jedermann möchte geschätzt und geliebt werden; auch mir geht es nicht anders. Das Bedürfnis nach Anerkennung ist eine weitverbreitete menschliche Eigenschaft. Das ist auch der Grund, warum Dale Carnegies Buch „Wie man Freunde gewinnt“ in so vielen Millionen Exemplaren verbreitet wurde. Das ist ferner der Grund, warum Zahnpasta, Mundwasser und Desodorants zu Millionen verkauft werden, und zwar auf Grund von Inseraten, die für einige Franken allgemeine Beliebtheit versprechen. Auf Schritt und Tritt begegnen wir dem Wunsch, beliebt zu sein.

Tatsächlich ist das Problem, mit andern Menschen gut auszukommen, keine Spitzfindigkeit, sondern etwas äußerst Wichtiges, das wir meistern müssen, wenn wir glücklich und erfolgreich sein wollen. Und wie soll dieses Ziel erreicht werden?

Die erste Antwort klingt sehr einfach, aber sie ist von größter Wichtigkeit. Eines Tages aß ich mit zwei guten Freunden: C. K. Woodbridge und Carol Lyttle. Unser Gespräch befaßte sich hauptsächlich mit dem Problem eines erfolgreichen Lebens. Da die beiden Männer hervorragende Stellungen im Wirtschaftsleben einnehmen, fragte ich sie, welches die Grundvoraussetzungen für einen erfolgreichen Verkäufer seien. C. K. Woodbridge antwortete mir sofort: „Ein guter Verkäufer muß die Menschen gern haben. Selbstverständlich muß er auch an sein Produkt glauben und etwas davon verstehen. Er muß hart arbeiten und positiv denken. Doch vor allem muß er den Menschen Interesse und Freundschaft entgegenbringen."

Ich glaube, daß dies tatsächlich auch die Grundlage im Umgang mit andern Menschen überhaupt ist. Wenn jemand andern Menschen wirkliche Sympathie entgegenbringt, wird man ihm bestimmt ebenfalls aufgeschlossener entgegentreten. Der erste Schritt, um beliebt zu werden, besteht darin, anderen Sympathie und Freundschaft entgegenzubringen, und zwar aufrichtig, nicht als Zweck.

Selbstverständlich ist dies nicht immer leicht. Doch je mehr man sich daran gewöhnt, andere Menschen gern zu haben, um so leichter wird es. Wir können uns natürlich nicht von einem Tag zum andern einreden „von nun an liebe ich alle Menschen!" So einfach ist es nicht. Andere Menschen gern zu haben, ist das Ergebnis einer ganz bestimmten Lebensart, und die Grundlage dafür ist das positive Denken an sich. Man muß anderen Menschen eine positive Denkweise entgegenbringen, anstatt negative Gedanken zu hegen.

Ich bin immer wieder überrascht, wie oft ich den Ausspruch höre „Ich begann jedermann gern zu haben", wenn mir die Leute über die Ergebnisse positiven Denkens in ihrem Dasein erzählen. Hier nur einige wenige Beispiele aus verschiedenen Briefen: „... und dann begann ich tatsächlich jedermann gern zu haben; ... und so empfinde ich heute: ich liebe jedermann und habe keine Schwierigkeiten mehr im Umgang mit andern; ... dann erlebte ich etwas Sonderbares: ich begann jedermann gern zu haben; ... bevor ich das Buch ‚Die Kraft positiven Denkens' gelesen hatte, liebte ich nur mich selbst; dann aber stellte ich mein Selbst in den Hintergrund und heute darf ich aufrichtig sagen, daß ich jedermann gerne habe."

Es ist nicht so schwer, die Gründe für diese Erscheinung zu verstehen. Wenn die Menschen frei werden von Angst, Unruhe und Ichbezogenheit, entwickeln sie eine Daseinsfreude, die ihr ganzes Empfinden verändert. Die Welt hat ein neues Gesicht bekommen. Anstatt sich von ihr zurückzuziehen, entwickeln diese Menschen Sympathie, Vitalität und Charme; ihre Empfindungswelt strahlt automatisch positiv auf ihre Umwelt aus.

Wenn Sie sich primär nur mit sich selbst befassen, haben Sie wenig Chancen, zu jenen zu gehören, die beliebt sind. Um dies zu erreichen, müssen Sie zuerst Ihre Ichbezogenheit zurückstellen und sich auf andere Menschen konzentrieren. William James sagte: „Der tiefste menschliche Wunsch ist, Anerkennung zu finden." Das aber gilt nicht nur für uns, sondern auch für andere. Unsere Mitmenschen möchten auch unsere Anerkennung finden! Wer jedoch nur mit sich selbst beschäftigt ist, findet nie die Zeit, andere zu beachten oder ihnen Anerkennung zu zollen. Und unser Mitmensch, der gerne unsere Anerkennung gewinnen möchte, geht leer aus und hat keinen Grund, von uns besonders begeistert zu sein.

Ich habe einen Freund, der von Natur aus ein positiver Denker ist. Das ist wahrhaft eine Gnade, denn die meisten Menschen müssen diese Fähigkeit erst entwickeln. Sein Name ist Charles Heydt. Charly gehört zu den großen Bewunderern unserer Welt. Und das Ergebnis ist, daß er überall beliebt ist. Wenn meine Sekretärin läutet und mir mitteilt, Charly Heydt verlange mich am Telefon, hellt sich mein Gesicht automatisch auf. Ich freue mich immer, mit ihm zu sprechen, weil Charly zu den Menschen gehört, die einen aufrichten. Wenn er in einer Zeitschrift einen Artikel von mir sieht, findet er immer Zeit, mich anzurufen oder mir einige Zeilen zu schreiben.

„Lieber Norman, Dein Artikel war ausgezeichnet, das mußte wirklich einmal gesagt werden."

Es ist kein Wunder, daß Charly überall beliebt ist. Wer es ver-

steht, andere Menschen aufzurichten und zu ermuntern, wird überall gerne gesehen.
Einer meiner Leser erzählte mir eine Geschichte über Henry Ford, den ich sehr schätze. Eines Tages als die beiden zusammen aßen, fragte Ford plötzlich: „Wer ist dein bester Freund?"
Sein Begleiter nannte mehrere Namen, doch Henry Ford zog einen Bleistift aus der Tasche und schrieb damit auf das Tischtuch: „Dein bester Freund ist der, der deine besten Eigenschaften zur Entfaltung bringt."
Wir müssen lernen, hinter den Handlungen unserer Nächsten den wahren Menschen und seine Persönlichkeit zu entdecken. Wer es fertigbringt, in jeder Situation ein wahres Interesse für andere aufzubringen, wird es erleben, daß die Betreffenden nicht nur ihm, sondern auch Drittpersonen Sympathie entgegenbringen.
Von einer Leserin in Philadelphia, die mit einem recht schwierigen Chef zusammenarbeiten muß, erhielt ich den folgenden Brief: „Als mich mein Chef kürzlich wieder abkanzelte, beschloß ich zu kündigen.
Sofort begann ich, mich nach einer neuen Stelle umzusehen, als ich jedoch Ihr Buch über positives Denken zufällig zu jener Zeit las, dachte ich, nun wäre eine gute Gelegenheit, diese Theorien in die Praxis umzusetzen.
Ich schrieb meinem Chef einen Brief und sagte ihm darin, daß ich sehr dankbar sei, von ihm mit einer verantwortungsvollen Arbeit betraut worden zu sein und für seine Firma arbeiten zu dürfen, doch ich habe das Gefühl, daß er seinen Umsatz verdoppeln könnte, wenn es ihm gelänge, eine bessere Arbeitsatmosphäre zu schaffen. Ich fragte ihn, ob es ihm bewußt sei, daß jedesmal, wenn er einen seiner Mitarbeiter in sein Büro rufe, dieser praktisch einen kleinen Schock erhalte. Jedermann werde auf das Klingelzeichen des Chefs nervös, lasse alles fallen, was er gerade in der Hand habe. Ich sagte ihm, daß ich gerne christlich denken

und handeln möchte, doch wie es möglich wäre, daß unter solchen Bedingungen jedermann dem andern Sympathie und etwas Liebe entgegenbringen könne?

Diesen Brief schrieb ich vor einigen Wochen. Bis heute hat man mich nicht hinausgeworfen, hingegen haben sich die Arbeitsbedingungen um 90% gebessert und jedermann fühlt sich freier und glücklicher. Es ist mir bewußt, daß sich mein Chef unter Entbehrungen und mit harter Arbeit emporarbeiten mußte, so daß ich viele seiner Handlungsweisen verstehen kann. Gerade darum aber werde ich meine Anstrengungen verdoppeln, ihm eine wirkliche Hilfe zu sein."

Diese Frau, welche begriffen hat, um was es beim positiven Denken geht, hat in einer schwierigen Situation vernünftig gehandelt. Sie hat bei ihrem gefürchteten Chef hinter die Kulissen geblickt und erkannt, daß er so handelte, weil er sich innerlich unsicher fühlte. Indem sie die tieferen Ursachen seines Handelns beachtete, hob sie das ganze Problem auf ein höheres Niveau. Ihre Fähigkeit, die Sorgen anderer anzuhören und ihnen zu helfen, brachte ihr auch die Sympathie ihrer Kollegen, und jedermann schätzte sie mehr und mehr. Sie wußte, daß es im Umgang mit andern oft mehr auf unser Verhalten als auf Worte ankommt — und weil wir meistens diesen Grundsatz zu wenig beachten, funktionieren unsere menschlichen Beziehungen nicht so wie es möglich wäre.

Die meisten von uns können übrigens auch nicht richtig zuhören. Die Kunst zuzuhören ist jedoch eines der großen Geheimnisse im Umgang mit anderen. Wir sind meistens geneigt, viel zuviel selber zu sprechen, wenn uns jemand eines seiner Probleme schildern möchte. Wir versuchen, Ratschläge zu erteilen, obgleich es wichtiger wäre, zu schweigen und zuzuhören. Diese Geduld ist es, was der andere jetzt braucht.

Mein Freund, der Schriftsteller Arthur Gordon, erzählte mir eine packende Geschichte über den Zeitungsredakteur einer kleinen

Stadt. Dieser arbeitete oft bis spät in die Nacht hinein. Eines Tages, kurz nach Mitternacht, klopfte es an seine Tür. Auf seinen Ruf „herein“ öffnete sich die Tür, und er erblickte das verstörte Gesicht eines Nachbarn, der kürzlich durch einen tragischen Unfall seinen kleinen Sohn verloren hatte. Der Redakteur kannte die traurige Geschichte: Der Mann hatte mit seiner Frau und seinem Sohn eine Bootsfahrt unternommen. Das Ruderschiff war gekentert, die Frau wurde gerettet, aber das Kind ertrank. Seit jener Tragödie war der Mann nicht mehr recht zur Besinnung gekommen. Er irrte in den Straßen umher, und angelockt durch das Licht im Büro des Redakteurs und vielleicht, weil er hoffte, bei ihm etwas Trost und Verständnis zu finden, war er hereingekommen.

„Nimm Platz, Bill“, sagte der Redakteur, „und ruhe dich etwas aus.“

Der Unglückliche setzte sich und verharrte schweigend. Und jetzt tat der Redakteur etwas Wesentliches: Anstatt nun den Besucher mit einem Wortschwall zu überschütten, fuhr er einfach in seiner Arbeit fort, als ob niemand da wäre. Nach einer Weile fragte er: „Möchtest du eine Tasse Kaffee, Bill?“ Und er übergab dem Besucher eine dampfende Tasse und sagte: „Trinke das — es wird dich erwärmen.“ Sie tranken den Kaffee, doch noch immer entwickelte sich kein Gespräch.

Nach einer weiteren Zeitspanne sagte der Nachbar: „Ich bin noch nicht fähig, darüber zu reden.“

„Das ist ganz in Ordnung. Sitze nur hier, solange du willst, ich werde einfach in meiner Arbeit fortfahren.“

Etwas später sagte Bill: „Nun bin ich bereit, zu sprechen.“ Und eine volle Stunde erzählte er alles, was ihn bedrückte. Der Redakteur hörte aufmerksam zu. Bill erzählte die ganze Tragödie nochmals mit allen, auch den kleinsten Einzelheiten, was geschehen war und was geschehen wäre, wenn er dieses oder jenes getan oder nicht getan hätte. Er sprach bis ungefähr um drei Uhr

morgens. Schließlich schwieg er und fügte bei: „Das ist alles, was ich dir heute nacht erzählen wollte.“
Der Redakteur stand auf, legte seinen Arm um die Schulter seines Besuchers und sagte: „Geh nach Hause, Bill, und versuche etwas zu schlafen.“
„Darf ich wiederkommen?“
„Jederzeit“, sagte der Redakteur, „wann immer du willst, am Tag oder auch während der Nacht. Gott segne dich, Bill.“
Das ist alles, was der Redakteur unternahm: Er hörte ruhig zu, jedoch mit Sympathie und Liebe in seinem Herzen. Und jedermann in der Stadt schätzte ihn, gerade wegen dieser Eigenschaft. Er ermunterte die Menschen dazu, ihre Probleme auszusprechen und dadurch selber ihre Lösung zu finden.
In Ottumwa lebt Al Stevens, der ebenfalls um das Geheimnis des schöpferischen Zuhörens weiß. Al Stevens arbeitet für ein Geschäft, das nicht leicht zu führen ist und oft auf großen Widerstand stößt. Er ist der Rechnungseinzüger für eine Inkasso-Gesellschaft. In dieser Eigenschaft muß er Geschäftsleute aufsuchen, sie an ihre Schulden erinnern und die fälligen Beträge einkassieren. Während Jahren arbeitete Al nach den üblichen Methoden solcher Unternehmen. Er suchte die Leute auf, erinnerte sie an ihre Verpflichtungen, und oft mußte er dabei ziemlich entschlossen und unmißverständlich auftreten. Eines Tages aber entdeckte er die Grundsätze positiven Denkens, und er entschloß sich, seine Arbeit von nun an etwas anders anzupacken.
Er sagte sich, daß es sicher besser wäre, wenn er seine Arbeit in einem positiven Sinne ausführe und dabei in seinen Schuldnern Menschen sähe, die in ernsten Schwierigkeiten steckten und dadurch in Schulden geraten waren. Vielleicht wäre es besser, ihnen zu helfen, ihre Probleme zu lösen.
So verwandelte sich die Inkassotätigkeit von Al Stevens langsam in eine solche der Beratung und der Hilfe für andere Menschen. Bei seinem ersten Besuch, nachdem er diesen Entschluß gefaßt

hatte, traf er auf eine 27jährige Hausfrau, die einem Lebensmittelgeschäft eine Rechnung schuldete, welche bereits sieben Monate alt war. Al redete zuerst nicht vom Geld, sondern sagte: „Ich weiß, daß Sie Sorgen haben, denn sonst hätten Sie keine Schulden. Ich bin überzeugt, daß wir damit fertig werden können, wenn wir gemeinsam nach einer Lösung suchen.“ Der freundliche und positive Ton gab der Frau Vertrauen. Al erfuhr, daß eine Reihe von Arztrechnungen die Ersparnisse der Familie aufgezehrt hatten. Schulden und Niedergeschlagenheit waren die Folge. Der Ehemann wechselte oft seine Arbeit, und bald stellten sich auch Unfrieden und Streit zwischen den Eheleuten ein. Al gewann den Eindruck, daß es diesen Menschen an der Fähigkeit, etwas zu organisieren, mangelte. Es war ihnen nicht möglich, über ihre Schulden hinauszusehen. Al erkannte seine Aufgabe: Er mußte das Selbstvertrauen dieser Menschen wieder aufbauen und ihnen den Weg aus ihren Schwierigkeiten weisen. Er bat die junge Hausfrau, alle Schulden der Familie zu notieren und in einer andern Kolonne alle Einnahmen. Zusammen arbeiteten sie dann ein Abzahlungssystem aus.

„Wenn Sie jeden Tag 58 Cents auf die Seite legen, können Sie alle Ihre Schulden in einem Jahr abzahlen. Werden Sie dies fertigbringen?“ fragte Al. Die junge Frau war überzeugt davon – und sie tat es auch. Neun Monate später hatte sie keine Schulden mehr, ihr Mann erhielt eine gute Stelle, und die Ehe steht wieder auf besseren Füßen.

Ist es verwunderlich, daß Al Stevens in seinem Arbeitsbezirk der „Schuldendoktor“ genannt wird? Er ist so beliebt in seiner Stadt, daß viele seiner Schuldner ihm zu Weihnachten eine Karte senden! Wenn man positiv über seine Beziehungen zu andern Menschen denkt, wenn man ihr Handeln als eine Folge der Verhältnisse betrachtet, wenn man ihnen hilft, ihre Probleme zu lösen, wird man sehr schnell Vertrauen und Zuneigung gewinnen. Eine weitere wichtige Fähigkeit im Umgang mit anderen besteht dar-

in, daß man die Menschen dazu bringt, sich selber zu akzeptieren. Es gibt sehr viele Leute, die nie gelernt haben, ihre eigene Individualität so zu nehmen, wie sie ist. Sie leiden innerlich unter diesem Zustand, und es fällt ihnen schwer, glückliche Beziehungen zu andern Menschen zu entwickeln.
Einer meiner Leser, ein Journalist und Redner, ist ungefähr einen Meter sechzig groß. Damit liegt er nur ganz wenig unter dem Durchschnitt. Doch seine kleine Körpergröße machte ihm schwer zu schaffen. Nie ließ er es zu, zusammen mit anderen fotografiert zu werden, damit man auf dem Bild nicht sehen konnte, daß er etwas kleiner war. In einem meiner Bücher las er zufällig den Satz: Denke groß, bete groß, glaube groß, handle groß — und du wirst wachsen und groß werden.
Dieser Grundsatz prägte sich dem Mann ein, und er begann ihn systematisch anzuwenden. Er nahm sich so wie er war, und seine negativen Gedanken hinsichtlich seiner Körpergröße verschwanden. Ich hörte ihn sagen, daß die Größe eines Mannes sich nicht nach der Länge seiner Beine richtet, sondern nach seiner inneren Größe. Heute ist es so, daß selbst größere Männer zu ihm aufschauen, selbst wenn sie körperlich über ihm stehen. Unser Freund lernte sein wahres Maß zu finden. Oft sagt er mir, wie sehr er mich schätzt, weil eines meiner Bücher ihm geholfen hat, sich selbst zu finden und sich selbst zu akzeptieren. Ich selbst empfinde ähnlich gegenüber Menschen, die mir persönlich in ähnlicher Weise geholfen haben.
Früher war ich ständig um meine Fähigkeit zu sprechen besorgt, denn ich fühlte, daß es mir schwerfiel, die richtigen Worte zu finden. Dieser Mangel machte sich ganz besonders bemerkbar, wenn ich mit einer kleinen Gruppe von Menschen sprechen mußte. Seltsamerweise hatte ich keine Schwierigkeiten, vor einem großen Auditorium zu sprechen. War jedoch jemand mit akademischer Bildung und einem kultivierten Wortschatz anwesend, so litt ich unter einem starken Minderwertigkeitsgefühl.

Wer mir half, diese Schwäche zu überwinden, war Hugh M. Pilroe, Professor des College für öffentliches Sprechen an der Universität Syracuse. Er lehrte mich, die Wichtigkeit des Grundsatzes zu erkennen, daß wir nie versuchen dürfen, irgend etwas nachzuahmen, dem Vorbild irgendeiner Person oder einer Mode zu entsprechen und zu folgen. „Benütze einfaches, alltägliches Englisch", sagte er, „Worte, die jedermann leicht verstehen kann. Und sprich ganz auf deine Art; das wird vollkommen in Ordnung sein."

Professor Pilroe gehörte zur selben Kirche wie ich, und ich war damals noch sehr jung. Ich bat ihn, meine Predigten vom Standpunkt der Redetechnik aus zu beurteilen und zu kritisieren. „Nie im Leben!" antworte er. „Wenn Sie Unterricht im öffentlichen Sprechen haben möchten, dann schreiben Sie sich an der Universität ein und zahlen Sie das Unterrichtsgeld, und ich werde Sie im Rahmen der Klasse unterrichten. Doch wenn ich in Ihre Kirche komme, sind Sie der Lehrer, und ich bin der Zuhörer in der großen Schule unseres Herrn. Sie bleiben besser das, was Sie sind, und sprechen aus Ihrem Herzen!"

Ich werde diesen Mann bis ans Ende meiner Tage schätzen, denn er hat mir geholfen, mich selber zu akzeptieren und ich selbst zu sein. Sobald Sie anfangen, aufrichtiges Interesse am Schicksal anderer Menschen zu nehmen, wenn Sie sich um sie sorgen, werden Sie bald überall beliebt sein, und die andern Menschen werden Ihnen ebenfalls Interesse und Sympathie entgegenbringen. Diese Überlegungen führen dazu, daß wir eine gewisse Fähigkeit in der Kunst anderen zu helfen entwickeln müssen. Wer diese Fähigkeit beherrscht, kann immer der Zuneigung vieler sicher sein.

Einer meiner Leser führt ein Bekleidungsgeschäft in New York. Vor einigen Jahren befand sich das Geschäft in einer schweren Krise. Der Laden war düster und unfreundlich. Die Ware lag unordentlich auf den Tischen herum, und der Besitzer selbst be-

fand sich in einem Zustand der Depression, der Hand in Hand mit dem schlechten Aussehen seines Geschäftes ging.
Eines Tages erhielt er den Besuch eines alten Freundes. „Wie gehen die Geschäfte?" fragte dieser.
„Miserabel, ganz miserabel."
Der Freund schaute sich das Geschäft näher an und sagte dann: „Das wundert mich auch nicht. Schau dir nur einmal den Zustand deines Geschäftes an. Was ist los mit dir, Fred? Früher hattest du einen der saubersten und attraktivsten Läden der Stadt."
Der Geschäftsinhaber sagte: „Leider habe ich nicht genug Geld, um eine Renovation vorzunehmen. Ich weiß, daß es nötig wäre. Wenn es mir nur gelänge, meine Außenstände einzutreiben, hätte ich genug Geld, um meinem Geschäft wieder das frühere gute Aussehen zu geben."
„Warum kannst du deine Guthaben nicht hereinbringen?" fragte der Freund. „Das ist seltsam. Vielleicht kann ich dir dabei helfen. Würde es dir etwas ausmachen, mir die Namen der Kunden zu nennen, welche dir Geld schulden?"
Der Inhaber brachte seine Bücher und zeigte seinem Besucher eine Liste von 96 Kunden, die ihm Geld schuldeten. Dieser nahm einen Bleistift und machte bei einem Namen ein Zeichen. „Erzähle mir etwas über diesen Kunden", sagte er.
Der Geschäftsinhaber blickte ihn erstaunt an: „Was meinst du damit?"
„Du kennst doch diesen Kunden! Also erzähle mir irgend etwas über ihn, seine Familie, seine Probleme, seine Interessen!"
Der Inhaber war erstaunt. „Natürlich weiß ich nichts über ihn. Dafür habe ich doch keine Zeit! Für mich ist er schlicht und einfach ein Schuldner, der mich nicht bezahlt."
Der Bekannte wählte einen andern Namen aus. „Und dieser hier?" Doch die Antwort war dieselbe. Der Geschäftsinhaber mußte zugeben, daß er von seinen Kunden nicht mehr als zehn persönlich kannte.

„Möchtest du einen Versuch wagen? Dann sende alle diese Rechnungen noch einmal an deine Schuldner, doch dieses Mal sage für jeden Empfänger ein kleines Gebet. Darin wünschest du jedem einzelnen Glück und Freude mit den Kleidern, die du ihnen verkaufst hast. Bete für das Wohlbefinden deiner Kunden. Und am untern Ende der Rechnung füge eine kleine persönliche Bemerkung bei, zum Beispiel: ‚Ich hoffe, daß Ihnen der Pullover Freude macht' oder ‚Wenn Sie mit irgend etwas nicht zufrieden sind, kommen Sie zu mir, und wir werden sehen, was wir tun können.' Füge noch einige freundliche Worte bei, wie zum Beispiel ‚Beste Wünsche' oder ‚Ich hoffe, daß Sie und Ihre Familie sich wohlbefinden'.
Das wichtigste aber ist, daß du von nun an über alle deine Kunden persönlich Bescheid weißt. Wenn sie erneut in dein Geschäft kommen, denke nicht zuerst an den Verkauf, sondern daran, wie du deine Kunden am allerbesten bedienen und ihnen helfen kannst. Das sind keine Schuldner — es sind Menschen! Und deine Aufgabe besteht darin, ihnen durch dein Geschäft so gut wie nur möglich zu dienen."
Der Geschäftsinhaber war nicht davon überzeugt, daß dieses Vorgehen richtig sei, doch er war an einem Punkt angelangt, wo man alles versucht. Um seinem Freund eine Freude zu machen, willigte er in den Versuch ein. Er versuchte, für jeden seiner Schuldner zu beten und dann auf den neuen Rechnungen eine persönliche Bemerkung anzubringen.
Das Ergebnis war erstaunlich. Von den sechsundneunzig Schuldnern zahlte die Hälfte prompt den ganzen Betrag oder einen Teil davon. Andere schrieben zurück, daß sie die Verspätung bedauerten, jedoch am Monatsende die Sache in Ordnung bringen würden. Einige kamen sogar persönlich in das Geschäft, um ihre Rechnung zu bezahlen. Der Inhaber war so erstaunt, daß er beschloß, seine Anstrengungen in dieser Richtung zu verdoppeln. Von diesem Tag an entwickelte er eine neue Geschäftsphiloso-

phie, und heute gehört er zu den beliebtesten Leuten in seiner Gemeinde. Die Leute sehen in ihm weniger den Mann, der ihnen etwas verkaufen will, als einen guten Freund, bei dem sie jederzeit Rat finden. Beliebt zu sein ist so einfach, wenn wir den andern wirklich helfen wollen.

Ich möchte hier eine andere charakteristische Eigenschaft beliebter Menschen erwähnen. Solche Menschen verstehen es, was immer auch geschehen mag, über den Dingen zu stehen. Nichts kann sie erschüttern, sie behalten ihren Humor und ihre Überlegenheit. In Kalifornien traf ich Frau Sadie Bunker, eine bemerkenswerte Dame von über 65 Jahren, die unter dem Namen „Fliegende Großmutter“ bekannt ist. Drei Jahre zuvor hatte sie sich entschlossen, das Flugbrevet zu machen. Sie nahm Unterricht, erhielt die Bewilligung und fliegt heute ihr eigenes Flugzeug. Kürzlich machte sie alle Prüfungen, die für den Blindflug notwendig sind, und sie sagte mir, jedermann sollte ein Flugzeug besitzen oder fliegen können. Wenn sie mit ihren Problemen nicht mehr fertig wird und nervös ist, sucht sie den Flugplatz auf, macht ihren Apparat flugfertig, und wenn sie einige tausend Meter in der Luft ist, verlieren ihre Sorgen auch an Gewicht. „Man blickt nieder auf die Erde, und man sieht alles mit anderen Augen an“, erklärte sie mir.

Nicht jedermann kann es sich leisten, ein Flugzeug zu besteigen, wenn ihn seine Probleme bedrücken, doch durch positive Gedanken können wir uns ohne weiteres über unsere Sorgen erheben. Wir müssen nur versuchen, immer über den Dingen zu stehen. Stellen wir uns einmal vor, daß irgend jemand uns kritisiert. Geht diese Kritik unter unsere Haut, verletzt sie unsere Gefühle, macht sie uns unsicher und mürrisch? Oder gelingt es uns, damit fertig zu werden und dadurch sogar die Menschen für uns zu gewinnen? Das Geheimnis besteht darin, weiterhin positiv zu denken.

Menschen, die es verstehen, Kritik in eine positive Situation zu verwandeln, sind überall beliebt. Eine der geachtetsten Persönlichkeiten in unserem Land ist der frühere Präsident Herbert Hoover. Vor einiger Zeit besuchte ich ihn und stellte ihm folgende Frage:

„Sie waren seinerzeit zweifellos einer der meistkritisierten Männer der Vereinigten Staaten. Fast jedermann schien gegen Sie eingestellt zu sein, und es gehörte fast zum guten Ton, über Sie zu schimpfen. Heute jedoch sind Sie Amerikas ‚Grand Old Man', und jedermann schätzt Sie, ganz gleich, wo er politisch steht. Hat es Sie damals nicht unsicher gemacht, als man Sie draußen heftig kritisierte?"

Herbert Hoover blickte mich erstaunt an und sagte: „Natürlich nicht."

Gespannt fragte ich: „Warum nicht?"

„Alles, was wir im Leben tun müssen, ist, unseren Kopf zu gebrauchen. Wir haben unseren Verstand erhalten, um ihn zu nützen. Als ich mich entschloß, Politiker zu werden, besann ich mich darauf, was dies für mein Leben bedeuten würde. Ich bemühte mich, den Preis dafür klar zu sehen. Eines war klar: Ich würde stark kritisiert werden. Trotzdem entschloß ich mich, vorwärts zu gehen. Als ich später der Kritik ausgesetzt war, konnte mich dies nicht mehr überraschen. Ich hatte sie erwartet, und sie war eingetroffen. Dadurch war ich in der Lage, mit ihr fertig zu werden. Wie Sie sehen", sagte er lachend, „ich bin ein positiver Denker."

Für einen Augenblick schwieg Mister Hoover, dann sagte er: „Doch das ist nicht alles. Ich bin ein Quäker." Er gab keine weitere Erklärungen über diese Feststellung ab, denn er wußte, daß ich ihn verstand. Quäker stellen den Frieden in den Mittelpunkt ihrer Bemühungen. Sie glauben, daß geistige und seelische Harmonie mit allen Schwierigkeiten fertig werden können. Indem Mister Hoover wußte, wie er mit der Kritik fertig werden konnte, wuchs er zu einem der bedeutendsten Politiker, und er wurde gleichzeitig einer der bestgeschätzten Amerikaner. Seine Philosophie könnte uns viel lehren, sei es im öffentlichen oder privaten Leben. Wir alle werden kritisiert, und wir können daran nichts ändern. Kritik ist eine der Tatsachen des Lebens. Indem wir ihr offen entgegensehen, können wir die richtige Geisteshaltung gewinnen, um sie schöpferisch zu überwinden. Wer geistig auf etwas vorbereitet ist, kann dadurch nie allzusehr beeindruckt werden.

Senator Paul Douglas von Illinois erzählte mir von einer Quäker-Zusammenkunft, bei der er lernte, wie man mit der Kritik umgehen muß. Die Quäker üben sich bekanntlich auch im Schweigen. Oft sitzen sie während längerer Zeit da, ohne daß jemand ein Wort spricht. Bei jener Zusammenkunft sprach einzig und allein ein alter Mann, der folgendes sagte:

„Wenn je jemand gegen Sie auftritt oder Sie kritisiert, dann versuchen Sie, durch jede Handlung, durch Ihren Blick und durch Ihre Worte zu zeigen, daß Sie ihn schätzen oder lieben."

Das war alles, was der alte Mann sagte, aber Senator Douglas konnte viel daraus lernen.

Auch die Bibel sagt, daß wir unsere Feinde lieben sollen, daß wir diejenigen, die uns Böses tun, segnen und für sie beten sollen. Wer diese Lehre in die Tat umsetzt, wird nicht nur seine Kritiker umstimmen, sondern er wird auch bei allen, die seine Handlungsweise beobachten, Sympathie gewinnen. Es ist eine Tatsache, daß die Menschen ihre Sympathie denjenigen zuwenden, die stark der Kritik ausgesetzt sind. Und wenn dann der Kritisierte nicht zurückschlägt und die Kritik ruhig über sich ergehen läßt, wird er dadurch so viele Freunde gewinnen, daß die Kritik selber dieser positiven Entwicklung hintennach hinkt.

Wenn die Bibel sagt, daß wir unsere Feinde lieben sollen, so handelt es sich hier tatsächlich um die subtilste Weise, mit der wir die Zuneigung anderer Menschen gewinnen können. Dadurch

wird einmal mehr bewiesen, daß Jesus Christus der weiseste aller Lehrer des Lebens war.
Es ist ja so leicht, zu hassen; es ist so leicht, negativ zu sein, und so einfach, pessimistisch zu werden. Es ist leicht, aber es ist auch ein Unglück, denn nie werden wir auf diese Weise wahrhaft glücklich werden, nie werden wir das werden, was wir sollten, nämlich Söhne des Reiches Gottes, das auch in uns lebt und wirkt.
Starke Persönlichkeiten, die andere anspornen, anregen, die Mut und Zuversicht und Hoffnung verbreiten, werden überall außerordentlich geschätzt. Alle von uns brauchen Mut, Kraft und Hoffnung, und sehr oft haben wir ein dringendes Bedürfnis nach einer Aufmunterung. Wenn wir nun mit Menschen zusammentreffen, die von uns etwas von dieser geistigen Kraft aufnehmen können, ist es nur natürlich, daß wir für sie wichtig werden und in ihrem Herzen einen Platz gewinnen.
Ich selbst kenne den Einfluß solcher Persönlichkeiten auf mich. Wer erfüllt ist von einem starken Glauben an etwas, wer feste Ansichten und Überzeugungen hat, wer selbst danach lebt, verbreitet Vertrauen und wird nicht ohne Einfluß auf andere bleiben.
Ein von mir sehr geschätzter Freund, George E. Sokolsky, der berühmte Journalist, ist ein starker positiver Denker, in dessen Vokabularium Niederlage nicht existiert. George machte mehrere Krankheiten durch, und während längerer Zeit hörte ich nichts mehr von ihm. Doch kürzlich rief er mich an, weil er jemandem helfen wollte, und ich stellte fest, daß seine Stimme wieder den alten Klang und die alte Kraft ausstrahlte.
„Du scheinst wieder gut beieinander zu sein, George“, sagte ich.
„Selbstverständlich“, sagte er. „Wir müsen uns über die Dinge stellen.“
„Aber du hast doch sicher einiges mitgemacht. Was ist das Geheimnis deines Lebensmutes?“

„Geheimnis! Ich habe kein Geheimnis. Jemand steht uns immer bei, nicht wahr?"
George erzählte mir, wie er im Spital eine Untersuchung mitmachen mußte. Als die Ärzte zu ihm kamen und das Röntgenbild gegen das Fenster hielten, fragten sie: „Können Sie ein Röntgenbild lesen?"
George schaute das Bild an und sagte: „Natürlich, ich habe Krebs... wir wollen ihn herausschneiden."
„Die Ärzte sagten es mir", erklärte mir George, „denn sie wußten, daß ich die Wahrheit ertragen konnte."
Der Herzspezialist prüfte das Herz meines Freundes, um zu entscheiden, ob er die Operation überstehen könne. Er wunderte sich über die Ruhe Sokolskys. „Ich bin überrascht über Ihre gute Verfassung", sagte der Arzt. „Wenn ich Ihre Einstellung hätte, könnte ich zehn Jahre länger leben."
George sagte: „Ich habe Vertrauen, und darum bin ich entspannt. Ich bin in Gottes Hand — und das ist alles."
George lag während fünf Stunden auf dem Operationstisch, und als er wieder zum Bewußtsein kam, sagte der Chirurg: „Nun, Sie leben wieder."
„Wie wollen Sie wissen, ob ich lebe?" sagte der Patient. „Das kann ich nur feststellen, wenn ich weiß, daß ich noch arbeiten kann. Wenn ich nicht mehr arbeiten kann, bin ich tot. Bringen Sie mir Papier und Schreibzeug, und ich will versuchen, einen Artikel zu schreiben. Erst dann werde ich wissen, ob ich noch lebe."
Der Artikel wurde einer der besten seiner ganzen Karriere.
Eine andere sehr starke, unschlagbare Persönlichkeit ist Oberst Frank Moore, der meiner Kirche in New York angehört. Frank ist ein positiver Denker, der nicht davor zurückschreckt, sein christliches Denken und Vertrauen auch in seine geschäftliche Tätigkeit wie in sein privates Leben hineinzutragen.
Im Büro Franks befindet sich ein großer Konferenztisch, an dem sich seine sieben führenden Mitarbeiter regelmäßig zu Konferen-

zen einfinden. Der Tisch hat jedoch acht Stühle. Als Colonel Moore seinerzeit die Leitung des Betriebes übernahm, versuchte er seinen Mitarbeitern klarzumachen, wie wichtig es sei, sich bei jeder Konferenz und bei jeder Entscheidung einer höheren Führung zu unterstellen. Da meist ein Stuhl am Konferenztisch leer blieb, kam er auf die Idee, den Platz am oberen Ende des Tisches frei zu lassen, damit sich jedermann daran erinnern möge, daß unsichtbar noch jemand anwesend sei, der alle Entscheidungen überwache.

Seine Anregung wurde zögernd aufgenommen, doch als alle Beteiligten feststellten, welchen segensreichen und guten Einfluß dieser leere Stuhl auf die Teilnehmer ausübte, wurde diese Einrichtung beibehalten und machte auch in den andern Abteilungen des Unternehmens Schule.

An der Wand über dem Konferenztisch wurde ein großgedrucktes Gebet aufgehängt. Es beeindruckte alle andern Geschäftsleute, die zu Besprechungen in diesen Raum eingeladen wurden, so stark, daß allein während eines Jahres zweitausend Kopien davon verlangt und abgegeben wurden. Das Gebet lautet:

„O Gott, schenke jedem, der heute mit mir zusammentrifft, Glück und Segen. Mögen alle meine Worte, die ich in jeder Stunde dieses Tages ausspreche, von Weisheit und Güte getragen sein. Gib mir die Kraft, die rechten Worte zu finden, und hilf mir, die Gefühle und Gedanken meiner Mitmenschen zu achten und das Beste für sie zu erreichen. Schenke mir die Gnade, daß ich an guten Taten nicht vorübergehe und dankbar bin für alles, was ich selber empfangen darf. Hilf mir, mit offenem Herzen anderen zu helfen. Amen."

Möchten auch Sie geliebt und geachtet werden? Dann schenken Sie andern Mut und Vertrauen. Schenken Sie ihnen etwas mehr Aufmerksamkeit, etwas Zuneigung und Anregung. Helfen Sie ihnen, Kraft und Mut zu gewinnen, und Sie werden dafür geliebt werden.

Wir wollen nun einige der wichtigsten, in diesem Kapitel erwähnten Punkte zusammenfassen. Worin liegt das Geheimnis des Beliebtseins?

Erstens: Vor allem müssen wir selbst andere Menschen lieben. Wie sollen wir dies bewerkstelligen? Der erfolgreichste Weg dazu besteht im positiven Denken. Menschen, welche positiv denken, werden Persönlichkeiten, die ihr eigenes Ich in den Hintergrund stellen und mehr an andere denken. Nicht umsonst kommt in Briefen, die ich ständig erhalte, der Ausdruck „Ich liebe jedermann" so oft vor. Wer einmal damit angefangen hat, jedermann gern zu haben, wird selber dafür Sympathie empfangen.

Zweitens: Versuchen wir immer, in anderen Menschen das Beste zu wecken, und wir werden ihre Sympathie gewinnen. Hören wir nicht bloß auf die Worte, die jemand spricht, sondern beachten wir auch sein Verhalten und die Gründe dafür. Wer lernt, zuzuhören und für die Probleme anderer Interesse zu zeigen, hilft mit, daß sie sich selber finden und den besten Weg beschreiten, aus ihren Schwierigkeiten herauszukommen.

Drittens: Helfen Sie Ihren Freunden, sich selber zu finden und sich selber zu akzeptieren. Vielen Menschen fällt es schwer, sich so zu nehmen, wie sie sind. Helfen Sie ihnen dabei, und Sie werden dafür geschätzt werden.

Viertens: Seien Sie ruhig, gelassen und fröhlich. Lernen Sie über den Dingen und Schwierigkeiten des Lebens zu stehen, so daß Kritik und Kleinlichkeiten Sie nicht länger beeindrucken können. Nehmen Sie die Worte der Bibel in ihrer vollen Bedeutung, und lieben Sie Ihre Feinde, segnen Sie diejenigen, die Ihnen Böses tun, tun Sie Gutes denen, die Sie hassen, und beten Sie für alle, die gegen Sie eingestellt sind.

Fünftens: Werden Sie eine starke, ausgeglichene Persönlichkeit, damit andere Menschen von Ihnen Kraft und Unterstützung erhalten können. Auf diese Weise werden Sie in ihrem Leben einen wichtigen Platz einnehmen.

Wenn Sie diese Grundsätze täglich in Ihrem Leben anwenden, werden Sie automatisch ein Mensch, der überall geschätzt und geliebt wird.

5. Kapitel

Das Leben kann voller Freude sein

Wie schön ist es doch zu leben! Welch ein wundervoller Morgen! Noch nie fühlte ich mich besser. Ich werde einen prachtvollen Tag erleben.

Das alles mag ein wenig übertrieben klingen, doch es entspricht meinem Zustand, wie ich ihn heute morgen empfinde. Ich bin glücklich, ich fühle mich wohl, und ich mache mich bereit für einen Tag des Glücks und des Vergnügens. Ich wäre nicht erstaunt, wenn ich auf meinem Weg zur Arbeit wie ein Junge pfeifen würde.

Tatsächlich habe ich schon seit sehr langer Zeit niemanden mehr in einer Straße von New York pfeifen gehört. Diese Beobachtung stammt nicht nur von mir selbst, kürzlich sprach ich mit Bill Arthur, dem Verlagsleiter des Look-Magasin. „Hast du je in der Madison-Avenue einen pfeifenden Spaziergänger angetroffen?“ fragte er. Bill wuchs in Louisville in Kentucky auf, und er erinnerte sich an eine Zeit, da es die Menschen offensichtlich besser verstanden haben, sich ein zufriedenes und glückliches Leben zu bereiten.

Wo liegen die Gründe dafür? Was könen wir tun, um den Wunsch, ein fröhliches Liedchen vor uns hin zu pfeifen, erneut in uns wachzurufen? Was können wir tun, um wieder die unver-

dorbene, natürliche Lebensfreude zu empfinden, die tief von innen kommt? Kürzlich erfuhr ich, daß ein sehr bekannter Psychiater an einem Programm arbeitet, welches er mit „positive geistige Gesundheit“ bezeichnet. Wörtlich sagte er: „Wenn ich von meiner Arbeit heimkomme, begrüßt mich mein Hund mit dem deutlichen Ausdruck großer Freude. Welch ein Unterschied zu den bekümmerten und deprimierten menschlichen Gesichtern, die mir im Laufe des Tages begegnen. Dieses Tier besitzt das Geheimnis tiefer Freude. Auch wir sollten fähig sein, in dieser unbekümmerten natürlichen Art zu reagieren.“
Nun, ich will Ihnen nicht vorschlagen, daß wir vor lauter Freude wie ein Hund herumhüpfen sollen. Wir alle kennen Menschen, welche ihrer Begeisterung etwas allzu heftig Ausdruck geben und dadurch lächerlich auf uns wirken. Ich habe oft den Verdacht gehabt, daß solche Leute Glück nur vortäuschen. Doch wir kennen auch die seltenen und prachtvollen Menschen, welche noch fähig sind, eine tiefe Daseinsfreude zu empfinden. Und hier liegt auch der Schlüssel. Es handelt sich um ein Lebensglück, welches nicht an der Oberfläche zu finden ist, sondern das ein tief verwurzeltes Glücksgefühl ist und welches davon ausgeht, daß wir uns freuen, das sein zu dürfen und zu vollbringen, was das Leben und das Schicksal von uns verlangen. Wer solche Menschen beobachtet, ohne daß sie es wissen, wird oft feststellen, daß sie eine Melodie vor sich hin summen oder pfeifen.
Wiederholen wir: Ich fühle mich wirklich glücklich heute, und ich glaube, auch den Grund dieses Wohlbefindens zu kennen. Gestern nachmittag – es war ein prachtvoller Sonntag – machte ich mit meiner Frau Ruth und meiner jüngeren Tochter Lizzie einen Spaziergang. Wir gingen zusammen die Fifth Avenue entlang durch den Park, schritten kräftig aus und hielten unseren Kopf hoch. Es machte uns viel Spaß, so aufrecht und guten Mutes durch die Straßen zu gehen, und nachdem wir eine halbe Stunde kräftig ausgeschritten waren, empfanden wir alle ein dy-

namisches Gefühl der Lebensfreude. Wir kamen am Frank Lloyd Wright-Gebäude vorbei, passierten das Guggenheim-Museum, und Lizzie rief aus: „Ist das nicht ein prachtvolles Gebäude!“ Ich muß gestehen, daß ich bisher noch nie den Eindruck hatte, es handle sich hier um ein besonders schönes Haus. Durch Lizzies Begeisterung jedoch wurde ich angesteckt und veranlaßt, das Gebäude etwas genauer anzusehen. Tatsächlich drückt es etwas von der Freude aus, die der große Architekt in seine Konstruktion hineingelegt hat. Die Architektur vermittelt eine Empfindung von Begeisterung und Kraft, und zum erstenmal begann ich, dieses Haus zu bewundern. Vielleicht lag das auch nur an meiner momentanen Stimmung. Doch hier liegt der springende Punkt. Wenn man sich wohlfühlt, wenn man fröhlich ist, wirkt sich dies auf alle Lebensgebiete aus, und man empfindet ein freundschaftliches positives Gefühl für seine Umwelt. Doktor Henry C. Link, der bekannte Psychologe, empfängt nie einen Patienten, der sich in einer depressiven Stimmung befindet. Vor der Behandlung schickt er ihn auf einen Spaziergang und rät ihm, mindestens zehnmal in raschem Tempo um den Häuserblock zu gehen. Doktor Link sagt: „Diese Übung wird den Kreislauf anregen, das Blut wird sich in Bewegung setzen und die Gefühlszentren entlasten, und wenn Sie zurückkommen, werden Sie viel vernünftiger denken und bedeutend empfänglicher für die Behandlung und positive Gedanken sein.“

Tatsächlich hat unsere physische Verfassung sehr viel mit unserem Innenleben zu tun. Wer sich erfrischt und verjüngt, gewinnt eine andere Einstellung zum Dasein. Richtige Bewegung und wahre Entspannung sind wesentliche Grundlagen gesunden Empfindens. Kürzlich las ich, daß gewisse Ärzte mit ausgiebigen Schlafkuren bedeutende Erfolge bei überanstrengten und übermüdeten Menschen erzielten. Es ergab sich dadurch eine Regeneration der Organe und des Gewebes, die Spannung wich, und der Organismus erholte sich und gewann neue Vitalität und neue Lebenskraft.

Wenn wir also innerlich wirklich froh und glücklich sein wollen, müssen wir dafür sorgen, daß unser physischer Zustand in Ordnung ist. Unser Körper muß richtig gepflegt und behandelt werden, wenn unsere Gefühle in Ordnung sein sollen.

Der zweite Schritt aber besteht im rechten Denken. Auch unser Gedankenleben muß richtig geführt werden. Denken wir positiv! Der positive Denker entwickelt von selbst ein inneres Gefühl des Wohlbefindens. Er erwartet es — und er erreicht es. Was wir erwarten, wird eintreffen — das ist eines der Grundgesetze des Lebens. Fangen wir damit an, Freude und Glück zu erwarten, und wir werden es auch erreichen. So machten es auch zwei gute Freunde von mir. Elsy und Otto Palmer, welche in Brooklyn leben. Sie schrieben mir: „Es ist nicht leicht, seinen innersten Gefühlen Ausdruck zu geben; doch seit wir gelernt haben, positiv zu denken, haben wir den Wunsch, es zu tun, und wir möchten Ihnen bestätigen, daß wir dadurch ein vollkommen neues Lebens- und Glücksgefühl gefunden und eine ganz andere Einstellung zu unserer Umwelt gewonnen haben.

Die praktische Anwendung Ihrer Lehren hat unser Leben tatsächlich revolutioniert. Obwohl wir beide religiös erzogen worden sind, haben wir bisher nie verstanden, wie wichtig und hilfreich es sein kann, wenn man die Religion ins tägliche Leben hineindrängt. Heute haben wir es uns zur festen Gewohnheit gemacht, von jedem Tag nur das Beste zu erwarten, und es ist auch stets eingetroffen. Mit einer Ausnahme: Der Grad unseres Glückes hängt davon ab, wieviel Vertrauen wir entwickeln.

Alles hängt davon ab, wie ich empfinde. Wenn ich aufgeschlossen bin oder wenn ich zurückhaltend bin — meine Empfindungen entsprechen genau dem Grad meiner inneren Haltung."

An diesem Brief gefällt mir besonders gut jener Teil, worin Elsy und Otto Palmer davon schreiben, daß sie jeden Tag etwas Gutes erwarten. Das ist tatsächlich die erste Bedingung für erfolgreiches positives Denken. Wer in die Zukunft blickt und an sie große Erwartungen stellt, gehört zu den Menschen, welche glücklicher sein werden. Kürzlich fuhr ich mit Doktor Arthur Judson Brown durch die Parc Avenue. Doktor Brown ist 101 Jahre alt, doch er besitzt den Geist und die Vitalität eines jungen Menschen. „Blicken Sie doch einmal um sich", sagte er, „überall entstehen neue Gebäude. Ist es nicht wunderbar, zusehen zu dürfen, wie alles Leben sich ständig verändert und wächst!"

So denken sonst nur junge Menschen. Ich fragte Doktor Brown, was er von der heutigen modernen Jugend halte. „Ich danke Gott für sie", sagte er, „mir gefallen sie ausgezeichnet, denn sie sind klüger und besser als ich es war in ihrem Alter. Sie werden eine neue Welt heranbilden, etwas ganz Neues ist im Aufbruch, und ich sehe es auf uns zukommen."

Ist es nicht erstaunlich, wenn ein Mensch mit 101 Jahren noch so positiv in die Zukunft blickt? Ich entschuldigte mich bei Doktor Brown, weil ich ihn so spät noch aufgehalten hatte, denn es war bereits elf Uhr abends, und ich dachte, er würde normalerweise um diese Zeit im Bett sein. „Oh, keineswegs", sagte er, „ich bleibe oft bis Mitternacht auf, doch ich werde mich morgen ausruhen. Ich habe seit langem gelernt, mich nicht zu überanstrengen. Ihr jungen solltet dies auch lernen. Morgen werde ich aufstehen, gemütlich frühstücken und meine Zeitungen lesen, und wenn ich meinen Namen nicht unter den Todesanzeigen finde, werde ich wieder zu Bett gehen und mich nochmals ausruhen." Ob jemand glücklich oder unglücklich ist, entscheidet sich in seinem Innern. Marc Aurel sagte: „Niemand kann glücklich sein, wenn er keine Gedanken der Zufriedenheit und des Glückes pflegt."

Wenn Sie sich also unglücklich fühlen, können Sie dieses Empfinden umwandeln, wenn Sie beginnen, konstruktiv und auf-

bauend zu denken. So lange Ihre Gedanken mit Ablehnung, Haß, Egoismus angefüllt sind, kann das Licht der Freude unmöglich Einzug halten. Sie müssen Ihr Geistesleben umstellen, Mut und Zuversicht entwickeln, und Sie werden das Leben ganz anders empfinden.
Ein Leser, den ich seit Jahren kenne, war ursprünglich jemand, den ich als „miserablen Freund" bezeichnen möchte. Darunter verstehe ich keineswegs einen schlechten Freund, sondern jemanden, der alle Welt, die mit ihm zusammentrifft, unglücklich macht, weil er selber unglücklich ist. Wer mit ihm zusammentraf, wurde selbst in der besten Stimmung von seinem Pessimismus angesteckt. Ich verlor ihn später während Jahren aus den Augen und traf ihn dann unverhofft wieder. Er war so verändert, daß man tatsächlich von seiner Wiedergeburt sprechen konnte. Ein vollkommen neuer Mensch war entstanden, und seine Veränderung beeindruckte mich so stark, daß ich ihn fragte, wie er sie zustande gebracht habe.
„Ich habe mir eine Sieben-Tage-Diät verschrieben", antwortete er. Er erzählte mir, daß er eine Schrift von Emmet Fox in die Hände bekommen habe, die ich meinen Lesern empfohlen hatte. Diese Publikation trägt den Titel „Eine geistige Sieben-Tage-Diät". Ausgehend von der Tatsache, daß die Amerikaner in der Regel in Ernährungs- und Diätfragen sehr aufgeschlossen sind, legte Doktor Fox seinen Lesern nahe, auch eine geistige Diät einzuhalten. Er betonte dabei, daß ein Mensch das wird, was er denkt.
Und aus was besteht diese Sieben-Tage-Diät? Sie besteht in dem Entschluß, von einem bestimmten Augenblick an seine Worte strikt zu überwachen. Sie müssen sich vornehmen und sich daran halten, während sieben Tagen nicht ein einziges böses, unehrliches oder abschätziges Wort zu sprechen. Sie müssen sich ferner von jeder negativen Äußerung freihalten.
Das nun ist keine leichte Sache. Ein Freund sagte mir: „Ich ver-

suchte es einen einzigen Tag und scheiterte; ich versuche es erneut, und diesmal ging es zwei Tage, bis ich wieder in meine alten schlechten Gewohnheiten zurückfiel. Ich unternahm einen neuen Versuch, scheiterte wieder und begann von neuem." Das aber ist der übliche Weg des Menschen, wenn er etwas unternehmen will. „Ich bat Gott, mir beizustehen, denn es war mir klar, daß ich mich selber ändern mußte! Schließlich hatte ich während einer vollen Woche Erfolg bei meinem Bemühen. Nicht ein einziges Mal machte ich während sieben Tagen einen Fehler. Ich dachte, nun würde ich erneut in meine alten Gewohnheiten zurückfallen, doch ich mußte feststellen, daß sich in mir etwas geändert hatte. Tatsächlich konnte ich nicht mehr zurückfallen. Ich hatte mich verändert, nicht vollständig verändert natürlich, doch ich war nicht mehr derselbe Mensch. Das Leben hat für mich einen neuen Inhalt gewonnen, mein Denken ist frei geworden von negativen Empfindungen, das Leben macht mir viel mehr Freude."

Auch das ist eines der vielen Beispiele über die Erfolge positiven Denkens, wie sie meine Leser immer wieder erleben und mir davon berichten.

Die beiden wichtigsten Augenblicke des Tages sind erstens der Morgen, wenn wir erwachen, und zweitens der Abend, wenn wir uns zur Ruhe niederlegen. Hier sind die beiden Angelpunkte unseres Tagesbewußtseins. Wenn sie erfüllt werden mit positiven, freudvollen und mutigen Gedanken, wird auch der Tag entsprechend verlaufen. Elbert Hubbart sagte: „Sei guter Laune bis zehn Uhr morgens, und der Rest des Tages wird von selbst gut ablaufen."

Henry David Thoreau pflegte jeden Morgen zuerst sich selbst gute Nachrichten zu überbringen. Er sagte sich, wie glücklich er sei, geboren worden zu sein. Wäre er nie geboren worden, hätte er nie das Leuchten der Sterne gekannt, nie hätte er den Geruch eines Holzfeuers in der Nase gespürt, noch Liebe in der

Menschen Blick leuchten sehen. Jeden Tag begann er mit einer Danksagung. Mein alter Freund aus Gymnasiumstagen, J. S. Sayer, Präsident der Norge Corporation, schaut jeden Tag, wenn er aufgestanden ist, in den Spiegel und spricht: „Ich werde heute gute Dinge vollbringen.“ Und wenn er manchmal Gefahr läuft, mutlos zu werden, läßt er alles liegen und denkt zurück an einige der glücklichsten Ereignisse in seinem Leben. Dann erwacht sein Mut von neuem. Während der vierzig Jahre, da ich ihn kannte, sah ich ihn nie anders, als Optimismus und Freude ausstrahlend. Ein vortreffliches Mittel zum Einschlafen wird von J. Harvey Howells in der Zeitschrift „This Week“ empfohlen. „Wenn das letzte ‚Gute Nacht‘ gesprochen ist und der Kopf auf dem Kissen ruht, ist die Seele ganz allein mit ihren Gedanken. Das ist der Augenblick, in dem ich mich frage: ‚Welches war das erfreulichste Erlebnis, das ich heute hatte?‘ Dies bewirkt nicht nur eine Stimmung, welche einen tiefen und friedlichen Schlummer herbeiführt, sondern erzeugt darüber hinaus eine Geistesverfassung, die uns dem kommenden Tag mit Freude entgegensehen läßt.

Dieses erfreulichste mag vielleicht nur ein kleines Erlebnis sein, wie der Duft einer Blume, das goldene Sonnenlicht, wie es durch dunkle Wolken bricht, eine kleine Aufmerksamkeit, der Bruchteil einer Melodie. Dieses gedankliche Suchen nach dem erfreulichsten Ereignis des Tages stellt sich als ein erquickendes Abenteuer auf der Grenze zwischen Wachen und Einschlafen heraus.“ Auch Emerson pflegte seinen Tag auf wunderbare Weise zu beenden. Er achtete darauf, daß er auch wirklich vollständig abgeschlossen war. „Beende jeden Tag und mache einen Strich darunter“, riet er. „Sie taten, was Sie konnten. Gewiß schlichen sich Irrtümer und Albernheiten ein; vergessen Sie sie so schnell als möglich. Morgen ist ein neuer Tag, beginnen Sie ihn gut und ausgeglichen und mit so frohem Gemüt, daß Sie die Erinnerung an vergangenen Unsinn nicht mehr belästigen kann.“

Er schloß die Tür hinter dem Tag zu und — vergaß ihn. Er glich darin Lloyd George, der eines Tages mit seinem Freunde spazieren ging und jedes Tor hinter sich schloß. „Sie brauchen diese Tore nicht zu schließen", sprach der Freund.
„Oh, doch", erwiderte Lloyd George. „Ich habe mein ganzes Leben damit zugebracht, Tore hinter mir zu schließen. Es ist notwenig. Sie schließen das Tor hinter sich zu und — draußen bleibt die Vergangenheit. Dann können Sie von vorne anfangen." Um ein positiver, lebensfroher Mensch zu werden, ist es von großer Wichtigkeit, Irrtümer, Sünden, Fehler aufzuklären, sie dann zu vergessen und weiterzugehen.
Leute, denen das Leben mit Christus zu einem persönlichen Erlebnis geworden ist, entwickeln auch ein ganz natürliches Verhältnis zu religiösen Dingen. Mein Freund Floyd McElroy zum Beispiel gehört zu ihnen. Er und seine Frau Edith luden uns mit einigen ihrer Freunde zum Essen in ihre Wohnung an der Fifth Avenue ein, von wo aus man den Central Park übersehen kann. Als wir uns zum Essen hinsetzten, sprach er das Dankgebet selbst. Daß er das tat, gefiel mir. Er gab selbst den Segen, und ich glaube, daß es einer der besten war, die ich je gehört habe. Floyd sprach in seiner bescheidenen und ungezierten Art: „Herr, wir danken Dir auch im Namen unserer Freunde und sind glücklich, daß sie heute abend bei uns weilen. Du bist so gut zu jedem von uns gewesen und wir sind des Dankes voll. Schenke uns nun einen heiteren und freundlichen Abend in Jesu Namen. Amen." Diese Art von Religion ist meiner Ansicht nach die richtige und sollte einen breiten Raum des Lebens ausmachen. Warum wohl bestehen so viele Leute darauf, aus der Religion etwas Gestelztes und Unnatürliches zu machen und ein kummervolles Gesicht aufzusetzen, wenn von ihr die Rede ist? Wenn sie einmal das richtige Verhältnis zu ihr gefunden haben, können sie kaum an sich halten vor lauter Glück. Es ist als ob sie der Sonne entgegengingen.

Ein wichtiger Grundsatz zur Führung eines glücklichen Lebens besteht darin, das Beste an den Menschen zu lieben und zu schätzen. Mein Vater lehrte mich die große Wahrheit, daß es äußerst wichtig sei für das eigene Glück, wie man über die Leute denke, wie man sie behandle und auf sie reagiere. „Behandle jeden Menschen als ein Kind Gottes, das ist das Geheimnis", sagte er. „Schätze ihn, und das wird sowohl ihn als auch dich selbst glücklich machen."

An einem Weihnachtsabend, ich war damals noch sehr jung, besorgte ich mit meinem Vater die letzten Weihnachtseinkäufe. Mein Vater besaß ein Herz voller Liebe, wie ich es noch bei niemandem sonst kennengelernt habe. Für ihn gab es keinen Unterschied zwischen den Menschen; er liebte sie alle und unterhielt sich mit ihnen. Er beurteilte sie nie nach dem äußeren Schein, sah nicht, was sie zu sein schienen, sondern das, was sie wirklich waren.

Damals also war ich beladen mit Paketen und fühlte mich müde und gereizt. Ich dachte gerade daran, wie schön es jetzt wäre heimzukehren, als ein Bettler, ein unrasierter, dreckiger Alter mit Triefaugen, auf mich zukam, meine Hände berührte und mich um etwas Geld bat. Ich zog mich schnell von seinen schmutzigen Händen zurück und schob ihn ziemlich ungeduldig beiseite.

„Du solltest einen Mann nicht auf diese Weise behandeln, Norman", sagte mein Vater, sobald wir außer Hörweite waren.

„Aber, Papa, das ist doch ein Taugenichts!"

„Taugenichts?" sagte er. „Er war ein Kind Gottes, mein Junge. Mag sein, daß er nicht das Beste aus sich selbst gemacht hat, aber er ist trotzdem ein Kind Gottes. Wir müssen immer mit Achtung auf die Menschen blicken. Und nun möchte ich, daß du zu ihm gehst und ihm das hier gibst."

Mein Vater zog seine Brieftasche heraus und gab mir einen Dollar. Das war ziemlich viel Geld für seine Verhältnisse. „Und tu genau das, was ich dir sage. Geh zu ihm hin, gib ihm diesen Dollar und sprich respektvoll mit ihm. Sage ihm, daß du ihm diesen Dollar im Namen Christi gibst."

„Oh", widersprach ich, „das mag ich aber nicht sagen." Mein Vater jedoch beharrte darauf. „Geh und tu, was ich dich heiße." Ich lief also hinter dem alten Mann her, hielt ihn an und sagte: „Entschuldigen Sie, mein Herr, ich gebe Ihnen diesen Dollar in Christi Namen."

Der alte Mann starrte mich zuerst ganz entgeistert an. Dann verklärte ein wundervolles Lächeln sein Gesicht, ein Lächeln, das mich ganz vergessen ließ, daß er schmutzig und unrasiert war. Ich konnte plötzlich sein wahres Antlitz unter der Schmutzschicht sehen. Fast weltmännisch, mit einer kleinen Verbeugung, sprach er: „Ich danke Ihnen, junger Herr, in Christi Namen."

Meine Gereiztheit und schlechte Stimmung verflogen wie durch Zauberei. Plötzlich war ich glücklich – sehr glücklich. Selbst die Straße schien schöner geworden zu sein. In der Tat glaube ich, daß von dem Augenblick an, in dem ich diesen Mann voll und ganz achtete, Christus selbst mir ganz nahe kam. Und dies ist gewiß das schönste Erlebnis, das ein Mensch überhaupt haben kann. Seitdem habe ich mir redliche Mühe gegeben, die Menschen so zu sehen wie mein Vater sie sah. Und das hat mir unsagbare Genugtuung verschafft. Ich bin öfters an den Ort zurückgekehrt, wo dieser Zwischenfall sich ereignete, auf der Fourth Street, Cincinnati.

Geben ist eine besondere Quelle der Freude. Das kann geradesogut Geld, wie Zeit oder Rat geben bedeuten, irgend etwas, das Sie aus sich selbst herausholen, um es hilfsbereit an andere weiterzugeben. Es ist ein merkwürdiger, aber dennoch wahrer Grundsatz, daß diejenigen, welche am meisten geben, den größten Teil davon selbst erhalten.

Ich denke da an einen jungen Mann zurück, der ehrgeizig war und zu Geld kommen wollte. Es ist nichts Unrechtes an einem solchen Ziel, solange gleichzeitig Dienste geleistet werden. Für seine Arbeit opferte er alles, was er hatte, und noch einiges mehr. Natürlich war er selbstsüchtig, aber er wollte sich eben eine Position erarbeiten und konzentrierte sich so fast ausschließlich auf sich selbst.

Er las alles, was mit Selbstbildung zu tun hatte. So kam es, daß er auch das Buch „Die Kraft positiven Denkens" kaufte. „Es war genau das, was ich brauchte", sagte er. Er setzte die Grundsätze des positiven Denkens in die Tat um, obwohl ein materialistischer Zug in seiner Auffassung mitspielte! Aber er schaffte es, und das Resultat war, daß er „wie mit einem Satz zur höchsten Stufe hinaufsprang", wie seine zwar bildhaften, aber keineswegs bescheidenen Worte lauteten.

Bald jedoch begannen sich Spannungs- und Angstzustände bei ihm zu zeigen; die ersten entstanden durch Überanstrengung, die anderen aus Furcht, das eingeschlagene strenge Tempo, das er sich aufgezwungen hatte, nicht durchhalten zu können. Dann entwickelte er eine jener pathetischen Reaktionen, die sich schon so oft bei denen eingestellt haben, die rasch „vorwärts kommen". Solchen Männern macht es großen Spaß, dem Ziel entgegenzustreben; aber wenn sie es einmal erreicht haben, stellt sich heraus, daß viel weniger Freude damit verbunden ist, als sie sich vorgestellt hatten. Jeder Gipfel kann sich als ein Wahn entpuppen, wenn man nur daran interessiert war, auf eben diesem Gipfel zu stehen.

„Warum habe ich keine Freude mehr am Leben?" fragte mich der Mann. „Ich habe den höchsten Punkt durch positives Denken erreicht und, wie Sie sehen, bin ich noch keine vierzig Jahre alt. Was ist denn nur mit mir? Bin ich etwa schon verbraucht?"

Wir suchten dann die Ursachen seiner Depressionen herauszufinden. Zuerst begannen wir damit, nach seinen Interessen oder nach dem Mangel an Interesse an Dingen zu suchen, die ihm „nichts eintragen könnten".

„Sie geben nie jemanden etwas, außer Ihrer Familie — dieser aber geben Sie alles“, stellte ich fest.
Er gab der Gemeinschaft gerade so viel als nötig. Nicht, daß er geizig gewesen wäre. Diese Zurückhaltung war eher ein Überbleibsel seiner von Unsicherheitsgefühlen erfüllten Jahre, da er als armer Junge auszog, um seinen Weg zu machen. Seine Zeit und seine Gedanken auch andern zuzuwenden, kam ihm in Anbetracht seiner eigenen Probleme gar nicht in den Sinn.
„Kein Wunder, daß es in Ihrem Leben an Freuden fehlt“, sagte ich. „Sie müssen aus sich selbst herausgehen. Sie haben das Schöpferische zum Stillstand gebracht. Sie sind auf dem besten Wege, unterzugehen, weil alles hinein kam und nichts heraus. Sie gleichen dem Toten Meere, das Wasser hinein-, aber keines herausläßt — und das bedeutet geistigen Stillstand.“
Es war nicht so schlimm, wie es klingen mag. Die Tatsache, daß er mit dem eingeschlagenen Weg unzufrieden war und bereit, offen darüber zu diskutieren, demütig um Führung bittend, bewies seine Bereitschaft zur Umkehr.
Also lenkten wir seine Gedanken auf das Niveau positiven Denkens. Diese Anregung war dazu bestimmt, ihn zu entspannen und auf den rechten Weg zu bringen. Und es gelang.
Punkt eins. Er mußte sich dazu entschließen, 10% seines Einkommens für gute Werke auszugeben.
Punkt zwei. Er mußte Umschau halten nach jemanden außer seiner Familie und seinem Freundeskreis, der Hilfe benötigte, jemand, der nie in der Lage sein würde, es jemals zurückzuerstatten. Diese Hilfe mochte ebensogut finanzieller Art sein, oder auch in gutem Rat oder sogar nur aus freundlichem Interesse bestehen.
Punkt drei. Er mußte so lange aufhören in ewiger Eile zu sein, bis er endlich Zeit gefunden hatte, sich mit andern zu beschäftigen — ein paar freundliche Worte mit Leuten zu wechseln, die an seinem täglichen Leben teilhatten: mit dem Kellner, dem Poli-

zisten an der Ecke, dem Zeitungsverkäufer, und insbesondere mit seiner Frau und seinen Kindern.

„Ach, das sieht mir ja ganz nach einer zeitraubenden Betätigung aus", beklagte er sich.

„Gewiß", sagte ich, „das ist es auch. Sie müssen das Geben lernen; nicht nur Geld und guten Willen, sondern auch Zeit, damit andere etwas davon haben. Der geistige Gewinn, den Sie daraus ziehen werden, wird die Mühe reichlich lohnen. Wenn Sie nach diesem Plan handeln, werden Sie Ihren früheren Sinn für Humor wieder erlangen. Es gibt hier nur ein Entweder-Oder, tu es, oder laß es bleiben." Ich aber kannte meinen Mann, ich wußte, daß er es nicht bleiben lassen würde. Er würde sich der Angelegenheit, die etwas von einem Gegengeschäft an sich hatte, annehmen, wenn er zur Überzeugung käme, daß sie auf gesunder Basis beruhte. Und das tat sie.

Um diese typische Geschichte, welche sich über mehrere Monate hinzog, kurz zusammenzufassen: Er befolgte das Programm und erlangte wieder die Fähigkeit, Freude in sein Leben zu bringen. Er wurde ein tatkräftiges Mitglied im Gemeinschaftsleben. Außerdem verschwanden Spannungen und Angstgefühle. Vielleicht vermied er auf diese Weise sogar eine Herzattacke.

Ein weiterer Bestandteil des Gesetzes der Lebensfreude besteht darin, es als eine feste Tatsache zu betrachten, imstande zu sein, den Nöten, Sorgen und schwierigen Situationen zu begegnen und ihrer Herr zu werden. Diese Art von Glück ist grenzenlos. Das ist die tiefe Freude, von der wir vorhin sprachen.

Es kann bei Ihnen ein Unglück nach dem andern geschehen und das Leben buchstäblich in Ihnen auslöschen. Dieser Ausdruck ist realistisch, das Leben ist tatsächlich in Ihnen ausgelöscht worden. Ein Schlag nach dem andern kann Sie treffen und regelrecht schachmatt setzen und jeden Lebensmut in Ihnen verkümmern lassen. Schließlich können Sie sich so geschlagen fühlen, daß Sie sich durch das Leben hindurchwinden, statt es aufrecht, mutig und kraftvoll durchzufechten und die Dinge so zu nehmen wie sie sind und sie mit Geschicklichkeit und Stärke zu überwinden. Für den, der sich durchs Leben windet, gibt es keine Freude. Die Geschlagenen fühlen sich immer unglücklich. Diejenigen aber, die im tiefsten Innern ihres Herzens wissen, daß sie zu jedem Kampf kleinerer oder größerer Art mit gleichwertigen Waffen antreten können, gehören zu denen, die ihren Anteil an Freude und Befriedigung aus dem Leben herausholen können.

Ein Mann sagte in einem Flugzeug: „Ich bin ein lebendiges Beispiel für die Macht des positiven Denkens. Ich sage das nicht aus Ruhmsucht, sondern weil ich dadurch so viel Gutes für mich erreicht habe. Ich war der schlimmste sich selbst zugrunde richtende Mensch der Welt. Alle andern machte ich für meine Fehlschläge verantwortlich — selbst die Regierung.“

Dann beschrieb er eine Reihe von Niederlagen und Enttäuschungen, die genügt hätten, jeden Mann unterzukriegen. „Zuerst verwarf ich das positive Denken, weil Sie es mit Gott vermengten und ich für diese positive Denkart nichts übrig hatte. Ich arbeitete nur das psychologische Element heraus und ließ den Glauben beiseite. Mit den psychologischen Ausführungen ging ich zwar einig, blieb aber trotzdem unbefriedigt. Vielleicht war ich ganz einfach zu negativ eingestellt. Aber es fiel mir auf, daß Sie Ihren Lesern immer wieder dazu rieten, die Bibel zu lesen und sie für die Lösung ihrer Probleme heranzuziehen. Offen gestanden hatte ich seit Jahren keine Bibel mehr aufgeschlagen. Schließlich begann ich dann doch in ihr zu lesen. Am Anfang konnte ich nichts damit anfangen und wunderte mich darüber, daß Sie so darauf versessen waren. Deshalb beschränkte ich mich darauf, Ihrem Hinweis auf gewisse Stellen darin zu folgen. Ich versuchte wirklich, auf Ihre Anregungen einzugehen.

Dann las ich den 84. Psalm, und der 11. Vers beeindruckte mich tief: ‚Demjenigen, der aufrecht wandelt, wird kein gutes Ding

vorenthalten sein.' Aufrecht wandeln! Was sollte das bedeuten? Nun, es war nicht schwer festzustellen, daß ich mich wie ein Wurm über die Erde wand. Ich sollte aufstehen wie ein Mann und endlich aufhören, mich selbst zu bemitleiden und mir Kummer zu machen. Aufrecht — das war das richtige Wort! Mich behaupten — das war es, was ich zu tun hatte! Und es überkam mich die Zuversicht, daß Gott mir kein gutes Ding vorenthalten würde, wenn mein Handeln diesen Grundsätzen entspräche. So begann ich denn so aufrecht und guter Dinge zu wandeln, wie es mir möglich war, und den Rücken nicht zu krümmen, wie ich es bislang getan hatte. Ich beschloß, mit Gottes Hilfe einige Dinge in Ordnung zu bringen.
Nun begreife ich, warum Sie Religion und psychologische Erkenntnisse miteinander verbinden. Erst der Glaube bringt die Sache in Schwung und setzt das Tüpfelchen aufs i!"
Das ist wirklich eine Ansicht, an die auch Sie sich halten sollten, oder noch besser, der Sie erlauben sollten, sich in Ihnen festzusetzen, von Ihnen Besitz zu ergreifen. „Kein gutes Ding wird dem vorenthalten bleiben, der da aufrecht wandelt." Die geistige Grundhaltung, die diesem Satz innewohnt, gab dem Mann neue Freude mit auf den Lebensweg.
Aber wie steht es mit Kummer und Sorge? Ein überzeugender Mensch, der das positive Denken in die Tat umsetzte und es fertigbrachte, aus der Sorge heraus zu einer beachtlichen Lebensfreude zu gelangen, ist Frau Anna Scherer in der Schweiz. Ich traf Herrn und Frau Scherer vor einigen Jahren im „Beau Rivage Palace Hotel" in Lausanne, dessen Verwalter sie waren. Einige Monate später starb Herr Scherer ganz plötzlich. Frau Scherer arbeitete weiter im gleichen Hotel als Angestellte unter dem neuen Direktor. Als ich kürzlich wieder nach Lausanne kam, war es offensichtlich, daß Frau Scherer in ihrer bescheidenen Art einen Weg gefunden hatte, ganz gut mit ihren neuen Problemen fertig zu werden. Sie hatte eine heitere und gelassene Geistes-

haltung erworben, welche offenbar einer tiefen Kraftquelle entsprang.

„Ich bewundere den Mut, mit dem Sie es zustande gebracht haben, diese traurige Zeit mit überlegenem Geist durchzustehen", sagte ich. „Sie handelten richtig, als Sie wieder an die Arbeit gingen und sich weiter betätigten."

Darauf gab Frau Scherer folgende Antwort: „In Wirklichkeit war es nicht die Tatsache, daß ich mich wieder an die Arbeit machte, die das zuwege brachte, denn sehen Sie, Arbeit ist keine Medizin, sondern eine Droge. Sie betäubt den Schmerz, heilt jedoch nicht. Nur der Glaube kann heilen." Diese Einsicht ist klassisch. Arbeit betäubt, aber heilt nicht. Wenn wir an einer tiefen emotionellen Wunde leiden, können wir natürlich nicht glücklich sein, ehe diese Wunde verheilt ist. Einige unter uns begehen den Fehler zu glauben, daß wir diese Wunde mit Arbeit, vielleicht aber auch mit Zerstreuung und Spiel heilen können. Oder sie suchen Vergessen im Alkohol. Aber wie Frau Scherer dazu bemerkte, bewirken diese Anstrengungen höchstens, daß die Wunde eine Weile nicht mehr schmerzt. Aber sie heilt nicht. Erst wenn jemand gelernt hat, den Glauben in der Tiefe anzusetzen, kann ein wirklicher Heilungsprozeß beginnen.

Ein Mann aus dem Westen pflegte dann und wann geschäftehalber nach New York zu kommen und mich telefonisch anzurufen. Er war innerlich tief verletzt, und seine Stimmung war unverändert niedergeschlagen, seine Gedanken traurig und ein wenig zynisch. Diese negative Reaktion auf Sorgen bestand schon mehrere Jahre. Dann, ganz plötzlich, schrieb er mir einen zehn Seiten langen Brief. Ich ließ ihn einige Zeit auf meinem Schreibtisch liegen, ehe ich daran ging, ihn zu lesen. Aber ich kam ins Lesen und war aufs höchste erstaunt: Der Brief war voller Freude und Hoffnung. Hier war das überwältigende Zeugnis eines Mannes, der endlich zu sich selbst gefunden hatte und mir erzählte, wie glücklich er nun sei.

Was war geschehen? Nun, dieser Mann sah schließlich ein, daß er mit seiner negativen Haltung auf dem falschen Wege war, und er kam zu dem Entschluß, positives Denken zu lernen und zu versuchen, es bei seinen Problemen anzuwenden. Er sagte: „Ich habe einige Richtlinien ausgearbeitet, die Sie in Ihrem Buch nicht angeführt haben, und sie haben sich prachtvoll bewährt. Vielleicht möchten Sie diese auch andern übermitteln."
Das tue ich hiermit gern, denn diese Gedanken sind gesund. Ich leite sie weiter, gerade so wie ich sie von ihm erhalten habe.

Das „Fünf-Punkte-Programm" des Mannes lautet:

(Punkt 1) Ich bete öfters am Tag. Allerdings sind es nur Bruchteile von Gebeten, die ich spreche, während ich spazierengehe, im Auto fahre oder an meinem Schreibtisch sitze. Ich garantiere, daß jemand, der täglich öfters betet, die Art seiner Gedanken und sein ganzes Leben ändern wird. Vielleicht ist es das, was die Bibel meint, wenn sie uns vom „Beten ohne Unterlaß" spricht.

(Punkt 2) Ich durchtränke meinen Geist mit Bibelworten. Es mögen wohl an die zweihundert Texte sein, die ich bis heute in mir aufgenommen habe. Ich lese sie durch und denke wieder und wieder darüber nach, bis sie in mein Unterbewußtsein eingedrungen sind.

(Punkt 3) Ich nehme ein Stück Papier zur Hand und überlege, wie viele gute Gedanken ich niederschreiben kann über Menschen, die ich kenne, und auch über Situationen. Das war das schwerste von allem, weil ich an vielen Leuten eine ganze Menge auszusetzen hatte. Und was die Umstände betrifft, so bin ich ihnen gegenüber immer negativ und pessimistisch eingestellt gewesen. Aber ich fand heraus, daß wir unglücklich werden, wenn wir herabsetzenden und kleinlichen Gedanken über andere Raum ge-

Lloyd entschloß sich, bei den Hot Shoppes, gerade da, wo er siebenmal entlassen worden war, nach Arbeit zu fragen. Mit erhobenem Kinn, sich selbst mit den Worten aus dem Brief an die Philipper Mut zusprechend, betrat er das Bureau des Personalchefs. Sein neuer Glaube befähigte ihn, diesem Mann gegenüber den Wunsch zu äußern, wieder arbeiten zu dürfen. Und etwas Erstaunliches geschah. Der Personalchef versprach, daß er wieder arbeiten könne, sofern er einen Geschäftsführer fände, der ihn aufnehmen wolle.

„Ich sage es voll Dankgefühl", schreibt Lloyd, „daß ich einen Geschäftsführer fand, der sich an meine guten, wie an meine schlechten Eigenschafte erinnerte und mir nochmals eine Chance gab." Er wurde als Kellner angestellt.

Sein Brief geht weiter: „Ich gab Gott und mir zwei sehr einfache Versprechen, was ich mich bis anhin noch nie zu tun getraute, denn für mich ist ein Versprechen etwas Ernstes und Gott gegenüber erst recht.

Erstens versprach ich, jeden Tag die Bibel zu lesen und zu beten — richtig zu beten. Zweitens versprach ich, ein Zehntel meines Einkommens Gott zu schenken, ganz gleich, ob ich einen guten oder schlechten Tag als Kellner hinter mir hatte. ‚Bringe das ganze Zehntel und stelle mich damit auf die Probe', sagt Gott, ‚und prüfet, ob ich euch nicht die Fenster des Himmels öffnen werde und daraus einen Segen ausströmen lasse, daß nicht genug Raum da sein wird, um ihn aufzunehmen' (Maleachi 3, 10).

Nun, ich bin kein Heiliger, und ich bin voller Fehler, aber jetzt habe ich das erste Mal in meinem Leben ein glückliches, friedliches Verhältnis zu Gott. Manchmal kommt es vor, mitten im Getriebe, wenn jemand es unterlassen hat, ein Trinkgeld zu geben, und mein Blutdruck zu steigen beginnt, daß mir irgendeine Bibelstelle einfällt, und dann bin ich wieder zufrieden.

Heute morgen, als ich von der Arbeit heimkam und über das vergangene Jahr nachdachte, kam ich plötzlich zu der Erkenntnis, daß die Probleme, die sich letztes Jahr vor mir türmten, nicht mehr vorhanden sind.“

Und dann machte Lloyd eine erstaunliche Feststellung. Ich halte sie für eine erfreuliche Auswirkung positiven Denkens. Bedenken Sie, daß diese Erklärung von einem jungen Mann herrührt, dessen Leben von Grund auf umgeformt worden ist.

„Ich glaubte vorher niemals, daß ich es mir leisten könnte, ein Zehntel zu geben. Und nun kann ich es mir nicht mehr leisten, es *nicht* zu geben!“

Welche Überzeugung spricht aus diesen Worten! Das Ausrufungszeichen am Ende des Satzes ist von Lloyd selbst gesetzt. Es war ihm, als müsse er der ganzen Welt die Macht der neuen Idee, die er entdeckt hatte, verkünden. Als er damit begann, den Zehnten zu geben, etwas von sich selbst und seinem Geld zu verschenken, entdeckte er die Tatsache, daß wir, um die guten Dinge des Lebens zu erhalten, zuerst selber geben müssen.

Dieser Grundsatz ist tatsächlich dazu angetan, das Leben zu verändern. Er wird Ihr Leben voll und reich werden lassen, in einem Ausmaß, das Sie sich nie vorstellen konnten.

Das ist das Geheimnis des Gesetzes der Fülle.

Um die guten Dinge des Lebens zu erhalten, müssen Sie zuerst geben. Lassen Sie diese Idee förmlich in Ihr Bewußtsein eindringen. Wiederholen Sie sie immer und immer wieder. Halten Sie Ihren Geist unermüdlich dazu an, sich damit zu beschäftigen, bis diese Idee ein wesentlicher Bestandteil Ihres Weltbildes geworden ist. Ich kann ihre Wichtigkeit gar nicht stark genug betonen.

Dieses schöpferische Gesetz ist in den bekannten Worten ausgedrückt: „Wer sein Leben findet, der wird es verlieren, und wer es verlieret um meinetwillen, der wird es finden.“ (Matthäus 10, 39.) Das gleiche Gesetz ist noch einmal in einem Satz verankert,

den ich persönlich als einen der wichtigsten der ganzen Bibel betrachte. „Ich bin gekommen, daß sie das Leben und volle Genüge haben sollen.“ (Johannes 10, 11.)
Ein von Armut geplagtes und geschlagenes Leben hat keinen Platz im Plan des Schöpfers.

Manchmal scheint der Erfolg dieses in die Praxis umgesetzten Gedankens geradezu wunderbar zu sein. Ich wählte das folgende Beispiel, weil es so alltäglich und genau auf die Alltagsmenschen, wie es die meisten von uns sind, zutrifft. Es gibt eine Situation, die wir „verzweifelt“ nennen. Aber keine Situation braucht wirklich als „verzweifelt“ betrachtet zu werden, denn das Gesetz der Fülle ist da, damit man sich seiner bedient.
Vor einigen Jahren stand eine Frau, die in Florida wohnte, tatsächlich vor dem Nichts. Sie war von Illinois hierher gekommen, mit genügend Geld, wie sie glaubte, um ihr eine bescheidene, aber sichere Zukunft zu garantieren, denn sie hatte ein kleines privates Einkommen aus Wertpapieren.
Nun, wie es schon so vielen Leuten ging, kam etwas dazwischen, das alle ihre Pläne über den Haufen warf. „Mancher Plan, fein gesponnen, fiel schon ins Wasser und hinterließ anstelle der versprochenen Freude nichts als Kummer und Schmerz“, schrieb Robert Burns. Und ist es nicht tatsächlich so?
Jedenfalls traf es auf jene Dame zu, als der große Bankkrach von 1929 kam, wodurch sie ihr ganzes Vermögen verlor. Zum Glück war ihr Haus bezahlt, so daß sie wenigstens ein Dach über dem Kopf hatte — aber trotzdem kein Einkommen. Und selbstverständlich war sie in Sorge.
„Was kann ich tun?“ schrieb sie einer alten, invaliden Tante, die in Pennsylvania lebte. „Tatsächlich ist meine Lage so schlecht, daß ich nicht weiß, wohin ich mich wenden soll, um nur genügend Geld für das Essen zu finden. Eben jetzt, du magst es nun glauben oder nicht, habe ich nichts als einen Laib Brot

und etwas Käse in der Küche, aber bis ich deine Antwort erhalte, wird auch das verschwunden sein. Ich weiß weder ein noch aus."

Als nun die invalide Tante den Brief erhielt, setzte sie sich hin und antwortete sogleich. Sie hatte selbst kein Geld, aber sie gab ihrer Nichte etwas Besseres, den Begriff der Fülle. Sie gab ihr den ihr als einzig richtig erscheinenden Ratschlag, um ihre schwere Lage zu überwinden:

„Das Dumme bei dir ist der Umstand, daß du daran denkst, Hungers sterben zu müssen, während Gott dabei ist, dich mit Fülle zu versorgen. Dein ganzes Denken dreht sich um das Empfangen, statt um das Geben, folglich besteht die geheimnisvolle Erlösung aus deiner jetzigen Lage darin: zu geben, zu geben, zu geben ——!"

Am Tage, da der Brief der Tante in Florida ankam, nagte ihre Nichte wirklich nahezu am Hungertuch. Sie hatte noch genau zwei Brotschnitten im Haus.

Als der Briefträger kam, riß sie den Brief auf, in der Hoffnung, darin vielleicht einen grünen Schein zu finden. Aber sie sah nichts Grünes. Sie drehte den Brief um und öffnete den Umschlag weiter und suchte inwendig, aber die Tante hatte überhaupt kein Geld geschickt. Dann erst las sie, was sie geschrieben hatte.

Sie war enttäuscht. Unwirsch warf sie den Brief beiseite. Und in diesem Augenblick klopfte es an der Tür. Immer noch etwas verstört, öffnete sie. Da stand ein Nachbar, ein älterer, würdiger Herr, der ein paar Schritte weiter unten wohnte. Es sei ihm peinlich, unsagbar peinlich, sagte er, aber vielleicht habe sie zufällig etwas zu essen im Hause. Er war auf dem Heimwege von einer erfolglosen Suche nach Arbeit. Seine Frau war nicht wohlauf, und er brauchte nur eine Kleinigkeit zu essen für sie. Er hätte nie gedacht, sagte er traurig, daß er sich jemals in einer solchen Lage befinden könnte.

Die Worte aus dem Brief der Tante fielen der Frau sofort wieder ein. Die geheimnisvolle Lösung ihrer Situation bestehe darin, zu geben, zu geben, zu geben! Einem Impuls folgend, ging sie in die Küche zurück und nahm eine Scheibe Brot, also die Hälfte von dem, was sie noch hatte. Kaum hatte sie einige Schritt getan, blieb sie auch schon wieder stehen. „Die geheimnisvolle Erlösung aus deiner Situation besteht darin, zu geben, zu geben, zu geben!"

Sie überlegte einen Augenblick, kehrte dann in die Küche zurück, um das zweite Stück Brot zu holen, wickelte beide Stücke in Papier ein, und als sie es dem alten Mann reichte, entschuldigte sie sich, daß sie nicht mehr anbieten könne. Der dankerfüllte Mann sollte nie erfahren, daß sie ihm den letzten Rest ihrer Eßwaren gegeben hatte.

Was nun folgt, wird wohl unglaublich erscheinen. Ich kann Ihnen aber versichern, daß alle Tage noch unglaublichere Dinge passieren. Die Tür hatte sich kaum hinter dem Mann geschlossen, als es wieder klopfte. Da stand eine Nachbarin mit einem ganzen Laib Brot in der Hand, frisch aus dem Ofen. Und andern Tags kam unverhofft eine Anweisung für Dividenden in der Höhe von zehn Dollar. Auch diesen Betrag teilte die Frau mit einem Bedürftigen. Einen Tag später kam ein Scheck über fünfzig Dollar „als ein verspätetes Geburtstagsgeschenk" ihres Bruders. „Es fiel mir gerade ein, daß du dich vielleicht in Bedrängnis befinden könntest", schrieb er. Auch dieses Geld wurde geteilt, weil unsere Dame inzwischen zu derselben Schlußfolgerung gekommen war, wie Lloyd einige Jahre später bei den Hot Shoppes. Sie konnte es sich einfach nicht mehr „leisten", das Teilen zu unterlassen.

Auf diese Weise wirkt sich das Gesetz der Fülle aus. Es ist da, bereit, Sie mit allen guten Dingen zu überschütten. Sie brauchen weiter nichts zu tun, als den Strom der Fülle anzutreiben. Und das wird dadurch erreicht, gewisse Gesetze auszulösen, die den Strom der Fülle ins Fließen bringen und ihn weiter fließen las-

sen. Man muß sich bestimmt, endgültig und bewußt mit dem Gedanken der Fülle beschäftigen. Gehen Sie daran, alle negativen Gedanken aus Ihrem Geiste zu verbannen. Setzen Sie den Begriff der Fülle in die Tat um, bis Sie damit vertraut sind. Sehen Sie Ihr Leben, oder malen Sie es sich voll kostbarer Werte aus. Betrachten Sie sich selbst als einen anregenden Teil im Strom des Guten, nicht des Schlechten — der Wohlfahrt, nicht der Armut. Helfen Sie andern Leuten, ähnlich zu denken und zu handeln, denn es kann keine dauernde Fülle für jedermann geben, es sei denn, sie werde mit vielen andern geteilt.
Es gibt aber noch eine andere bezeichnende Tatsache: Alle, die das Gesetz der Fülle durch richtiges Denken und richtiges Handeln praktisch anwenden, halten den Strom der Werte im Fluß. Catherine Thrower erzählt von Schülern einer Handelsklasse in einer Zeit der Depressionen und des geschäftlichen Rückganges. Von jedem Schüler dieser gut betreuten Klasse wurde verlangt, er solle eine bejahende Grundeinstellung und Überzeugung in seine Arbeit, sein Leben und in die Umgebung hineintragen, ungeachtet des Geschäftsganges. Das geschah in einer Stadt, in der die aus der Depression entstandene negative Grundhaltung sehr verbreitet war. Jedes neue Semester begann mit einem bejahenden Bekenntnis, wie das folgende:
„Ich bin das Kind eines liebevollen Vaters. Was dem Vater gehört, gehört auch mir. Alles, was mein ist durch göttliche Erbschaft, wird nun in Fülle auch in meine Hände gelangen."
Von jedem Studenten wurde erwartet, daß er positives Denken in seine Stimmung, ins Geschäft und ins Heim trage. Er mußte die ganze Kraft seines Denkens „vollen" statt „leeren" Erwartungen zuwenden, um auf diese Weise der negativen Einstellung seiner Umgebung entgegenzuwirken.
So lernten sie die Grundsätze des Gesetzes der Fülle anzuwenden. Alle dachten schöpferisch und halfen einander. Sie teilten mit Gott und den Menschen und setzten so die ungeheure Kraft

positiver Ideen ein gegen den Defätismus, der aus allen Worten der Umgebung klang.
Das zeitigte Resultate. Zwei Sekretäre wurden so wertvolle Mitarbeiter in ihren Betrieben, daß man ihr Gehalt aufbesserte, zu einer Zeit, da es vielen andern gekürzt wurde. Einem Advokaten gelang es, seinen Klienten so große Dienst zu erweisen, daß seine Einnahmen steil aufwärts gingen. Einem Geschäftsmann aus der Stahlbranche, von dem man annehmen konnte, daß er vom allgemeinen Geschäftsrückgang besonders hart betroffen sei, wurden mehrere bedeutende Aufträge erteilt. Eine Studentin, Angestellte in einer Verkaufsabteilung, erzielte durch die Anwendung des Gesetzes der Fülle in einer durch negatives Verhalten unrentabel gewordenen Organisation so namhafte Verkäufe, daß sie als einzige Angestellte eine Spezialzulage erhielt. Bei Erfahrungen, wie den beiden eben erwähnten, regte positives Denken zu neuen, schöpferischen Gedanken an. Die Fülle beginnt in Ihren Gedanken, in der Form von neuen Gedankenrichtungen, neuartigen Einsichten den Problemen gegenüber.
Tief in Ihrem Geist liegen alle jene Werte, die Sie zu einem voll erfüllten Leben brauchen. Die Bibel sagt uns: „Das Königreich Gottes ist in dir.“ Was für ein Versprechen! Denken Sie daran: Aller Reichtum des Königreiches ist potentiell in Ihrem Geist vorhanden. Es bleibt weiter nichts zu tun übrig, als ihn zu nützen. Unter Fülle ist natürlich alles Gute gemeint: Gesundheit, Wohlbefinden, Fähigkeit — jeder schöpferische Wert im Leben.
Ich habe einen Freund in St. Joseph, Missouri, der mir kürzlich zeigte, wie richtiges Denken als Stimulans zum Erreichen der Fülle wirken kann. Der Name dieses Freundes ist Jack Spratt, und er ist ein lebendiges Beispiel der erstaunlichen Wirkung positiven Denkens.
Als ich eines Tages Spratt besuchte, kamen wir auf das Gesetz der Fülle zu sprechen. „Es ist überraschend“, sagte er, „wie eine einfache Änderung im Denken eines Menschen seine ganze Lauf-

bahn beeinflussen kann.“ Und dann erzählte er mir, wie er vorgeht, wenn der Umsatz eines seiner Verkäufer abnimmt.

„Joe“, sagte er, „ich möchte, daß Sie mir Ihr Bestellbuch geben. Ich nehme es Ihnen ab.“

Der Verkäufer ist natürlich nicht wenig erschrocken. Er glaubt, Spratt wolle ihn entlassen. Aber in Wirklichkeit hat er die Absicht, den Verkäufer frisch anzukurbeln. Er nimmt ihm das Bestellbuch ab, um ihm Gelegenheit zu geben, sich selbst zu finden, den Strom der Fülle wieder ins Fließen zu bringen.

„Alsdann, Joe“, sagt er, „gehen Sie Ihre Kunden besuchen.“

„Aber Sie haben doch mein Bestellbuch!“ antwortet Joe.

„Das hat seinen Grund darin, daß ich nicht will, daß Sie auch nur einen einzigen Auftrag erhalten“, sagt Spratt. „Versuchen Sie es schon gar nicht, einen Auftrag zu bekommen!

Gehen Sie hinaus, um Ihren Beruf von einem anderen Gesichtspunkt aus zu betrachten. Sie werden das Gesetz der Fülle kennenlernen.“

„Was für eine Idee! Ich habe nicht genug Aufträge erhalten, so ist es doch, und nun wollen Sie, daß ich überhaupt keine mehr annehme?“

Darauf entgegnet Spratt: „Das Mißliche bei Ihnen ist, daß Sie nichts von sich selbst geben. Sie müssen lernen, sich selbst zu geben. Machen Sie Ihre Runde wie sonst. Aber diesmal, während einer Woche, möchte ich, daß Sie täglich mindestens einem von Ihren Kunden etwas Gutes tun. Helfen Sie ihnen, etwas zu finden, das sie wirklich brauchen, vielleicht Mut, Glaube, Hoffnung. Geben Sie ihnen gute, alte Freundschaft. Denken Sie an den Menschen, nicht an den Kunden. Dann, wenn Sie sich selbst während einer Woche verschenkt haben, kommen Sie zurück und suchen Sie mich auf.“

Spratt versicherte mir, daß der Verkäufer am Ende einer solchen Woche ein ganz anderer Mensch geworden ist. Ein von frischem Lebensmut erfüllter Enthusiasmus kling in seiner Stimme, und sein Verhältnis zu seinen Kunden ist ein anderes geworden. Und dann beginnen in den meisten Fällen erstaunliche Dinge zu geschehen. Aufträge fangen an einzulaufen, aber nicht aus Dankbarkeit.

Ein Mann, der ein System, das auf Nehmen beruht, durch ein solches ersetzt, das auf Geben eingestellt ist, reißt die Schranken zwischen den Menschen nieder und löst schöpferische Eigenschaften in sich selber aus.

„Die zentrale Idee", sagte Spratt, „besteht darin, ein Zehntel Ihrer Zeit, ein Zehntel Ihres Geldes zu opfern. Wird dies getan, dann beginnen in Ihnen, in Ihrer Arbeit, in Ihrem Familienleben, in jeder Hinsicht wunderbare Dinge zu geschehen. Ich habe es an die hundertmal erprobt. Je mehr Sie versuchen, etwas von sich selbst zurückzuhalten, um so weniger bleibt Ihnen; und je mehr Sie von sich selber geben, um so mehr gewinnen Sie, um es wieder verschenken zu können.

Geben Sie sich selbst, teilen Sie sich mit andern. Welche Kraft liegt in diesem Gedanken! Und wie bringt er den Strom der Fülle zum Fließen, ob es sich nun um materielle Dinge, Ideen oder Glück handelt. Ein Zehntel von sich selbst geben heißt, sich selbst den Menschen und Gott geben; heißt, etwas für die Mitmenschen und für Gottes Werk tun. Tun Sie es bescheiden und aufrichtig, dann werden die guten Dinge zu Ihnen zurückfließen."

Einmal erhielt ich einen Brief von einer jungen Mutter, die sich darüber beklagte, daß sie ein schweres Los habe.

„Wer hat hier alles zu tun, Kochen, Bügeln, Putzen? Ich. Wer macht die Küchenmagd, während andere spielen? Ich. Mein Los ist ein schweres, und ich scheue mich nicht, es auszusprechen. Dieses Haus ist kein Ort der Liebe, Dr. Peale, es ist ein Haus, in dem ein ‚Mädchen für alles' mit Arbeit überlastet ist — und dieses Mädchen bin ich. Und was habe ich davon? Nichts! Rein gar nichts als Arbeit und wieder Arbeit!"

Nun, ich schrieb ihr zurück, daß es mich gewiß traurig stimme zu sehen, daß sie eine solche Einstellung zu ihrem Heim habe. Es ist wirklich deprimierend, wenn eine Frau ihrer Aufgabe als Gattin, Mutter und Hausfrau nicht gern nachkommt. Offensichtlich hatte sich in ihr eine egozentrische Gedankenrichtung entwickelt, welche sie daran hinderte, die Strahlen der Liebe zu empfangen, die ihre Familie ihr entgegenbrachte, und sich daran zu erfreuen. Sie zog sich zurück und machte sich dadurch selbst müde und gereizt.

Ich legte dieser jungen Frau nahe, eine neue Philosophie anzuwenden, nur, um ein Experiment zu machen.

„Nehmen Sie einmal an, daß Sie, anstatt darauf zu warten, daß andere Ihnen Liebe und Achtung entgegenbringen, selbst diese gesunden Gemütsbewegungen auslösen, indem Sie beginnen, sie andern zuerst zu schenken. Wenn Sie kochen", sagte ich, „benützen Sie Gewürze, Salz, Pfeffer usw. Warum nicht auch Ihr Familienleben würzen? Versuchen Sie während eines Monats einen gut bemessenenen Eßlöffel voll Liebe Ihren Gerichten beizugeben. Während Sie die andern Gewürze beifügen, denken Sie folgende Worte, oder sagen Sie sie vielleicht laut vor sich hin: ‚Ich füge jetzt Liebe hinzu, das wird es auf alle Fälle schmackhafter machen'. Versuchen Sie dasselbe bei Ihrem Reinemachen. Fegen Sie Ihre alten, unbrauchbar gewordenen Gedanken hinaus, und bringen Sie Gedanken der Liebe herein. Streuen Sie Gedanken der Zuneigung über die Kleider Ihrer Familienmitglieder, wenn Sie diese zum Bügeln vorbereiten. Aber das wichtigste ist: Warten Sie nicht darauf, daß andere damit beginnen. Sie selbst müssen den Strom der Liebe in Fluß bringen; dann schreiben Sie mir wieder und lassen mich wissen, wie die Sache steht."

Ich brauchte nicht lange darauf zu warten, bis ich erfuhr, wie das Experiment abgelaufen war. Drei Wochen später erhielt ich

einen Brief von dieser Frau. Sie erging sich in Ausführungen, wie z.B. diese:
„Ich muß gestehen, Dr. Peale, daß mir Ihre Gedanken am Anfang etwas überspannt vorkamen. Aber die Sache stand so schief für mich und ich fühlte mich so elend, daß ich mich entschloß, es mit diesen Ideen auf jeden Fall zu versuchen, so verdreht sie auch scheinen mochten. Ich kann nur sagen, daß es erstaunlich ist, wie sie sich auswirkten!
Schon am allerersten Abend machte mir mein Mann ein Kompliment über meine Kochkunst; es war das erste, das er mir seit langem gemacht hatte. Wissen Sie, was er zu mir sagte? ‚Was hast du für eine geheime Zutat, mein Schatz? Das ist wirklich gut!'
Nun, ich war selbst überrascht zu erfahren, daß es ein ‚Geheimnis' war, aber ich besaß noch eine Menge anderer. Und so geschah es auf ähnliche Weise mit anderen Dingen im Haus. Es waren nicht immer Komplimente, manchmal war es nur ein Blick der Hochschätzung, und ein andermal einfach eine helfende Hand. Sei dem wie es wolle, ich bin mir nun bewußt, daß eine ganz neue Welt vor mir liegt."
Das sind nur einige der vielen Anregungen, die das Gesetz der Fülle in Bewegung bringen. Sie lassen sich alle auf einen gemeinsamen Nenner bringen; in all diesen Fällen begann der Strom der Fülle zu fließen, sobald ein Mensch den Mut faßte, aus sich herauszugehen, damit aufhörte, verängstigt zu sein, und endlich daran glaubte, daß gute Dinge auf ihn zukommen würden. Diese Menschen unterstrichen ihren Glauben dadurch, daß sie zuerst sich selbst den andern hingaben. Es ist nun einmal eine Tatsache, daß negative Gedanken andere negative Gedanken anziehen, während positive Gedanken unbedingt positive Gedanken anziehen. Wenn Sie auf der Grundlage engherziger, armseliger, bedrückter, kleinlicher Gedanken leben, werden Sie solche ähnlicher Art an sich ziehen. Aber wenn Sie die ersten verwegenen

Schritte tun, um Ihre Minderwertigkeitsgefühle loszuwerden und sie durch neue, gesunde „Fülle-Gedanken" ersetzen, dann werden Sie wie ein Magnet auf andere, ähnliche Gedanken wirken. Fülle wird nicht erreicht durch bitten um Dinge, Geld und Besitztümer, sondern durch die Bitte um Einsichten und Ideen. Diese können Sie dann zu brauchbaren Mitteln verarbeiten, mit dem Ziel, Ihr Leben reicher und glücklicher zu gestalten.
Und in der Tat liegen alle Werte im Geistigen. Schöpferische Erfüllung hat ihren Sitz im Geiste. Sie tragen die Fülle in sich. Sie können sich alle Arten von Werten ausdenken, wenn Sie nur an Fülle denken.
„Es ist sehr unwahrscheinlich, daß die Fülle dem negativ Denkenden zuteil wird." Diese Äußerung stammt von dem großen, verstorbenen Wissenschaftler Charles F. Kettering, dem Erfinder des automatischen Selbst-Anlassers.
„Gewisse Leute", sagte er, „bleiben immer in den gleichen Fahrrinnen. Sie besitzen zwar Fähigkeiten, aber es widerstrebt ihnen, Fragen zu stellen, und sie wollen nicht denken, oder wenn schon, dann sind es negative Gedanken. Sie verteidigen selbst ihre Erfolglosigkeit, und manchmal, wenn sie fromm veranlagt sind, halten sie sogar das für den Ausdruck des göttlichen Willens.
In dieser Welt der Fülle kann jedermann seinen Weg in die Fülle denken."
Kettering erklärte, wie der negative Denker die Fülle verschüttet und wie der positive Denker diese anregt, in vollem Maße zu fließen. Er erzählte folgende Geschichte aus seinen frühen Erfahrungen in der Automobil-Industrie:
„In der Zeit der ersten Autos machten wir sie zum Verkauf bereit, indem wir sie mit einer Schicht von Lack überzogen, wie die Klaviere. Für die billigeren brauchten wir fünfunddreißig Tage Arbeit, für die teureren siebzig Tage. Eines Tages rief ich alle Malermeister zu mir und fragte sie, wie wir diesen Teil der

Automobil-Produktion abkürzen könnten. Sie meinten, daß man vielleicht zwei Tage einsparen könne.
„Weshalb können Sie ein Auto nicht in einer Stunde anstreichen?“ fragte ich.
„Die Farbe würde nicht trocknen“, antworteten sie.
Das war die Auskunft, die ich von den Experten erhielt, darum forschte ich weiter. Eines Tages sah ich lackierte Schmuckkästchen im Schaufenster eines Juwelierladens ausgestellt. Ich kaufte davon eines für 11.50 Dollar. Der Juwelier sagte mir, daß er die Kästchen von einer kleinen Werkstatt in New-Jersey beziehe. Also ging ich dorthin.
Als ich einen Liter seines Lackes verlangte, war der Mann überrascht. Er hatte bisher noch nie einen Liter davon gemacht. Als ich ihm sagte, daß ich es für ein Auto brauche, schüttelte er den Kopf. „Es wird nicht gehen. Wenn Sie es in Ihre Spritzpistole füllen, wird es trocken sein, ehe es auf die Fläche kommt.“
„Könnten Sie es nicht verdünnen oder etwas machen, damit es langsamer trocknet?“
„Nein, das ist unmöglich!“
Natürlich war es nicht unmöglich. Eine Frage führte zur andern. Schließlich, nachdem wir eng mit einem Farbenfabrikanten zusammengearbeitet hatten, erzielten wir einen Lack, der gespritzt werden konnte, so daß ein Auto in wenigen Stunden fertig lackiert war. Hier hätte uns negatives Denken daran gehindert, der Sache nachzugehen.
Und als wir als Erste den Selbst-Anlasser in das Auto einbauten, organisierten die Leute von Detroit eine außerordentliche Versammlung des Amerikanischen Elektro-Ingenieurs-Institutes. Sie verlangten, daß ich das Funktionieren des Selbst-Anlassers erklären solle, was ich auch tat, aber als ich zur Hälfte damit fertig war, wurde ich von einem würdigen Herrn unterbrochen.
„Ich schlage vor, die Versammlung aufzulösen“, sagte er. „Dieser

Mann weiß nicht, von was er redet. Er hat keine blasse Ahnung von den einfachsten Grundgesetzen der Elektro-Technik!"

Er war ein Opfer des negativen Denkens.

Der Weg zur Fülle heißt also *Denken*. Denken Sie ernstlich, daß es möglich ist, in bessere Verhältnisse zu kommen. Und wenn Sie es sich in Ihrem Geist vorstellen können, dann sind Sie auch imstande, diese Vorstellung in die Tat umzusetzen. Glauben, beten, denken, geben — das sind die vier Gesetze der Fülle. Seien Sie kein negativer Denker!

In Hongkong traf ich einen höchst bemerkenswerten Mann namens Chan, einen Flüchtling aus dem kommunistischen China. Herr Chan, der vorher ein reicher Geschäftsmann im alten China war, liebte die Freiheit so sehr, daß er mit seiner Familie aus dem roten China fortging, ohne das geringste mitnehmen zu können, ausgenommen seinen Mut, Glaube und Liebe, nichts außer positivem Denken. Was ein Lebe in der Fülle im materiellen Sinne darstellte, wußte er, aber in Hongkong lernte er auch, was es heißt, auf einer sehr, sehr niedrigen Stufe zu leben. In der Tat befand er sich in absoluter, elender Armut.

Als er und seine Familie ohne Geldmittel und ohne Möglichkeit zu Geld zu kommen, ankamen, bauten sie sich eine Hütte aus einigen Kisten und dichteten sie mit Säcken ab. Sie kochten auf einem offenen Feuer vor ihrer Hütte. Nachdem Herr Chan mehrere Wochen in Hongkong sein Leben auf diese Weise gefristet hatte, gelang es ihm, eine bescheidene Arbeit zu finden. Sie wurde mit zehn Hongkong-Dollar im Monat bezahlt, was 1,60 USA-Dollar entspricht.

Das Bemerkenswerte an der Sache aber war, daß Herr Chan dabei weder verbittert noch voller Groll war. Er gab sich alle erdenkliche Mühe, um seine Lage zu verbessern, wenn jedoch seine Anstrengungen fehlschlugen, dann wußte er sich geistig zu helfen, indem er viel und ausgiebig nachdachte, ungeachtet aller Rückschläge. Er versuchte für seine Familie von Methodisten eine Wohnung in einem der projektierten, nahen Häuser zu erlangen, die Wesley-Dorf genannt wurden. Chan war Methodist, und Wesley-Dorf war eine nette Siedlung, speziell für Flüchtlinge erbaut. Die Zweizimmer-Häuschen waren auf der Sonnenseite des Hügels gelegen und zudem freundlich, warm und anziehend, kosteten aber viel mehr als Herr Chan aufbringen konnte, so daß sich sein Traum nicht realisieren ließ.

Das aber hinderte ihn nicht daran, dabei zu sein, als die Freunde und Nachbarn, die es sich leisten konnten dort zu leben, ihre Sachen packten und den Hügel hinaufzogen, um sich in Wesley-Dorf einzurichten, und ihnen zu helfen. Er trug die schwersten Koffer. Er sang und lachte, als er die Sachen der Glücklichen fortbrachte. Er war glücklich für sie. Er half den alten Großmütterchen und den kleinen Kindern. Wie sehr wünschte er, ebenfalls mit seiner Familie dorthin zu ziehen! Aber da es ihm nun einmal nicht beschieden war, freute er sich eben mit denen, die es konnten. Herr Chan wußte, wie man Fülle-Gedanken entwickelt. War er nicht ein echter Nachfolger Christi, der da verspricht: „Ich bin gekommen, damit sie das Leben haben und damit sie es in größerer Fülle haben.“ (Joh. 10, 11.)

Für mich besteht das Wunderbare an dieser Geschichte darin, daß Herr Chan wirkliches Glück, äußerste Selbstlosigkeit, guten Willen und Fröhlichkeit besaß, selbst als seine Vermögenslage auf den niedrigsten Stand heruntersank. Aber Persönlichkeiten wie er strahlen ein gewisses Etwas aus, das den guten Willen anderer anzieht. Sie sollten das strahlende Antlitz dieses Mannes sehen. Sie fühlen, wie durch das bloße Anschauen Ihr Herz warm wird.

Binnen kurzem fand jemand eine Arbeit für Herrn Chan, für fünfunddreißig Hongkong-Dollar, was seinen vorherigen Lohn auf das Dreifache erhöhte. Das Gesetz der Fülle wirkte. Kurz darauf wurde eine Wohnung im Wesley-Dorf frei. Ist es ein

Wunder, daß man Herrn Chan und Familie fragte, ob sie diese nehmen wollten?
Dieser Chinese wird immer in meinem Gedächtnis bleiben, als eine der großen Seelen, die ich in meinem Leben kennenlernte. Sein Erlebnis zeigt deutlich, daß das Gesetz der Fülle auch unter den trostlosesten und verzweifeltsten Umständen seine Wirkung ausübt. Es bringt Kräfte zur Entfaltung, die erstaunliche Wirkungen hervorrufen und, was vielleicht noch wichtiger ist, konstruktive Lösungen hervorbringen. Herr Chan gab bereitwillig (während einer Periode, in der mancher gesagt hätte, daß er nichts zu geben habe), und so erhielt er reichlich. Diesem Gesetz des Denkens und Handelns gemäß ist einer befähigt, schöpferisch zu arbeiten, selbst in den schwersten aller möglichen Situationen. Wenn Sie mit dem Gesetz der Fülle in Einklang stehen, kommen die guten Dinge des Lebens in Wellen auf Sie zu. Sie werden diese Erfahrung mit psychischem, physischem, ja selbst materiellem Reichtum machen.
Wenn heute Ihr Leben kein erfülltes ist, dann lesen Sie dieses Kapitel noch einmal durch und suchen Sie sich eine der Anregungen aus, welche sich auf Ihre Situation anwenden läßt. Arbeiten Sie mit ihr zusammen. Leben Sie mit ihr, glauben Sie daran, machen Sie sie zum Bestandteil Ihres unbewußten Denkens. Sie werden erkennen, daß die Befolgung der neuen Denkweise bald keiner Anstrengung mehr bedarf. Ich bin überzeugt, daß Ihr Leben innerhalb von sechs Monaten ungeahnt bereichert wird.

7. Kapitel

Was gegen Ihre Angstgefühle zu tun ist

Sie können etwas gegen Ihre Angstgefühle tun. Sie können sie überwinden. Um dieses Ziel zu erreichen, braucht es weiter nichts, als den Glauben zu entwickeln, wie es ein junger Marineoffizier tat.

Er schrieb mir über seinen Sieg im gleichen sachlichen Stil, den er angewendet hätte, um über den Kampf mit einem Feind zu berichten.

„Ich bin Offizier und Befehlshaber auf diesem Schiff. Eine Aufgabe, die gleicherweise Befriedigung wie Verantwortung in reichlichem Maße mit sich bringt. Es ist dies eine Arbeit, wie einem jungen Offizier keine bessere anvertraut werden könnte, und ich bin dankbar dafür.

Meine Schwierigkeiten beruhten auf der Angst vor dem Versagen, auf der Gewohnheit, mir Sorgen zu machen, und auf dem Mangel an Selbstvertrauen. Eine imponierende Entfaltung von Unzulänglichkeiten — ich weiß. Von all den Methoden, die ich versuchte, um diese Schwächen zu überwinden oder doch zu mildern, hat sich nur eine als erfolgreich herausgestellt, nämlich der Glaube.

Meine Dankbarkeit Ihnen gegenüber gründet auf diese Verwirklichung, auf die einfache, alltägliche, und vor allem glaubwürdige

Art, in der Sie die Macht des Gottvertrauens schildern. Ich war früher ein Skeptiker, aber Sie ließen weitere Zweifel so unlogisch erscheinen, daß sie zur Unmöglichkeit wurden. Die Kraft, die mir dadurch verliehen wurde, hat mein Leben bereichert und mir ein bisher unbekanntes Lebensglück gebracht."

Wieviel Zeit und Energie opfern Sie der Angst? Keine? Wann haben Sie zum letztenmal Holz berührt oder sind um eine Leiter herumgegangen? Wann fühlten Sie plötzlich Ihr Herz, scheinbar ohne Grund, stärker pochen? War es, als Sie in der Nacht aufwachten, angespannt, mit trochenem Munde? Vielleicht war es, als Sie bei einem Kunden anklopften?

Wir gehören zu einer merkwürdigen Generation. Zu diesem Schluß kommen Sie, wenn Sie darüber nachdenken. Wir haben die Wissensgebiete der Erde entwickelt und unsere Kenntnisse in der Wissenschaft in einem beträchtlichen Ausmaße vorwärts getrieben; wir sind die Herren auf so manchen Gebieten.

Trotzdem nennt Albert Camus, der französische Autor, unsere Zeit „Das Jahrhundert der Angst". Es gibt sogar eine moderne Symphonie, die diesen Titel trägt, „Zeitalter der Furcht". Es will schon etwas heißen, wenn Musik über das Thema „Angst" komponiert wird.

Wir werden nicht nur von den normalen, althergebrachten Ängsten geplagt, sondern jetzt auch noch von der großen Angst vor der Atombombe, die über Ozeane hinweg Verheerungen anrichten kann. Aber selbst wenn sie nie eingesetzt wird, können wir uns doch Sorgen machen über einen finsteren, unsichtbaren Mörder, atomarer Niederschlag genannt, der seine Schrecken über uns und zukünftige Generationen verbreiten kann. Ein Wissenschaftler sagte kürzlich: „Wir haben eine freischwebende latente Angst, die durch Atombombe, Raketen und allerlei vernichtende Waffen hervorgerufen wird."

„Freischwebende Angst". Welch treffende Art, die Furcht unserer Zeit zu kennzeichnen!

Das ist nicht jene Angst, die den Höhlenmenschen anfiel, wenn er das Knurren des scharfgezähnten Tigers vernahm. Jene Angst brachte den Höhlenmenschen dazu, zu fliehen oder, wenn er erfinderisch veranlagt war, einen Stein an einen Stecken zu binden und selbst dem Tiger das Fell abzuziehen, um sich damit zu bekleiden. Das ist ohne Zweifel der grundlegende und ursprüngliche Zweck der Furcht, uns zur Tat anzutreiben, um unser Leben zu retten. Und diese Art von Furcht ist heute noch ebenso stark wie in früheren Zeiten. Wenn wir unsere Autoreifen nachsehen, weil wir befürchten, daß sie sich zu sehr abgelaufen haben, dann ist das eine gesunde Art von Furcht.

Aber nicht diese Art von Furcht ist es, die den meisten von uns Zeit und Anstrengung abfordert. Heutzutage befällt uns viel eher eine unbestimmte, unheimliche Angst, die schwer zu beschreiben ist. Sie ist schwer zu bekämpfen, weil wir gar nicht richtig wissen, wovor wir uns eigentlich fürchten. Oder vielleicht fürchten wir so viele Dinge auf einmal, daß man sich keinen Erfolg davon verspricht, eines dieser Dinge aufzugreifen. Furcht ist für uns nicht immer eine genau bestimmte Drohung, gegen die wir handeln oder irgend etwas Konkretes tun können, sondern eine Wolke, die über uns hängt und ihren schwarzen Schatten über alles wirft, was wir tun.

Vor einiger Zeit hatte ich in Wichita, Kansas, Vorträge gehalten und mußte nach Cincinnati fliegen. Frau Olive Ann Beech, von der Beech Fluggesellschaft, war so freundlich, mir ein Flugzeug und einen Piloten für diesen Flug von siebenhundert Meilen leihweise zur Verfügung zu stellen. Als wir über den Mississippi flogen, wurde das vorher sonnige Wetter neblig.

„Wir müssen über das Nebelgebiet hinauskommen", meinte der Pilot, „Bodenhitze, Staub und Rauch verursachen öfters einen niedrig schwebenden Nebel. Wir werden jetzt noch tausend Fuß höher gehen und darüber hinwegkommen."

Das Flugzeug gelangte in eine ganz andere Welt, klar und mit weiter Sicht. Das ist es, was wir durch unser Denken erreichen müssen, nämlich unsere Gedanken über das Nebelgebiet unseres eigenen angsterfüllten Bewußtseins zu erheben. Wir müssen hinaufsteigen über die Wolken von Angst, Kummer und Sorge, in eine höhere Region, wo wir klar und vernünftig zu denken vermögen.

Es ist sehr wichtig, etwas gegen die Angst zu tun. Angst ist der Feind Ihres Glücks. Sie greift Ihre Denkfähigkeit an, vermindert Ihre Leistungsfähigkeit und gefährdet Ihre Gesundheit.
Mein eigener Herzspezialist und ein guter Freund, Dr. Louis T. Bishop, sagt: „Man gibt sich allgemein nicht genügend Rechenschaft darüber, wie viele Symptome von Herzarterienerkrankungen durch Spannungs- und Angstgefühle entstehen. Angstzustände sind eine sehr allgemeine Erscheinung. Aber während einerseits behauptet werden kann, daß ein gewisses Maß an Angst für jedermann zuträglich ist, weil es dazu anspornt, gewisse Handlungen zu vollziehen, kann sie andererseits lähmend wirken und sogar Krankheitsbilder hervorbringen, die nahezu jedes Organ in Mitleidenschaft ziehen können.
Das Herz wiederum reagiert in verschiedener Weise auf Angst. Es kann sich erweitern, der Rhythmus des Herzschlages kann gestört sein, und eine spannungsgeladene oder beängstigende Situation kann ihn unregelmäßig werden lassen. Es ist bekannt, daß diese Angstgefühle Schmerzanfälle der Herzkranzgefäßte, genannt Angina pectoris, zu erzeugen vermögen, besonders bei Leuten in den mittleren Lebensjahren. Anspannung kann dabei eine Rolle spielen, als ein Faktor, der die Abschnürung der Adern, die das Herz mit Blut versorgen, beschleunigen."
Dr. Leo Rangell, Professor der Psychiatrie bei der U.C.L.A., sagt laut „Los Angeles Times": „Bakterien und andere Mikroorganismen haben es leichter, Leute, die sich Kummer machen, zu infizieren."

Seien Sie jedoch deswegen nicht beunruhigt. Sie haben die Möglichkeit, die Angst zu überwinden. Es ist gar nicht nötig, daß Ihnen die Angst überhaupt etwas anhaben kann. Tatsache ist, daß Sie sehr wohl imstande sind, etwas Konstruktives gegen das, wovor Sie sich fürchten, zu unternehmen. Die Fähigkeit, dies zu vollbringen, ist einer der größten Erfolge des positiven Denkens.

Positives Denken setzt voraus, daß Sie Ihren Geist in der Gewalt haben; dann haben Sie auch Ihre Gemütsbewegungen, einschließlich Angst und Sorge, unter Kontrolle.

Eines Tages erhielt ich einen Brief von einer Frau aus Philadelphia, deren kleiner Junge von der Angst geplagt war. Er litt an Alpdruck, fürchtete sich vor seinen Spielkameraden, war mager und immer müde. Sie wollte wissen, ob sie mich sprechen könne. Nun, es gibt nichts Traurigeres als einen kleinen Jungen, der voller Angst ist, und ich war gern bereit zu helfen, wenn es irgendwie möglich war.

Als wir uns dann trafen, war gerade ein sehr schöner Frühlingstag, was zu dieser Jahreszeit, nämlich dem fünfzehnten Januar, etwas ungewöhnlich war. Als die Mutter eintrat (sie kam ohne den Knaben), machte ich einige angemessene Bemerkungen über die Schönheit des Tages.

„Krankheitswetter“, sagte die Frau. „Es ist nicht gesund, wenn es so warm ist um diese Jahreszeit. Da heißt es aufpassen, daß man sich nicht erkältet!“

Das war aber nur der Anfang. Diese Frau fürchtete sich vor allem. Innerhalb der ersten fünf Minuten unserer Unterhaltung hatte sie es fertiggebracht zu erwähnen, daß sie ihren Sohn nicht hergebracht hatte, weil sie die „dreckige“ Luft in der Untergrundbahn fürchtete, daß sie sich vor den „Fremden“ fürchtete, die ihr auf der Straße begegneten, und sich nicht getraute, das Empire State Building hinaufzusteigen, aus Angst vor dem Luftdruck auf ihre Ohren. Das war der Ton ihres Gespräches. Nachdem wir uns eine Weile in einer Art von Wortgeplänkel ergangen hatten, brachte ich das Gespräch auf ihren Jungen und machte sie darauf aufmerksam, daß sein Problem bei weitem kein ungewöhnliches sei.

„So viele Kinder haben Ängste“, sagte ich. „Woher glauben Sie, daß das kommen kann?“ Aber die Frau wußte es nicht. Vielleicht dachte sie, daß Kinder einfach mit ihren Ängsten auf die Welt kommen.

„Ganz und gar nicht“, sagte ich. „Die meisten Furchtvorstellungen haben sie von den Personen, die um sie herum sind, übernommen, ganz besonders natürlich von ihren Eltern.“

„Das läuft darauf hinaus, daß der Junge seine Furchtvorstellungen von mir hat?“

„Ich versichere Sie, daß das nichts Beschämendes ist“, sagte ich. „Es liegt in der menschlichen Natur. Wahrscheinlich haben Sie Ihre eigenen Angstgefühle von Ihren Eltern übernommen, diese wieder von ihren Eltern usw. Wichtig ist es, diese Kette zu unterbrechen.“

„Und wie erreiche ich das?“

„Mit positivem Denken. Furcht entspringt einem negativen Gedanken; ein wirksames Mittel, sich seiner zu entledigen, besteht darin, sich den Geist als Waage vorzustellen. Auf einer Seite liegen alle Ihre negativen Gedanken in der Waagschale, auf der andern Seite die positiven. Eben jetzt ist Ihre Waage ernstlich aus dem Gleichgewicht geraten, Ihre negativen Gedanken wiegen viel schwerer als die positiven – und, was nur selbstverständlich ist, sie werden im Geiste Ihres Sohnes widergespiegelt. Die Lösung liegt darin, Ihre Befürchtungen weniger schwer wiegen zu lassen.

Versuchen Sie die folgende Methode: Sobald Ihnen wieder ein negativer Gedanke kommt, legen Sie einen positiven Gedanken auf die andere Waagschale. Nehmen wir zum Beispiel das Wetter. Es ist ein wunderbarer Tag draußen. Wenn Sie von hier fort-

gehen, sagen Sie zu sich selbst: Was für ein gesunder Tag ist das heute! Ja, es ist so ungewöhnlich klar, daß es der richtige Tag wäre, um auf das Empire State Building hinaufzusteigen und die Aussicht zu genießen."
Die Frau lachte, sagte jedoch zweifelnd: „Glauben Sie, daß das wirklich helfen wird?" Ich antwortete: „Es *wird* helfen. Halten Sie sich daran, bis die Waagschalen Ihrer Gefühle auf ganz gleicher Höhe sind; dann aber halten Sie sich noch stärker daran, bis Ihre positiven Gefühle schwerer als die negativen wiegen. Wenn Sie auf diese Weise einige Zeit, sagen wir drei Monate, vorgegangen sind, dann lassen Sie mich bitte wissen, wie es um die Angstgefühle Ihres Sohnes steht."
Es dauerte länger als drei Monate, eigentlich waren es fast sechs, bis ich wieder etwas von dieser Frau vernahm; aber sie hatte das Experiment durchgeführt. Als sie mir schließlich schrieb, zeigte der Brief den Zustand einer gesunden, glücklichen Angeregtheit. Sie schrieb: „Sie können sich keine Vorstellung davon machen, welch wunderbaren Einfluß diese einfache Regel auf unser Leben ausgeübt hat. Wir hatten eine Menge Kämpfe gegen unsere negativen Gedanken auszufechten, aber ich glaube, sie sind jetzt unter viel besserer Kontrolle. Mein Sohn ist viel entspannter und fürchtet sich nicht mehr vor seinen Spielkameraden. Er sieht nicht mehr so ängstlich und abgespannt aus. Ich fühle mit Freude, daß es mir schließlich gelungen ist, diese Kette von ererbter Angst zu durchbrechen. Ich hoffe, Ihnen nächstens mitteilen zu können, daß wir sie ganz überwunden haben."

Die hier angewandte Grundidee besteht darin, auf indirekte Weise an seine Ängste heranzutreten. Statt direkt gegen Sorge und Angst vorzugehen, wenden wir die indirekte Methode des langsamen Absterbenlassens der Ängste an.
Das ist eines der besten Systeme, um Ihre Ängste loszuwerden; sie ist jedenfalls besser, als zu versuchen, sie durch die Kraft des

Willens niederzuringen, der ohnedies zu schwach dazu ist. Lassen sie vielmehr den steigenden Wellengang Ihres Glaubens das Werk für Sie tun. Füllen Sie Ihren Geist mit einem so großen Quantum an Glaube und Selbstvertrauen, daß Ihre Angstgefühle keinen Platz mehr darin finden. Bei dieser Methode wird Gottes Macht für Sie tun, was Sie selbst nicht vollbringen können. Ihr Anteil besteht einfach darin, zu glauben, zu vertrauen und sich seiner Macht unterzuordnen. Lassen Sie seine fruchtbare Kraft Ihr Leben über die Angst erheben.

Menschen, welche diesen Grundsatz des positiven Denkens im Kampf mit der Angst angewendet haben, erzielten bemerkenswerte Erfolge. Wie aber können wir unseren Geist soweit bringen? Eine unserer Hilfen nennen wir die der Gegenwart Gottes. Ein Beispiel: Ich erhielt einen Brief von Frau Grace L. aus Oakland, Kalifornien, in dem ausgeführt wurde, wie jemand dieses positive System angewandt hatte, um eine Situation zu meistern, die gewöhnlich zu Angst und Panik führt.

Eine Frau war in einem Lift eingeschlossen, der zwischen den Stockwerken angehalten hatte. Der Geschäftsführer des Gebäudes rief ihr zu und fragte, ob sie allein sei. Sie antwortete: „Nein, nicht allein." Er versicherte ihr, daß der Lift bald repariert sein werde, und beschwor sie, sich nicht zu ängstigen.

Als schließlich der Lift repariert war und die Tür sich öffnete, war die Dame ganz allein. Der Mann schaute sie verwundert an. „Sie sagten doch, Sie seien nicht allein?"

„Nein", antwortete sie ruhig. „Ich war nicht allein. Gott war mit mir."

Wie mancher von denen, die ständig mit Furchtgedanken leben, wäre wohl imstande gewesen, so ruhig zu antworten, wie sie es tat? Es besteht eine tiefe Geborgenheit und Sicherheit darin, es als eine feststehende Tatsache zu betrachten, daß Gott mit uns ist. Vielleicht ist die beste Geborgenheit in dieser Welt in folgenden Worten ausgedrückt: „Ich bin nicht allein." Wenn Sie das in Ihrem Innersten wissen, verlieren die Angstgefühle jede Macht über Sie.

Das nächste Mal wenn Sie Angst haben, wenn Ihr Herz stärker schlägt, oder Sorge sich in Ihren Geist einschleicht, wiederholen Sie jene acht Worte aus Jesaias 41, 10: „Fürchte dich nicht, ich bin bei dir.“ Sagen Sie diese Worte wieder und wieder zu sich selbst, horchen Sie andächtig auf sie, als wäre Gott wirklich bei Ihnen. Natürlich ist er bei Ihnen, versuchen Sie also seine Gegenwart als eine Wirklichkeit zu fühlen. Wenn sie es fertigbringen, dies mit Überzeugung zu tun, dann werden alle Ängste Sie verlassen.

In den großen Krisen des Daseins, wenn die Menschen wirklich die Gegenwart Gottes nötig haben, um weiterbestehen zu können, dann werden sie diese erleben. Ich besuchte in Belgien das Breendonk, ein bekanntes Gefängnis, das zwischen Antwerpen und Brüssel liegt und von den Nazis in Beschlag genommen worden war. Die belgische Regierung läßt es jetzt weiter bestehen, als eine heilige Stätte des Gedenkens, und die Landesflagge flattert stolz darüber.

Während der Besetzung wurden von den Nazis treue, vaterländisch gesinnte belgische Bürger, die die Kühnheit hatten, sich ihrer Tyrannei zu widersetzen, dorthin gebracht. Sie wurden wie Tiere in scheußlichen Zellen gehalten, um durch unbeschreiblich schlechte Behandlung und Tortur ihren Widerstandsgeist zu brechen. Die Gefangenen hielten jedoch all dem stand. Wenn man durch die düsteren, schmalen Gänge geht, die in demselben Zustand gelassen wurden wie in jenen Tagen, überkommt einen ein schmerzliches Gefühl angesichts einer solchen Erniedrigung des Menschen, gleichzeitig aber auch ein erhebendes Gefühl der Größe.

Ich sagte zu unserm Führer: „Wie konnten diese Leute etwas so Schreckliches aushalten?“

„Ich werde Ihnen die Antwort zeigen", sagte er und führte uns in eine der dunkelsten Zellen zurück. Dort in einer Ecke war der Umriß des Antlitzes unseres Heilandes grob in den Stein gehauen. Der Führer fuhr fort: „Wenn sie das Dasein kaum mehr ertragen konnten, dann traten diese Männer, einer nach dem andern, hier an und legten ihre Hand auf sein Antlitz. Das war ihre Art, sich daran zu erinnern, daß sie nicht allein waren. Eines Nachts kamen die Nazis in unser Haus und nahmen meinen Vater mit. Wir haben ihn nie wiedergesehen. Wir vernahmen nach dem Kriege, daß er hier gestorben sei; wir wissen es jedoch nicht mit Bestimmtheit. Es wurde uns gesagt, er sei einer von denen gewesen, die zu dieser Zelle hier kamen, um das Antlitz Christi zu berühren. Ich wußte, daß er es getan haben würde, denn er war ein tiefgläubiger Christ. Der Gedanke ist für mich tröstlich, daß unser Herr mit meinem Vater war."

Welche Antwort auf die Angst! Wir sind nicht allein! Lassen Sie diese großartige Wahrheit auf sich einwirken, bis sie zur positiven Überzeugung wird. ICH BIN NICHT ALLEIN. Keine Angst auf Erden ist größer als dieser Gedanke.

Diese Wahrheit führt zu einem anderen Gedanken, nämlich, daß ein wichtiger Faktor zur Bekämpfung der Angst darin besteht, den Kopf nicht zu verlieren und der Panik nicht zu erlauben, Besitz von Ihnen zu ergreifen. Solange Sie fähig sind, ruhig zu denken, können Sie auch vernünftig denken. Wenn Sie aber letzteres können, dann wird schon alles richtig werden. Der Weg, der Gott offen steht, um Sie zu führen, geht durch Ihre Gedanken, aber Gott kann nicht durch Panik-Gedanken zu Ihnen gelangen, aber er wird Ihnen helfen, Ruhe zu bewahren, wenn Sie positiv denken.

In einer Radio-Ansprache über gewisse Betrachtungsweisen des positiven Denkens sagte ich: „Es gibt einen Abschnitt in der Bibel (Lukas 9, 1), in dem uns erzählt wird, daß Jesus seine Jünger zu sich rief und ihnen „Macht und Gewalt über alle Teufel gab".

Nun, haben Sie jemals daran gedacht, daß Sie einen Teufel in sich haben könnten? Mit Teufeln meine ich den Teufel des Hasses, den Teufel des Lasters, den Teufel der Unehrlichkeit oder den Teufel der Angst. Wenn die Bibel behauptet, daß die Menschen von Teufeln besessen seien, so ist das gewiß wahr. Und die moderne psychologische Ärztekunst bestätigt es. Ich habe Leute gekannt, welche Teufel in sich bargen. Ja, sogar in mir selbst habe ich Teufel gespürt. „Kleinlichkeit, Haß, Furcht, Groll, Mißgunst". Diese Dinge verdienen diesen Namen, denn es sind Teufel in Anbetracht des Elends, das sie heraufbeschwören. Aber es gibt eine überaus wichtige Tatsache, an die wir uns halten können, nämlich, daß Jesus seinen Jüngern Macht und Autorität über die Teufel gab, so daß sie über eine große Kraft verfügten und fähig waren, sie in seinem Namen auszutreiben.
Ein Geschäftsmann in Tennessee schrieb mir von seiner Erfahrung mit dieser Wahrheit.

„Lieber Dr. Peale,

vor ungefähr drei Jahren war ich erfüllt von Zweifeln und Ängsten. Sie schlichen sich ein, und der Friede schlich hinaus. Monatelang war ich in quälender Niedergeschlagenheit befangen. Ich fühlte mich verlassen und glaubte, es gäbe keinen Gott. Ich betete und tat alle erdenklichen Dinge dagegen.

Eines Tages fühlte ich mich ungeduldig, fast zornig, daß ER mich diesen Weg gehen ließ. Ich sagte IHM, daß ich erbost sei, und bat IHN, mir zu verzeihen. Ich sah ein, daß ich ein Opfer des Zweifels und der Furcht war, die wirklich häßliche Teufel sind. Ich gab es zu. Ich rief laut nach Gott und bat IHN um Hilfe.

Dann, als wären sie persönlich anwesend, sprach ich zu diesen Ängsten und Befürchtungen und befahl ihnen im Namen Jesu, mich zu verlassen. Ein Wunder geschah. Als sei Licht angezündet worden, flohen meine Zweifel und Ängste, und meine Seele erfüllte sich mit einem Frieden, der kaum zu beschreiben ist.

Es sind nun fünf Monate her, seit ich die Gewohnheit angenommen habe, früh aufzustehen, um die Bibel zu lesen, darüber nachzudenken und zu beten. Friede hat meine Seele so erfüllt, daß sie voller Freude ist."

Dieser Mann hat erfahren, daß das Christentum nicht irgendein kleines, nettes Ding ist, ein rein intellektuelles Gedankensystem. Es ist vielmehr eine starke Macht, welche denen gegeben ist, die es sich wirklich zu eigen machen. Es ist die Macht Gottes, der diejenigen erlöst, welche glauben wollen. Wenn Sie wirklich Freiheit verlangen, wird Christus Ihnen Macht und Autorität geben, diesen Teufeln der Angst, des Hasses, der Fleischeslust oder was es auch sei, zuzurufen: „Ich befehle dir, von mir zu gehen!"

Das ist ein mannhaftes Christentum, und seine Segnungen gehören Ihnen, wenn Sie diese stark genug begehren. Aber Sie müssen einen wirklich starken und echten Glauben entwickeln. Sagen Sie zum Herrn: „Ich bin es müde, mich mit diesen Ängsten abzugeben, ich wünsche Frieden und Erlösung." Machen Sie keine Bücklinge, und kriechen Sie nicht angesichts des Lebens. Es wird von uns angenommen, daß wir Männer, glaubensstarke Männer sind. Nehmen Sie das Evangelium Jesu Christi in seiner ganzen Tiefe, versetzen Sie es in Ihren Geist, und Sie erlangen Gewalt und Autorität über Ihre Ängste. Stehen sie auf gegen Ihre Furcht, und im Namen Gottes und seines Sohnes befehlen Sie ihr, Sie zu verlassen. Dann glauben Sie, daß sie fort ist. Wiederholen Sie diesen Vorgang, bis ein tiefes Gefühl des Sieges Sie erfüllt.

Eine Tatsache dürfen Sie nicht aus den Augen verlieren, nämlich, daß ein Furchtgedanke Ihren Geist überrumpeln und ihn erfassen kann, wenn Sie am wenigsten darauf gefaßt sind und so den größten Schaden anrichtet. In solchen Perioden ist es besonders wichtig, nicht einen Frontalangriff gegen die Angst zu unternehmen, sondern die Methode des Ersetzens der negativen Gedanken durch positive anzuwenden, mit dem Ziel, die Angst auszuscheiden. Wenn Sie beharrlich Ihren Geist mit gläubigen Gedanken erfüllen, werden diejenigen der Furcht in absehbarer Zeit ganz bestimmt weichen. Natürlich kann ein Wechsel der Persönlichkeit von solchem Ausmaße nicht ohne Anstrengung erlangt werden, aber daß er erreicht werden kann, darüber besteht nicht der geringste Zweifel.

Eine Frau schrieb mir aus der Schweiz in französischer Sprache über die bemerkenswerten Ergebnisse eines solchen Gedankenwandels:

„Lieber Freund! Erlauben Sie mir, daß ich Sie so nenne. Sie kennen mich nicht, aber ich kenne Sie gut, nachdem ich Ihr Buch gelesen habe. Ich bin die Tochter eines französischen Pfarrers. Ich bin von wirklich christlichen Eltern erzogen worden, aber da ich zwei Kriege erlebt habe, lebte ich in einer schrecklichen Angst vor der Zukunft. Was würde ich tun, wenn ich je meinen Mann verlöre? Wie könnte ich mit meinen drei Knaben durchkommen mit so wenig Geld? Und so weiter.

Dann erkrankte ich schwer an einem Ekzem, was eine wahre Folter war. Der Arzt konnte den Ursprung des Ekzems nicht herausfinden. Aber ich fand ihn, als ich Ihr Buch las. Die Angst hatte mein Blut förmlich vergiftet! So wie es mich innerlich quälte, so plagte es mich äußerlich, und ich versichere Ihnen, daß es eine Tortur war.

Als ich Ihr Buch gelesen hatte, befolgte ich Ihre Anweisung. Ich begann die Psalmen zu lesen. Ich schrieb die Verse auf, die mir besonders gefielen. Ich befolgte Ihren Rat, meinen Geist von diesen Worten durchdringen zu lassen. Schließlich kam ich auf den letzten Vers des vierten Psalms: ‚Ich werde mich in Frieden hinlegen und schlafen, denn Du allein, mein Herr, lässest mich wohnen in Sicherheit.‘ (Psalm 4, 8.)

Sicherheit, das war es, was ich brauchte. Ich kann sie in Gott finden. Ich habe sie in Gott gefunden.
Und was das Geld betrifft, fand ich diese Worte bei Hiob, welche mich von meinen Geldsorgen befreiten. ‚Dann sollst du Geld als Staub zusammenhäufen. Ich, der Allmächtige, soll dein Schutz sein.' (Hiob 22, 24 — 25.)
Jetzt endlich, mit über fünfzig Jahren, habe ich es verstanden, daß die geistigen Reserven in mir unendlich sind und ich sie jederzeit anrufen kann."
Diese Frau hatte buchstäblich ihre Furcht hinausgetrieben, weil sie Glauben hereingetrieben hatte, Glauben in der Gestalt von großen geistigen Wahrheiten, die tief in ihre Seele eingegraben wurden.
Harold Medina war, wie erinnerlich, der berühmte Richter, der den langen Prozeß gegen elf führende Kommunisten führte, die angeklagt waren, durch Verschwörung die Regierung der Vereinigten Staaten gewalttätig stürzen zu wollen. Dieser Prozeß war ein sehr schwieriges Unterfangen. Die Wellen der Leidenschaft schlugen hoch. Und ein großer Teil der Leidenschaften und Wutausbrüche war gegen den Richter persönlich gerichtet.
Er bemerkte bald, daß das nicht bloßer Zufall war. Etwas Ungewöhnliches versteckte sich dahinter. Man gewann den Eindruck, daß die Verteidiger mehr daran interessiert seien, den Prozeß abbrechen zu lassen, als einen Freispruch zu erlangen. Sie zielten auf eine Unzuständigkeitserklärung oder auf einen ungültigen Rechtsspruch hin. Sie konnten diesen Zweck auf zwei Arten erreichen: entweder damit, eine große Verwirrung zu stiften, oder den Richter Medina auf eine so harte Belastungsprobe zu stellen, daß er zusammenbrechen würde. Die Verteidigung führte gleichzeitig beide Pläne durch. Durch den ganzen Prozeß hindurch kostete es die größte Mühe, Ordnung zu halten. Die Zeugen waren unverschämt, die Anwälte verschlagen. Aber der Angriff, der am nächsten daran war, den ganzen Prozeß auffliegen zu lassen, war

gegen den Richter Medina selbst gerichtet. Auf irgendeine Weise hatten die Verteidiger in Erfahrung gebracht, daß der Richter an Schwindelgefühlen in der Höhe litt.
Als Harold Medina ein kleiner Knabe war, nahm ihn sein Vater mit zu den Niagara-Fällen. Harold sah die Massen der Leute sich gegen das Gitter drücken und hinunter auf die Fälle schauen. Er aber konnte sich nicht dem Gitter nähern, weil er sich fürchtete hinunterzufallen. Hin und wieder in seiner Kindheit wurde Medina dieser Angst gegenübergestellt und entging ihr, indem er ihr einfach auswich.
Aber jetzt konnte er ihr plötzlich nicht mehr ausweichen. Richter Medinas Zimmer war im zweiundzwanzigsten Stockwerk des Wolkenkratzers, der das Bundesgericht in New York beherbergt und den Foley Square überragt. Eines Tages gewahrte der Richter eine Volksmenge, die von der Straße unten zu ihm herauf rief: „Medina wird fallen, wie Forrestal gefallen ist." Das geschah kaum ein paar Tage nachdem der Staatssekretär der Verteidigung, James Forrestal, sich aus einem Fenster der Klinik hinausgestürzt hatte. War es nur Einbildung? fragte sich Medina. Betonten diese Leute wirklich das Wort „fallen"? Jedenfalls trat er vom Fenster zurück.

Stück für Stück erfuhr Medina die Absicht dieser Kampagne. Das Wort „fallen" begann um ihn herum unterstrichen zu werden. Es war in Briefen und Zeitungsartikeln unterstrichen, er hörte, wie es in Gesprächen betont wurde. Er versuchte durchzuhalten, aber die Belastung begann auf ihn einzuwirken. Eines Abends schickte er sich an, zu Bett zu gehen, als seine Frau das Fenster öffnete, um frische Luft hereinzulassen. Es war eine stickige Nacht, aber Richter Medina sagte: „Bitte schließe das Fenster, Ethel."
Seine Frau schaute ihn verwundert an. Er hatte ihr nie von seiner Angst vor dem Hinunterfallen erzählt, die ihn als Kind ge-

quält hatte. „Ich mache keine Witze“, sagte er. Und dann erzählte er ihr von den Zeichen, den Sprechchören, dem Geflüster und den Unterstreichungen. Frau Medina war im Bilde. Dann schliefen sie, während das Fenster nur um einen Spalt geöffnet war. Nun stellte sich das Problem, sagte Richter Medina, als er später über die Geschichte sprach, „was ist zu tun, wenn man seinen Ängsten nicht ausweichen kann? Als ich noch ein Kind war, schien die Lösung einfach; ich hielt mich von den Dingen, die mir Furcht einflößten, fern. Jetzt aber konnte ich das nicht mehr tun. Was nun? Wie tritt ein Mann einer Angst entgegen, der er nicht ausweichen kann? Ich gebe Ihnen die Antwort: durch das Gebet.

Ich meine damit nicht ein Gebet, das direkt auf meine Angst vor dem Fallen gerichtet war. Ich sagte nicht plötzlich: ‚Nun Herr, ist es an Dir, meine Angst von mir zu nehmen.‘ Ich meine ein ganzes Gebetsprogramm, in welchem ich um Kraft und Führung in *allen* Angelegenheiten bat. Es waren Gebete, die ich mir zusammengestellt hatte, seit ich ein Knabe war, als meine Mutter vor dem Schlafengehen mit mir niederkniete und aus ihrem Gebetbuch vorlas. Ich lernte nicht nur eine sonntägliche Art von Gebet, sondern ein Gebet für alle Tage, ja manchmal ein stündliches Gebet. Ich betete immer wieder im Laufe des Tages, jedesmal, wenn ich dankbar war oder unter Druck stand.

Das Gebet allein hielt mich aufrecht während der sechs oder sieben Monate, die der Prozeß dauerte. Es handelte sich weder um Eingebung noch um eine plötzliche Erscheinung, sondern um die allmähliche Erneuerung der Kraft. Damit war die feste Überzeugung verbunden, daß ich imstande sei, allem standhaft zu begegnen, was vor mir lag — frei von meiner alten Angst.“

Erkennen Sie, was Richter Medina tat? Er versuchte nicht, diese eine Furcht zu bekämpfen, er gab sich keine verzweifelte Mühe, seine Angstvorstellung loszuwerden. Er schwemmte die Angst mit einem regelrechten Gebetsprogramm hinweg, das auf die gleiche Weise wirkte wie es die steigende Flut tut, wenn sie ein Schiff aus dem Schlamm des Yersey befreit. Er füllte seinen Geist so vollständig mit Gedanken des Glaubens, daß einfach kein Raum für solche der Furcht mehr da war.

Richter Medina erzählte diese Geschichte in unserer Zeitschrift „Guideposts". Sie zeigt, wie ein Mann Gebete gebrauchen kann, um seine Ängste auszuschalten, selbst wenn es sich um tief eingewurzelte Vorstellungen handelt. Das ist jedoch nicht die einzige Art zu beten. Es gibt auch ein Fürsprache-Gebet, wenn viele Menschen für ein bestimmtes Ziel beten.

Einer der Herausgeber der „Guideposts" heißt John Sherril. Im September 1957 machte John eine Erfahrung, die ihn davon überzeugte, daß auch die Gebete anderer Leute Angst vertreiben können. Bis zum Morgen des zwanzigsten Septembers des genannten Jahres hatte John ein ganz normales Leben geführt. Er war verheiratet, er und seine Frau (und die Bank) besaßen ein Haus in einem Vorort New Yorks, sie hatten Kinder und einen vier Jahre alten Ford. Ihr Leben war glücklich und schöpferisch. Dann erhielt John an jenem Morgen einen Telefonanruf seines Arztes. Der Arzt wollte ihn sofort sprechen. Einige Tage vorher hatte man ihm eine kleine Geschwulst am rechten Ohr entfernt. Und nun gab man ihm die schreckliche Tatsache bekannt, daß diese Geschwulst im höchsten Grade bösartiger Natur sei. Ohne Operation, sagte der Arzt, würde seine Chance, bis Ende des Jahres zu leben, eins zu zehn stehen. Mit einer Operation würde sie auf eins zu drei steigen. Weitere Untersuchungen durch Spezialisten bestätigten die Diagnose. Jeder der Ärzte war für eine sofortige Operation.

Einige Tage nach dieser Operation erhielt ich einen Brief Johns, den ich Sie teilweise lesen lassen möchte.

„Angst ist eine verheerende Gefühlsregung, Dr. Peale; sie verfolgt uns Tag und Nacht. Ich erwachte mitten in der Nacht und wußte, daß ich gräßliche Angst hatte. Auf die Fragen meiner

Kinder antwortete ich mechanisch — meine Gedanken waren anderswo. Ich brachte viele Stunden damit zu, mit Tibby (seiner Frau) Versicherung, Testament und Finanzen durchzusehen. Wenn ich versuchte meinen Geist zu zwingen, sich mit positiveren Angelegenheit zu beschäftigen, konnte ich es nicht. Ich lebte in der Angst. Und dann, Dr. Peale, geschah etwas Merkwürdiges. Als unsere Freunde von meinem Krebs erfuhren, hatten sie das Bedürfnis, mir helfen zu können, und ihre sofortige Reaktion war, zu beten. Das erste Gebet, von dem wir erfuhren, war dasjenige, das sie letzten Sonntag von der Kanzel aus für uns sprachen. Nachher brandeten Gebete um uns auf wie eine Flut.
Es wurde in den ‚Guideposts' gebetet, sowohl im Bureau von New York, wie in dem von Carmel. Wußten Sie, Dr. Peale, daß Ihre Freundin Tessie Durlac in ihrer Synagoge zum Gebete für mich aufrief, und daß sie auch andere Menschen und Organisationen telefonisch um ihre Unterstützung im Gebet bat?
Das Gebet lag in der Luft, die wir atmeten. Wir waren davon umgeben, gleichsam darin eingetaucht. Zu Beginn der folgenden Woche wurde ich ins Spital eingeliefert. Zu meinem Erstaunen herrschte hier ebenfalls eine Gebetsstimmung. Kaum hatte ich mein Bett im Zimmer Nr. 609 belegt, als ich einen sonderbaren und gespenstischen Ton, fast einen Schrei vernahm, der durch den Gang hinunter tönte. Im angrenzenden Raum war ein orthodoxer Jude dabei, Rosh Hashana, das jüdische neue Jahr, zu feiern. Die Krankenschwester berichtete mir, daß ich eben das Bockshorn gehört habe, das seit Jahrhunderten dazu benutzt wird, um zum Gebet aufzurufen.
Während dieser Tage im Spital betete ich ebenfalls. Aber es war sonderbar mit meinen eigenen Gebeten: Sie waren nicht für mich bestimmt, sondern für andere. Ich muß betonen, Dr. Peale, daß ich mich bemühe, nichts als Tatsachen zu berichten. Ich betete für andere, nicht aus einem bewußten Geist der Selbstlosigkeit heraus, sondern weil ich das echte Gefühl hatte, daß ich es nicht

nötig hätte, für mich selbst zu beten. Auch mich befremdete es, bis sich mir der Grund offenbarte. Plötzlich, in der Nacht vor der Operation, erkannte ich, daß ich frei von Angst war!
War es das handgreifliche Resultat all dieser Gebete? Ich glaube es. In der Nacht vor der Operation fühlte ich einen solchen Strom der Gesundheit, daß ich es kaum glauben konnte, in einem Spital zu sein. Am nächsten Morgen weckte mich eine Krankenschwester und gab mir eine Spritze.
‚Das wird Sie zum Schlafen bringen', sagte sie.
Ich lachte. ‚Sie wecken mich, um mir etwas zum Schlafen zu geben?'
Sie kamen und rollten mich in den Operationssaal. Es kam mir so vor, als stünde ich, wie auch die weiß maskierten Schwestern und Ärzte, im Mittelpunkt einer Kraft, welche die Angst vertreibt. Ich kann es am besten so beschreiben, daß ich das Gefühl hatte, als würde ich tief und ganz persönlich geliebt. Und das muß gewiß eine hervorragende Vorbedingung für eine Heilung sein.
Die Operation war vorüber. Dann kam eine Woche des qualvollen, zermürbenden Wartens. Schließlich brachte mir der Arzt seinen Bericht. Er verkündete mir nicht gleich das Resultat der Operation. Er leuchtete in meine Augen, befühlte und beklopfte mich, und dann sagte er in sachlichem Ton: ‚Der Befund ist der bestmögliche, den ich überhaupt für Sie haben könnte. Es bestehen keine Anzeichen verbliebener Krebszellen.'
Soll das bedeuten, daß eine Heilung stattgefunden hat? Ich bin nicht Arzt und behaupte nicht, etwas von Krebs zu verstehen. Ist er vollständig entfernt worden? Wird er nicht wiederkommen? Niemand weiß es wirklich. Aber ich weiß etwas von einer anderen Heilung, die vielleicht wichtiger ist.
Mit absoluter Gewißheit kann ich sagen, daß ich die Macht des Gebetes zur Heilung des verheerendsten Übels, nämlich der Angst, erfahren habe."

John Sherrils Angst war also geheilt. Und selbstverständlich bedeutet dieses Experiment, daß auch Sie geheilt werden können — ganz gleich, worunter Sie leiden mögen, wenn Sie dem Gebet gestatten, für Sie das Tor zu der erhabenen Welt des Glaubens zu öffnen. Gott selbst hat uns versprochen, daß unsere Furcht überwunden werden kann. „Denn der Herr, dein Gott, wird deine rechte Hand halten und zu dir sagen: ‚Fürchte dich nicht, ich werde dir helfen.'" (Jesaja 41, 13.)
Fassen wir kurz zusammen, was gegen die Ursachen Ihrer Angst zu tun ist.

1) Erkennen Sie, was Sie ängstigt. Halten Sie es fest. Isolieren Sie es. Grenzen Sie es ab und betrachten Sie es als das, was es wirklich ist. Seien Sie sich ganz klar darüber, mit was Sie es zu tun haben.

2) Denken Sie über die Gründe nach, die dazu führen, daß Sie vor diesem oder jenem Angst haben. Wenn Sie nicht absolut sicher sind, daß Sie den Grund oder die Gründe erkennen, dann ist es besser, Sie suchen Rat bei einem Manne, der in solchen Dingen erfahren ist.

3) Ziehen Sie die Angst ans Tageslicht. Entreißen Sie ihr den Schleier des Geheimnisses. Bringen Sie sie dorthin, wo Sie sie wirklich angreifen können. Sie werden manchmal darüber erstaunt sein, wie geringfügig das war, wovor Sie sich so lange fürchteten.

4) Erfüllen Sie Ihren Geist mit Gedanken des Vertrauens, denn die Angst kann sich nicht in Ihrer Vorstellungswelt aufhalten, wenn sie voller Vertrauen ist. Bedenken Sie immer, daß Glaube viel stärker ist als Furcht. Je weniger Angst Sie haben, um so mehr Glauben gewinnen Sie. Das klingt zwar einfach, aber diese Umbildung bedarf einer harten Disziplin.

5) Tun Sie Ihr Bestes. Mehr können Sie nicht tun. Dann üben Sie die Fähigkeit, die Resultate ruhig Gott zu überlassen, bis diese Fähigkeit vollkommen entwickelt ist.

6) Erheben Sie sich gegen die Furcht und fordern Sie sie zum Angriff heraus. Gewöhnlich wird nichts Schlimmes dabei herauskommen, denn tatsächlich sind die meisten Befürchtungen nur Bluff oder Einbildung.

7) Für die echten Befürchtungen, die auf einem wirklichen Grund beruhen, besitzen Sie das nötige Rüstzeug, um ihnen zu Leibe zu rücken. Gott wird Ihnen helfen, die nötige geistige Kraft zu erzeugen. Beten Sie.

8) Bejahen Sie entschieden, daß Sie durch die Gnade Gottes jeder furchteinflößenden Situation gewachsen sind.

9) Halten Sie den Gedanken und die Tatsache „Ich bin nicht allein" über alles hoch. Gott ist mein Freund — mein Halt. Er ist immer bei mir.

10) Schließlich, wenn Sie weitere Hilfe brauchen, dann schreiben Sie an den Verlag dieses Buches, Emil Oesch, Glattbrugg (Zürich), Schweiz. Sie erhalten dann nützliche Ratschläge in deutscher Sprache.

8. Kapitel

Wie man wahre Sicherheit gewinnt

Kürzlich erhielt ich einen Brief, einen wirklich bemerkenswerten Brief von einer Dame, die alle Grundlagen, auf denen man gewöhnlich seine Sicherheit aufbaut, verloren hatte. Sie war vierundfünfzig Jahre alt und war seit einunddreißig Jahren verheiratet, als ihr Mann plötzlich die Scheidung verlangte. Also verlor sie ihren Mann. Gleichzeitig verlor sie auch ihr „Heim", denn „Heim", das war für sie der Ort, wo sie mit ihrer Familie lebte. Sie verlor ihren Sohn, der bei einem Autounglück ums Leben kam. Und dann verheiratete sich ihre Tochter, und das war in einem gewissen Sinne wiederum ein Verlust, wie ihn jede Mutter erfährt, die je auf einer Hochzeit geweint hat. Wohin sollte sie sich wenden? Hier ist ein Auszug aus ihrem Brief:

„Es war nicht leicht, meinen Sohn, meine Tochter, meinen Mann, mein Heim und meine Familie zu verlieren, aber ich fand, daß Sicherheit in der Seele eines jeden einzelnen ruht und nicht in Personen, Dingen und Orten begründet ist, und daß wir in Wirklichkeit nichts besitzen, außer dem, was in unserm Bewußtsein liegt."

Dieser Satz ist ein klassischer Bestandteil der meisten philosophischen Lehren.

Zuerst versuchte sie Sicherheit auf die drei traditionellen Grundlagen zu bauen: auf Personen, Orte und Dinge, und sie kam zu

der Erkenntnis, daß jeder Besitz fragwürdig ist, außer den Werten in uns. Was sie damit meinte, ist die Tatsache, daß Sicherheit eine geistige und keine materielle Angelegenheit sei.
Nur im Geistigen können wir wahre Sicherheit finden. Damit wir uns voll Vertrauen und Sicherheit fühlen können, ist es notwendig, geistig auf sicherem Grund zu stehen, das heißt, wir müssen näher zu Gott gelangen. Dieser Leitsatz ist auf fester psychologischer Grundlage aufgebaut. Ein berühmter Wiener Psychologe wendet die Logos-Therapie, wie er sie nennt, oder Gottes-Therapie, an. Er machte die Beobachtung, daß ein großer Teil der geistigen Störungen daher kommen, daß wir den Sinn für die Wirklichkeit Gottes verloren haben. Damit verbunden ist der Verlust des Gefühls für den Sinn und Inhalt des Lebens. Es überfallen uns Hoffnungslosigkeit und Unsicherheit. Wenn jedoch jemand eine engere Beziehung zu Gott aufnimmt, entsteht ein mächtiges Gefühl der Sicherheit, sagt dieser Psychologe. Wie praktisch der Sinn für Gottes Gegenwart sein kann, geht aus dem Brief eines kaufmännischen Leiters hervor:
„Sie haben mich dahin gebracht, mit Gott in der gleichen Weise zu sprechen, wie ich es mit dem Präsidenten unserer Gesellschaft tue. Ich nenne es nicht Gebet oder etwas, das dem durchschnittlichen Gebet ähnlich ist. Aber indem ich im Laufe der letzten Jahre Ihren Rat befolgte, ist mir wirklich das Gefühl aufgegangen, daß Gott mit mir ist in meinem Geschäft, wenn ich reise oder spazierengehe oder mich bei einer Konferenz befinde. Ich weiß, daß er in meiner Nähe ist, und ich führe öfters Gespräche mit ihm, wie mit einem Freund. Sie haben mich gelehrt, daß Gott mein ständiger Begleiter ist.
Ich kann Ihnen sagen, daß mich während der letzten sechs Jahre, in denen ich in diesem Geiste handle und lebe, kein geschäftliches Problem beunruhigen konnte, denn Gott ist mit mir und hilft mir. Ich spreche vielleicht nicht in der gleichen Art zu Gott wie Sie. Sie betätigen sich auf kirchlichem Gebiet, und ich arbeite

auf dem weltlichen. Aber alles hat ja den gleichen Ursprung. Sie und ich wissen, daß Gott mit uns ist.
Warum mußte ich sechzig Jahre alt werden, um diesen wunderbaren, praktischen Wert der Religion in meinem Leben zu entdecken?! Alles ist anders geworden, seit mir die großartige Wahrheit aufgegangen ist, daß Gott mein ständiger Begleiter sein kann."
So lautet dieser Brief eines Geschäftsmannes. Das Leben dieses Mannes wurde erneuert, sein Weltbild umgestaltet, sein Selbstvertrauen gestärkt, seine Laufbahn erfolgreicher. Er hat wahre Sicherheit in Gott gefunden.

Wir stehen also auf einer realistischen Grundlage, wenn wir davon sprechen, näher zu Gott zu gelangen, um Sicherheit zu finden. Aber die große Frage ist die: Wie stellt man es an, um Gott näher zu kommen? Da mir schon von vielen Leuten diese Frage gestellt wurde, habe ich eine Formel ausgearbeitet, die ich öfters ausprobiert und für gut befunden habe.

1) Geben Sie zu, daß Sie Gott notwendig brauchen.
2) Verlangen Sie stark nach Gott.
3) Beten Sie tief innerlich zu Gott.
4) Leben Sie in ständiger Verbindung mit Gott.

Der schwerste Teil dieser Formel ist, glaube ich, tief innerlich zu beten. Wenn dies geschieht, wird das Leben umgestaltet. Es ist dann, als ob Sie fähig würden, alle kraftspendende und umgestaltende Macht Gottes auf ein einziges Ziel zu konzentrieren: Ihre Seele. Die Macht Gottes umgibt uns zu jeder Zeit. Gelegentlich gelingt es uns, sie direkt auf unser Problem zu richten, und manchmal sind wir sogar imstande, diese Macht mit unerhörter Intensität zu erleben, so daß sie uns in der Tiefe unseres Wesens erschüttert.

Es ist, als wäre die Macht Gottes strahlendes Sonnenlicht. Als Kinder lernten wir, die Sonnenstrahlen in einem Stück Glas zu sammeln und damit genügend Energie zu erzeugen, um Papier zum Brennen zu bringen. Kürzlich arbeiteten Armee-Ingenieure eine Reihe von Linsen und Spiegeln aus, welche die einfachen Strahlen der Sonne zu einem solchen Grad konzentrierten und wiederkonzentrierten, daß sie die Kraftentwicklung einer Atombombe erreichten! Diese Energie ist so stark, daß sie mit Leichtigkeit einen armdicken Stahlmast durchschneiden kann, als ob er aus Eis wäre. Und diese verblüffende Kraft besteht aus weiter nichts als konzentrierten Sonnenstrahlen. Auf ähnliche Weise kann die durch positives Denken konzentrierte Macht Gottes unsere Probleme mit entscheidendem Erfolg durchdringen.

Das nenne ich tief innerlich beten.

Haben Sie je diese Erfahrung gemacht? Sie können sie machen, wenn Sie danach streben und aus ganzem Herzen, aus ganzer Seele und mit ganzem Verstande beten. Wenn Sie mit machtvoller Intensität des Glaubens und des guten Willens beten, können Sie Ihre Unsicherheit ausbrennen, neues Vertrauen und neues Leben gewinnen.

Ich erlebte solches vor fünfundzwanzig Jahren, und es steht noch ebenso lebendig in meiner Erinnerung, wie damals, als es geschah. Meine Frau und ich hielten uns in der kleinen Stadt Keswick, im englischen Lake District auf. Dort war es, wo ich eine der bedeutungsvollsten Erfahrungen auf dem Gebiet des Gebetes machte. Die Lage war wie folgt:

Ich fühlte mich unsicher und ohne Vertrauen. Ich war gerade zum Pfarrer der Marble Collegiate Church, einer berühmten Kirche in der Fifth Avenue von New York City, ernannt worden. Ich war jung und vom Lande her nach New York gekommen. Gewisse Leute behaupteten, ich sei der Aufgabe nicht gewachsen. Ich kam zu der Überzeugung, daß sie recht hatten. Ich war nervös und verängstigt und wußte nur eins, daß mir eine Fehlleistung passieren würde. Das war also meine geistige Verfassung, als meine Frau und ich diese Reise nach England unternahmen und nun in Keswick angelangt waren.

Wir saßen auf einer Bank im lieblichen Garten des Keswick-Hotels. Wir waren erst seit zwei Jahren verheiratet, und meine Frau war jung, aber ein Mädchen, das vor Kraft strotzte und gescheit obendrein. Sie sagte ohne Umschweife zu mir: „Norman, ich weiß nicht, was ich mit dir anfangen soll. Ich höre dir zu, wenn du auf der Kanzel predigst, und ich weiß, daß du aufrichtig bist, ich weiß aber auch, daß du zu viel über dich selbst nachgrübelst. Du besitzest Fähigkeiten, aber diese werden nie zur Entfaltung kommen, wenn du nicht das Bewußtsein deines Ichs und alle deine Unsicherheitsgefühle Gott übergibst." Sie legte ihre Hand auf die meine. Eine weiche, aber feste Hand. Dann fuhr sie fort: „Bleiben wir gerade hier sitzen und beten wir diese Sache durch. Wir werden diesen Garten nicht eher verlassen, bis du wirklich Gott erlaubst, dein Leben in seine Hand zu nehmen." Ich schaute in ihre Augen und wußte, daß es die Wahrheit war. So saßen wir lange beieinander. Dann begann ich zu beten. Und mit einiger Selbstgelöstheit betete ich wirklich; es war ein schmerzliches Gebet, dieser ernste Versuch, mich von mir selbst zu befreien. Schließlich fühlte ich in der Tiefe dieses Gebets die Gegenwart Gottes, die mir Erlösung brachte. Es war ein erhebendes Gefühl der Befreiung, und von diesem Moment an verloren meine Unsicherheit und meine Zweifel ihre Macht.

Jahre später, als mich Ralph Edwards in seinem Fernseh-Programm „Das ist Ihr Leben" — fragte, welches mein größtes geistiges Erlebnis gewesen sei, erzählte ich ihm und den Millionen, die zuhörten, ohne Zögern, daß es jenes in Keswick war.

Jedermann kann die Befreiung von seiner Unsicherheit erlangen, wenn er aus ganzer Seele betet, bis er wirklich die Gegenwart Gottes fühlt. Es ist nicht leicht und kann nicht auf oberflächliche Weise erworben werden. Es ist, als ob wir tief nach Wasser bohrten. Der Bohrer muß weit unter den normalen Wasserstand hinuntergehen, aber wenn einmal diese Wasserschicht angezapft ist, werden Sie auch bei größter Trockenheit Wasser finden.

Das Buch „Die Kraft positiven Denkens“ hat mir viele gute Freunde verschafft. Einer davon ist Elmer Cary, der ein sehr wirkungsvolles System ausgearbeitet hat, um eng mit Gott zu leben und seine innere Unsicherheit zu überwinden. Er hat in seine Arbeit Wärme, echte Natürlichkeit und einen Geist des aufrichtigen Dienens hineingelegt.

Wir durchquerten einmal miteinander den Ozean auf der S. S. Constitution. Es war das erste Mal, daß Elmer nach Übersee ging, aber er ertrug die Reise besser als ich. Das Wetter war unfreundlich, so daß ich mich nach einigen Tagen ziemlich schlecht fühlte. Ich ging zu Bett. Ich hatte mich noch nicht lange niedergelegt, als Elmer anklopfte und mit geradezu unsympathisch gutem Aussehen hereinschlüpfte. Es gibt nichts Schlimmeres, wenn man seekrank ist, als einen Reisegefährten zu sehen, der sich wohl fühlt.

„Nun, was ist los mit Ihnen?“ fragte er. Er schien ehrlich überrascht, mich flach auf dem Rücken liegen zu sehen.

„Ich dachte, es wäre am besten, mich ein bißchen niederzulegen“, sagte ich schwach und versuchte dabei zu verbergen, wie schlecht ich mich in Wirklichkeit fühlte.

„Sie sind doch nicht etwa krank?“

„Nun, man kann sagen, daß ich mich schon besser gefühlt habe. Um die Wahrheit zu sagen, ich fühle mich ein wenig schlaff.“

„Sehen Sie nun“, sagte er, „wo ist Ihr positives Denken hingekommen? Lassen Sie mich Ihnen eine Lehre des richtigen Denkens geben. Das Mißliche bei Ihnen ist die Tatsache, daß Sie sich nicht im Gleichklang mit Gott und seinen wunderbaren Werken befinden. Das Meer ist SEIN Meer — ER schuf es. Gott erbaute dieses Schiff durch Menschenhand. Und hier ist es in seinem natürlichen Element, sich wie ein lebendiges Wesen auf den Wellen bewegend. Es durchfurcht die See mit wunderschönem Ebenmaß. Sie sollten auf Deck gehen und den Gischt fühlen, der aus dem Wellen sprüht, und die großen, sich blähenden Wolken am Himmel betrachten und das Pfeifen des Windes vernehmen. Es ist wirklich großartig! Und dort oben werden Sie sich mit Gott im Wunder und in der Herrlichkeit der Elemente ganz eins fühlen.'

„Wahrlich, das ist eine gute Rede", sagte ich bewundernd. „Wo haben Sie das her?"

„Aus einer Ihrer Plaudereien", sagte Elmer grinsend.

Also kleidete ich mich an und ging auf Deck mit ihm. Wir standen dort und betrachteten den fliehenden Sprühregen und den Gischt, von dem er vorhin gesprochen hatte. Nach den ersten wabbligen Augenblicken begann ich es zu erfassen. Wir standen zwar mit Mühe aufrecht, aber wir fühlten uns eins mit Gottes Ozean und seinen Wellen. Und auch ich begann den Rhythmus und das Wunder eines Schiffes zu fühlen, das die See meistert. Nicht ein einziges Mal mehr spürte ich auf dieser Reise das leiseste Anzeichen von Seekrankheit.

Elmer sagt, das Geheimnis seines Vertrauens und seiner Sicherheit bestehe darin, mit Gott zu leben. Auch er pflegte sich vorher ziemlich unsicher zu fühlen. Zum ersten ist er von kleiner Statur, und dieser Umstand verdroß ihn mächtig, besonders weil er auch ziemlich mager war. Zum andern sagte mir Elmer, daß er seinen Namen nie ausstehen konnte.

„Ich konnte ‚Elmer' nicht leiden", sagte er. Weshalb meine Eltern mir den Namen Elmer gaben, ist etwas, das ich nie verstehen werde! Aber ich habe seit langem herausgefunden, daß Selbstvertrauen nicht vom Aussehen abhängt oder vom Namen, den man trägt. Selbstvertrauen kommt davon, in der Nähe Gottes zu leben. Es ist nicht möglich, in Gottes Nähe zu weilen und sich unsicher zu fühlen."

„Nein", antwortete ich. „Und die Größe eines Mannes wird

nicht durch die Länge seiner Beine bestimmt, sondern durch das, was er in sich trägt."

Ich meine, daß allein diese Worte Elmers es wert sind, ihn im Gedächtnis zu behalten: *„Es ist nicht möglich, in der Nähe Gottes zu leben und sich unsicher zu fühlen."*

Elmer verwendet eine Menge Zeit für die Aufgabe, in der Nähe Gottes zu leben. Er erzählte mir einmal, daß er jeden Morgen über dreißig Minuten damit zubringt, in den Geist Gottes einzudringen.

Ist es ein Wunder, daß Elmer Cary voller Selbstvertrauen ist? „Es ist unmöglich, in der Nähe Gottes zu leben und sich unsicher zu fühlen", sagte er. Das ist es, mein Freund! Die Bibel kleidet es in andere Worte. „Wer den Herrn fürchtet, der hat eine sichere Festung" (Sprüche Salomonis 14, 26).

Was heißt „den Herrn fürchten"? Ich mochte diesen Satz nie besonders gern, denn ich fühlte, daß das Wort „Furcht" einer falschen Auffassung Vorschub leistet. „Ehrfurcht", so dachte ich, würde dem gewünschten Sinn näher kommen. In der Ehrfurcht vor dem Herrn liegt starkes Vertrauen. Wenn jemand in der Nähe Gottes lebt, steht er in Einklang mit ihm, denn seine Schwächen, seine Zweifel an sich selber und seine Schüchternheit lösen sich auf.

Ich kenne noch einen andern Mann, der jeden Tag eine gewisse Zeit damit verbringt, in die Nähe Gottes zu kommen, und dadurch ein starkes Selbstvertrauen erlangt. Es ist der wohlbekannte Schriftsteller Roy L. Smith. Vor noch nicht langer Zeit empfahl er, statt des üblichen „Morgenbrotes" ein „Bibelbrot" zu sich zu nehmen. „Warum sollte das nicht eine gute Idee sein?" meinte er. „Nun, es ist eine Tatsache, daß Sie gleichzeitig mit dem Morgenbrot auch ein Bibelbrot zu sich nehmen können."

Diese Idee kam mir gesund vor, und ich befürwortete sie in meinen eigenen Schriften und Reden. Ein Leser interessierte sich besonders dafür und entschloß sich, den Gedanken in die Tat umzusetzen. Er begann mit dem Neuen Testament. Er las es durch, dann las er es noch einmal, weil es ihn ergriffen hatte. Darauf begannen Dinge zu geschehen, die eine Umgestaltung seines Lebens einleiteten. „Ich fühlte, daß gewisse Veränderungen eintraten. Ich war ganz überraschend nicht mehr nervös. Der Umwelt gegenüber war ich nicht mehr so negativ eingestellt. Dann entdeckte ich, daß die Leute freundlicher waren. Es entstanden einige merkwürdige Situationen, die allein Gottes Führung zuzuschreiben waren. Alles in allem, das Bibelwort verlieh mir eine neue Einsicht in das Wesen der Sicherheit und des Vertrauens."

Ich bin vollkommen davon überzeugt, daß ein Mann, der eine solche Geisteshaltung vertrauensvoll während eines Jahres durchhalten würde, eine völlig umgestaltete Persönlichkeit würde. Nichts könnte ihn mehr erschüttern. Der Grund, warum ich dessen so sicher bin, ist der, daß ich es selbst erlebt habe; genaugenommen, nicht allein mit einem sogenannten „Bibelbrot", sondern mit einem Büchlein, „Leitfaden zum richtigen Denken" genannt, das ich im Jahre 1951 veröffentlichte. In einer kleinen Fußnote der englischen Ausgabe meines Buches „Die Kraft positiven Denkens" bot ich jedem Leser ein Gratis-Exemplar dieses Leitfadens an, mit dem Resultat, daß weit über eine Million Exemplare dieses Büchleins verschenkt wurden.

Die Ideen, die wir darin zum Ausdruck brachten, scheinen Anklang gefunden zu haben. Immer wieder haben mir Leute berichtet, daß die machtspendenden Goldkörner dieser Gedanken ihr Leben verändert haben. Da das Werk, das Sie gerade lesen, ein Buch über die erstaunliche Wirkung positiven Denkens ist, möchte ich hier zwei Gedanken aus jenem Büchlein erwähnen.

„Leitfaden zum richtigen Denken"* ist eine Broschüre in Taschen-Format, die vierzig schöpferische und dynamische Stel-

* Bitte beachten Sie die Fußnote auf Seite 224.

len der Schrift enthält. Die Idee ist folgende: Wie wir die Temperatur in einem Raum regulieren können, so können Sie auch Ihre Gedanken regulieren. Vorerst aber müssen Sie willens sein, an das Programm mit der Überzeugung heranzutreten, daß sie daran gehen, einen überaus wichtigen Angriff auf Ihre Gedankenwelt zu unternehmen. Sie gehen daran, endgültig Ihre alten Unsicherheitsgedanken abzustreifen. An ihre Stelle werden Sie wahrhafte Vertrauens- und Sicherheitsgedanken setzen. Ein Wandlungsprozeß wird stattfinden.

Ein gangbarer Weg zeigt sich darin, einfach jeden einzelnen der erwähnten Texte auswendig zu lernen.

Nehmen Sie folgendes Beispiel:

Alles, was ihr bittet in euerem Gebet, glaubt nur, daß ihr's empfangen werdet, so wird's euch werden. (Markus 11, 24.)

Dann denken Sie kurz darüber nach, wie Sie nach diesem Leitfaden vorgehen sollen. Für den obigen Text lautet die Erklärung wie folgt:

Um mit Erfolg zu beten, müssen Sie Bejahung und bildliche Vorstellung üben. Sehen Sie innerlich ein Bild, nicht des Mangels, der Verneinung, des Scheiterns oder der Krankheit, sondern des Gedeihens, der Fülle, des Gelingens, der Gesundheit. Denken Sie immer daran, daß Sie als Resultat Ihrer Gebete, immer genau das erhalten, woran Sie denken, nicht, worüber Sie sprechen. Wenn Sie für Erfolg beten und „Niederlage" denken, dann sind Ihre Worte eitel und leer, weil Ihr Herz immer noch die Niederlage hinnimmt.

Deshalb üben Sie den Glauben, daß Sie während Ihres Gebetes von Gott grenzenlosen Segen erhalten.

Kommen Sie den ganzen Tag auf die Stelle in der Schrift zurück, bis sie vollständig in Ihrem Geist verankert ist. Dann, am zweiten Tag, wählen Sie sich einen andern Gedanken aus und fügen ihn zum ersten. Auf diese Weise kommt die Gedanken-Regulierung zur Auswirkung. Auf dieselbe Art wird die zweite

Erkenntnis die erste tief in Ihren Geist hineintreiben und sie dort einhämmern. Am nächsten Tag wird eine dritte hinzugefügt, dann wieder eine die folgenden Tage. Das wird alle negativen Gedanken, die sich noch dort aufhalten, vertreiben. Führen Sie diese Aufgabe während vierzig Tagen ohne Unterlaß durch, jeden Tag die Worte wiederholend, die Sie vorher gelernt haben, bis sich schließlich alle vierzig in Ihren Geist eingegraben haben, und Sie sie im Schlaf wiederholen können. Die Wirkung wird Sie in Erstaunen setzen. Tausende geben Zeugnis vom machtvollen Ergebnis dieses Systems.

Wie gut die positive Gedankenregulierung funktioniert, wurde von einem Mann demonstriert, den ich bei einem Essen nach der Zusammenkunft einer staatlichen Vereinigung von Geschäftsleuten traf. Ein Mann vom Typ des „guten Kerns in der rauhen Schale“ kam auf mich zu und sagte: „Sie müssen wissen, daß ich nur hier bin, weil ich Ihr Buch ‚Die Kraft des positiven Denkens‘ gelesen habe und mir das Büchlein ‚Leitfaden zum richtigen Denken‘ senden ließ. Diese Worte bedeuten so viel für mich, daß ich nicht mehr ohne sie auskommen könnte. Sie machten aus einem Mann voller Unsicherheit einen solchen mit wirklichem Selbstvertrauen. Durch die praktische Ausführung Ihres Planes war ich imstande, meine Ängste und Minderwertigkeitsgefühle zu überwinden. Durch Gedanken-Kontrolle allein befreite ich meinen Geist von Unsicherheit. Nein, nicht ich tat es“, verbesserte er sich, „Gott tat es für mich. Nun versuche ich etwas für Gott und mein Land zu tun.“ — Der Mann, der neben mir saß, sagte, nachdem er dieses Gespräch mitangehört hatte: „Ich habe selten eine solche Wandlung bei einem Menschen gesehen, wie bei Jack. Also muß es die Gedanken-Regulierung vollbracht haben.“ Er bat mich um das Büchlein, um den Plan an sich selbst durchzuführen.

Einige Monate später hielt ich vor einem Motel im Westen an. Der Geschäftsführer kam auf mich zu und reichte mir ein altes, schmutziges, abgenutztes Exemplar des „Leitfadens zum richtigen Denken“. „Ich wollte Ihnen nur sagen, Dr. Peale, daß dieses kleine Buch der Grund ist, weshalb ich heute in diesem Geschäft erfolgreich bin. Ich benutzte es, um aus einer ziemlich häßlichen Schuldengeschichte herauszukommen, und nun geht es mir ganz gut.“ Ich schlug ihm vor, ihm ein neues Exemplar davon zu geben; seines schaute ziemlich zerschunden aus. „Lassen Sie mich Ihnen ein neues senden, wenn ich nach New York zurückgekehrt sein werde“, sagte ich.

„Nein, mein Herr“, sagte er. „Dieses hier hat es vollbracht. Ich hänge an diesem speziellen Exemplar, und ich möchte es gegen nichts umtauschen.“ Dann fuhr er fort: „Am Anfang schien mir die Idee Bibelworte in Gedächnis zu verankern, zu einfach, und die Idee der Gedanken-Regulierung etwas überspitzt. Ich hatte noch nie so etwas gehört. Dann aber, ich weiß nicht mehr wieso, tat ich es doch. Es war so hilfreich, daß ich fortfuhr, und alles was ich heute sagen kann, ist, daß diese einfache Übung mein Leben umgestaltet hat. Ich verbannte alle alten, negativen Gedanken und ersetzte sie durch mehr Vertrauen als ich seit Jahren je empfunden hatte.“

Ein Mann aus Connecticut, der sehr schlechte Zeiten mitgemacht hatte, erzählt im folgenden Brief, wie er Sicherheit fand und eine neue kaufmännische Laufbahn einschlagen konnte. Auch er ist ein Beweis für die erstaunliche Macht des positiven Denkens.

„Während ich vor fünf Jahren eine sehr schwere Zeit durchzustehen hatte, als ich mein Geschäft aufgeben mußte, riet mir ein Freund, das Buch ‚Die Kraft positiven Denkens‘ zu lesen, und ich wurde zum Schüler Ihrer Lehren vom ersten Kapitel an und befolgte die darin enthaltenen Anweisungen buchstäblich, indem ich arbeitete, studierte und betete, um einen Weg aus meinen Schwierigkeiten zu finden. Ich weiß, daß Sie nicht darüber erstaunt sein werden zu erfahren, daß mir ein Licht aufging, bevor ich alle Kapitel durchgearbeitet hatte. Es kam dazu, daß ich mein Geschäft schließen mußte. Ich sprach persönlich mit jedem einzelnen meiner Gläubiger und war überrascht von der Art, wie meine Angst vor ihnen plötzlich verschwunden war. Es ergab sich, daß alle freundlich zu mir waren und mir eine Gelegenheit geben wollten, durchzuhalten, ohne den Konkurs zu erklären. Ich sprach mit einem Bankier und erreichte es, ein Darlehen von 3500 Dollar auf mein Haus zu bekommen, und damit war ich imstande, alle meine Schulden zu tilgen. Ich kann die Erleichterung, die ich fühlte, nicht in Worten ausdrücken, als dieser Berg von Hoffnungslosigkeit, der mich zu erdrücken drohte, in so kurzer Zeit von mir genommen wurde, so die Worte bestätigend, daß ‚Dinge, die dem Menschen unmöglich sind, für Gott möglich sind'."

Schon am Tag nach dieser Demonstration der Macht des Gebetes fand ich Arbeit als Flugzeugtechniker, nachdem ich über zehn Jahre nicht mehr als solcher tätig gewesen war. Ich bin rasch zu meiner jetzigen Stellung aufgestiegen, in der man mich mit den schwierigsten Reparaturarbeiten an den Flugzeugen der ganzen Fabrik betraut.

Ein paar Monaten später bildete ich ein eigenes Orchester mit einer Gruppe von guten Musikern. Es war das erste Mal seit fünfzehn Jahren, daß ich wieder vor einem Orchester stand. Auch das war ein Erfolg von Anfang an.

Um mehr Selbstvertrauen zu erlangen, versuchen Sie die Ratschläge des Buches „Die Kraft positiven Denkens" praktisch anzuwenden. Lassen Sie diese dynamischen Grundsätze für Sie wirken, und ich bin überzeugt, daß Sie ein tieferes Gefühl der Sicherheit erfüllen wird, als es je der Fall war. Sie können auch die Bibel lesen und jene Texte, die von Glaube, Friede und Kraft sprechen, heraussuchen. Jedoch verankern Sie wenigsten jeden

Tag einen Text tief in Ihrem Geist, bis er tatsächlich Besitz von Ihnen ergriffen hat.

Und dann gibt es noch etwas, das sehr wichtig ist: Ich meine die Werte, die eine Kirche Ihnen vermittelt. Eine Kirche ist eine wunderbare Quelle der Sicherheit, weil Menschen sich darin seit Generationen zusammengefunden haben im Bemühen, die gesundheitsbringenden Gesetze Gottes in einer einzigen, konzentrierten Erfahrung zusammenzuschließen. Kirchenkult ist viel mehr als nur eine äußerliche Pflichterfüllung. Tatsächlich ist eine lebensfähige Kirche die größte Macht, eine Art Relaisstation, in der menschlichen Existenz. Die lebensspendende Energie des allmächtigen Gottes selbst durchpulst sie.

Die Kirche hat wahrscheinlich mehr wirkliche, überzeugte und leistungsfähige positive Denker hervorgebracht, als irgendeine andere Einrichtung. Und das, weil sie die Macht des Glaubens lehrt. Die Kirche gießt Hoffnung, Liebe und Vertrauen in den Geist der Menschen. Gewiß, Sie werden auch traurige, niedergedrückte, negativ eingestellte oder sogar niedrig gesinnte Leute in den Kirchen antreffen. Für diese Erscheinung gibt es zweierlei Erklärungen: erstens, die Lehren haben keinen Eingang in ihren Geist gefunden, und zweitens ist es gut, daß sich solche Leute in der Kirche befinden, weil dadurch immer noch die Hoffnung besteht, sie noch auf den rechten Weg zu bringen. Der tiefere Grund, weshalb die Kirche positive Denker hervorbringt, liegt in der das Leben umbildenden Kraft des Christentums, dessen fundamentales Wesen darin besteht, auf dramatische Weise Schwachheit auszuscheiden und Kraft zu verleihen. Das Christentum kann wirklich einen neuen Menschen aus jedem machen, der den guten Willen hat, ihm Eingang zu gewähren.

Im Buch „Die Kraft positiven Denkens“ wurde der Leser immerfort dazu angehalten, die Lehren Jesu Christi zu befolgen oder, wenn er nicht christlichen Glaubens ist, die Gesetze Gottes zu beachten, wie sie ihm gelehrt wurden.

Einer meiner Leser, ein Mann, der überhaupt keinerlei Kontakt mit irgendeiner Kirche pflegte, war für diesen besonders betonten Teil des Buches unempfänglich. Er sagte: „Ich schätze den gesunden Menschenverstand in dem Buch, übersprang jedoch die Religion. In der Tat glaube ich, Sie hätten diesen Teil nur eingeflochten, weil Sie nun einmal Geistlicher sind.“ Er wurde jedoch durch meine feste Haltung überzeugt und besuchte eines Sonntags die Kirche in der Nachbarschaft. Unglücklicherweise betraf die Predigt gerade die Geschäftsleute, die der Prediger ziemlich scharf aufs Korn nahm, so daß der Eindruck entstehen konnte, als betrachte er sie alle als unter dem Einfluß des Teufels stehend. Die Kirche war nur halb voll und der darin herrschende Geist ohne Schwung und Begeisterung. Dieser Mann fühlte nichts von der geistigen Macht, die dort zu finden ich ihm versprochen hatte.

Mein Leser war so enttäuscht, daß er sich hinsetzte und mir einen ziemlich groben Brief schrieb, der mit der Versicherung endete, er sei nun mit der Kirche fertig. Nichtsdestoweniger räumte er ein, daß er wirklich eine geistige Hilfe brauche und daß er weiter nach den Richtlinien des Buches handeln werde — aber ohne Kirche!

Ich schrieb zurück und gab ihm zu verstehen, daß es kaum gerecht sei, einen Priester auf Grund einer einzigen Predigt zu beurteilen, oder eine große und mächtige Institution wegen eines einzigen unglücklichen Kontaktes auszuschalten. Ich gab ihm den Namen einer nicht weit von seinem Hause gelegenen Kirche bekannt, deren Priester, wie ich wußte, ein Mann von strahlendem Geist und mitreißendem Glauben war.

Mein Freund ging ohne große Erwartungen in diese Kirche, und er fand sie vollbesetzt mit Andächtigen.

„Der Eindruck, der mich überfiel, war, daß alle glücklich schienen und jedermann überaus freundlich war. Der Pfarrer war offenbar ein Mann mit Überzeugung. Er war so aufrichtig, so sympathisch und bescheiden, daß er mir gefiel. Ich ging also weiter in diese Kirche.

Der Priester rief mich an und lud mich ein, mit einer Gruppe von Bekannten, die sich jede Woche einmal zusammenfanden, das Mittagessen einzunehmen. Zu meiner Verwunderung verbrachten sie einige ganz ausgezeichnete Stunden miteinander. Sie sprachen über Religion und die Art, wie sie diese auf ihre persönlichen und geschäftlichen Angelegenheiten anwendeten. Ich war darüber ganz verblüfft und fuhr fort, diesen Zusammenkünften beizuwohnen. Ich wurde mir rasch darüber klar, daß Sie recht hatten in Ihrem Buch; Christentum ist tatsächlich eine Lebensart. Wenigstens war es das für diese Menschen. Eines Tages erzählte einer von ihnen, wie unsicher er sich gefühlt habe, wie er sein ganzes Leben hindurch unter Minderwertigkeitsgefühlen gelitten habe, weil er sich nicht anpassen konnte.

Das war ja auch genau mein eigener Fehler, und ich lauschte gespannt, während er erzählte, wie er durch die Kameradschaft geistig hochstehender Männer Friede und neue Kraft zur Lösung seiner eigenen Probleme gefunden hatte.

Eines Sonntags schalteten wir eine stille Ruhepause ein, und die große Versammlung betete schweigend. Plötzlich empfand ich ein wundersames Gefühl des Friedens. Es sah mir gar nicht ähnlich, oder wenigstens nicht dem, was ich zu sein glaubte, denn es traten mir Tränen in die Augen. Ich fühlte wirklich Gottes Gegenwart. Es mußte das sein, denn alle alten Unsicherheitsgefühle schienen mich verlassen zu haben. Es war das allergrößte Wunder, das mir je geschah."

So endet dieser Brief eines Mannes, der Sicherheit durch die Kameradschaft Gleichgesinnter gefunden hatte.

Um es kurz zusammenzufassen: Um ein Gefühl der Sicherheit und des Vertrauens zu erlangen, rate ich Ihnen, die folgenden Grundsätze anzuwenden:

1) Beobachten Sie sich selbst, damit Sie entdecken, worin Ihre wirkliche Sicherheit besteht. Untersuchen Sie die Dinge, von denen gegenwärtig Ihre Sicherheit abhängt. Sind es Personen? Orte? Dinge? Sind sie in ihrer Bedeutung wirklich zufriedenstellend? Oder haben Sie es nötig, nach einer grundlegenden Sicherheit im geistigen Bereich Ausschau zu halten, um näher zu Gott zu gelangen?

2) Um in die Nähe Gottes zu gelangen, handeln Sie wie folgt: Erstens, seien Sie sich bewußt, wie sehr Sie Gott nötig haben. Zweitens, entwickeln Sie ein mächtiges Verlangen nach Gott. Drittens, beten Sie tief innerlich zu Gott, und viertens, leben Sie in ständiger Verbindung mit Gott.

3) Betrachten Sie Gott als Ihren aktiven Teilhaber. Lassen Sie Gott Ihre Gedanken und Handlungen leiten.

4) Üben Sie systematisch eine positive Gedanken-Verpflanzung, um Ihre Unsicherheits-Gedanken auszutreiben und sie durch solche des Vertrauens zu ersetzen.

5) Verbinden Sie sich mit Leuten, deren Geisteshaltung Vertrauen und Sicherheit ausstrahlt. Diese Gefühle wirken ansteckend.

6) Lesen und handhaben Sie positive Gedanken in bezug auf alle Dinge in Ihrem Leben.

7) Entdecken Sie eine positive, dynamische Kirche, in der eine sieghafte Lebensgestaltung gelehrt und geübt wird. Werden Sie ein lebendiger Teil einer schöpferischen, geistigen Gemeinschaft. Geben Sie ihr und schöpfen Sie aus ihr.

Handeln Sie wie oben angeführt, und ein starkes Gefühl inneren Vertrauens wird Ihre Unsicherheit vertreiben.

9. Kapitel

Wie Sie Ihre Schwierigkeiten meistern können

Eine Schwierigkeit kann etwas aus Ihnen machen oder Sie zerbrechen. Es hängt alles davon ab, wie Sie diese anpacken. „Widerwärtigkeiten sind wie Messer, die uns entweder nützen oder uns schneiden, je nachdem wir sie am Heft oder an der Klinge fassen", sagte James Russel Lowell.

Fassen Sie eine Schwierigkeit an der Klinge, und sie schneidet Sie; fassen Sie sie beim Heft, und Sie können sie konstruktiv nützen. Es mag schwer sein, das Heft zu fassen, aber es ist möglich. Auch hier gibt es praktisch anwendbare Systeme, die vielfach erprobt wurden.

Ehe wir jedoch dieses Thema behandeln, lassen Sie mich Ihnen sagen, daß Sie froh sein sollten, gewissen Schwierigkeiten gegenüberzustehen, denn das Leben wäre ohne sie nicht lebenswert. Mögen sie auch ihre Schattenseiten haben, es ist nun einmal so, daß Schwierigkeiten unerläßlich sind, um innerlich zu wachsen und zu lernen, sein Leben selbst zu leiten.

Viele Leute schreiben mir, um sich über ihre Probleme zu beklagen. „Warum muß es so viele Probleme geben?" fragen sie. Nun, Probleme sind ein Merkmal des Lebens! In der Tat, je mehr Probleme sich Ihnen stellen, desto mehr nehmen Sie am Leben teil. Der einzige Ort, wo die Leute keine Probleme zu meistern haben, ist der Friedhof. Seien Sie froh, daß Gott Ihnen Probleme zu lösen gibt. Danken Sie ihm dafür. Er glaubt, daß Sie das nötige Rüstzeug haben, um sie zu meistern.

In diesem Kapitel werden wir einen Weg zeigen, wie man mit seinen Problemen fertig wird. Konfuzius sagt: „Erledige *eine* Schwierigkeit, und du wirst dir deren hundert fernhalten.“

Beim Regeln einer Schwierigkeit sollten Sie so gelassen und ruhig bleiben wie nur immer möglich. Sie werden niemals einer Schwierigkeit Herr werden, wenn Sie nicht geistig ruhig sind. Es ist sehr wichtig, ruhig zu denken. Wenn eine Schwierigkeit auftaucht, macht sich zuerst die Neigung bemerkbar, aufgeregt, ja von Panik ergriffen zu werden. In unserer Nervosität meinen wir, daß das Problem gleich zu lösen sei, daß *sofort* etwas getan werden müsse.

Wenn Sie geistig fiebern, dann neigen vernünftige Antworten dazu, Sie zu fliehen. Wenn Sie jedoch ruhig werden, dann kehrt der Geist zu seiner wahren Aufgabe zurück, die in vernünftigem Denken besteht.

Also müssen wir den Gebrauch der Ruhe bei der Begegnung mit den großen Problemen des Lebens lernen. „Stille ist das Element, in dem große Dinge aus sich selbst entstehen“, sagte Carlyle. Die Stille versetzt den Geist in den Zustand, der jene bessere Erleuchtung begünstigt, die von Gott herrührt, der in unseren Gedanken wirkt. Göttliche Führung wird meist auf eine stille, sanfte Weise ausgedrückt. Sie können sie kaum vernehmen, wenn Sie aufgeregt, geschweige denn, wenn Sie in wilder Panikstimmung sind, oder wenn Ihr Geist mit Sorge erfüllt ist. Sie sind nicht imstande, Gottes Willen zu erkennen, noch seine Führung zu verstehen inmitten von Lärm, speziell innerlichem Lärm. Infolgedessen besteht unser Weg darin, sich in die tiefe Ruhe des Glaubens und Vertrauens zu versenken, in der klares

Ich bestelle durch meine Buchhandlung:

folgende Bücher aus Ihrem Verlag:

Anzahl	Autor/Titel:

☐ Bitte senden Sie mir regelmässig und kostenlos Informationen über neue Werke aus Ihrem Verlag.

Name:

Vorname:

Strasse:

Plz./Ort:

Datum:

Unterschrift:

Diese Karte stammt aus dem Buch:

OESCH VERLAG AG
Industriestrasse 54
CH-8152 Glattbrugg

Denken möglich ist. Dann wird der Sinn für wahre Führung in Ihnen erweckt.

Die Japaner haben die Kunst der Gelassenheit zu einem hohen Grade ausgebildet. Eine ihrer Charakteristiken, die ich am meisten an ihnen bewundere, besteht in der Fähigkeit, angesichts von Schwierigkeiten ruhig, gelassen und heiter zu bleiben. Als ich kürzlich in Japan war, habe ich einen Teil meiner Zeit damit verbracht, Ruhe-Anleitungen zu studieren. Die Übung der Ruhe ist wirklich ein wichtiges Ritual in Japan; man nennt es manchmal „Ryömi". Auf deutsch mögen vielleicht die Worte „das Gefühl der Kühle" oder „eine Erfrischung" seinem Sinn am nächsten kommen. Was für eine wunderbare Idee! Wenn Sie ein Problem haben, verschaffen Sie sich „das Gefühl der Kühle". Wir drücken es anders aus: „Bleiben Sie kalt." Aber um kalt bleiben zu können, muß man zuerst kalt sein. In Japan wird es auf eine zwar ungewöhnliche, aber wirksame Art gemacht.

Nehmen wir einmal an, es sei ein angenehmer Sommerabend. Als erstes setzen Sie sich in ein heißes japanisches Bad und versenken sich gedankenverloren in das Wasser. Ein solches Bad sieht meistens einem Kessel ähnlich — einem heißen Dampfkessel —, worin alle miteinander baden. Sie entspannen sich, werden ruhig, und nach einer Weile fühlen Sie sich in der Stimmung, zu philosophieren.

Dann steigen Sie aus dem Bad und ziehen einen „Yukata", einen wollenen Kimono, an. Sie begeben sich in einen kühlen Raum ohne Möbel und setzen sich auf eine weiche Strohmatte, „tatami" genannt. Sie sitzen ruhig, lauschen den Windglocken, die in der sanften Brise klingeln, und schauen den „Gifi" (Laternen) zu, die hin und her schaukeln.

Dann wird eine kleine Tasse goldgelben Tees serviert. Sie stürzen den Tee nicht in Eile nach amerikanischer Art hinunter, vielmehr genießen Sie ihn gedankenvoll, ja, Sie unterhalten sich sozusagen mit ihm.

Da weder Sie noch ich in Japan leben, müssen wir unsere eigene Art von „Ryömi" entwickeln. Tatsächlich besteht schon eine solche in unserer eigenen religiösen Tradition. Christentum und Judentum sind im Grunde Glaubensbekenntnisse orientalischen Ursprungs, und Meditation und Ruhe werden schon in der Bibel hervorgehoben. „Laßt uns besonders in eine Wüste gehen und ruhet ein wenig." (Markus 6, 31.)

Wenn Sie ein Problem haben, dessen Lösung Ihnen Schwierigkeiten bereitet, und wenn Sie einen Ort suchen, um in Ruhe darüber nachzudenken, schlage ich Ihnen vor, in eine leere Kirche zu gehen, wenn gerade kein Gottesdienst ist. Setzen Sie sich ruhig auf eine Bank und entspannen Sie Ihren Geist und Ihre Muskeln. Dann suchen Sie bewußt die Gegenwart Gottes. Sagen Sie das folgende Gebet und wiederholen es mehrere Male: „Du bist hier, Gott — Du berührst mich nun mit Deinem heilenden Frieden. Mein Geist wird ruhig; Du gibst mir nun die Antwort auf mein Problem." Dann schütten Sie alles falsche Denken aus, das noch in Ihnen verblieben ist. Vergeben Sie allen. Sagen Sie ruhig: „Ich vergebe dem..." (nennen Sie einen Namen). Zählen Sie einige Dinge auf, für die Sie dankbar sind, sowie einige, für die Sie dankbar sein sollten. Eilen Sie nicht, sondern bleiben Sie ruhig in Gott. Machen Sie diese Erfahrung schöpferischer Geruhsamkeit. Es ist wirklich ein wunderbarer Weg zur Überwindung Ihrer Schwierigkeiten.

Eine andere Methode beteht darin, mit Menschen Umgang zu pflegen, die gewohnt sind, ihre Probleme im Sinne des Buches „Die Kraft positiven Denkens" zu lösen. Ich stand einmal ratlos einer persönlichen Schwierigkeit gegenüber und wußte kein Mittel, um aus ihr herauszufinden. In der Zeit, da ich mich mit dieser Schwierigkeit herumschlug, besuchte ich eine Quäker-Versammlung. Bei den Quäkern ist die Übung des Schweigens eine gut ausgebildete geistige Tradition. Es ist eine praktische Zurschaustellung der Grundsätze, die in den zwei Abschnitten der

Schrift enthalten sind: „Seid stille und erkennet, daß ich Gott bin.“ (Psalm 46, 11.) Und „Wenn ihr stille bliebet, so würde euch geholfen; durch Stillesein und Hoffnung würdet ihr stark sein.“ (Jesaja 30, 15.)
Selbst auf einen Ungeübten löst die tiefe und lebendige Macht der Stille in einer Quäker-Versammlung eine starke Wirkung aus.

Bevor die Stille-Übung einsetzte, sagte ein Mann etwas sehr Einleuchtendes: „Wenn jemand hier mit einem Problem zu tun hat, soll er es in den tiefen See der geistigen Ruhe versenken.“
Es war ein passender Vergleich, denn die Ruhe, die hierauf eintrat, war in der Tat die eines tiefen Sees. Ich dachte an das Problem, das mich beunruhigte, und sagte: „Gut, wir werden sehen, was geschieht.“ Und ich ließ es in den tiefen See der geistigen Ruhe hineinfallen. Wir fuhren fort zu sitzen, zu warten, zu beten und zu horchen auf die Stille und auf die Wirklichkeit, die in der Stille lag. Ich weiß nicht, wie lange wir dort saßen, denn wieviel Zeit dabei verging, war gar nicht wichtig, aber plötzlich erreichte mich die Antwort auf mein Problem, so klar wie Kristall. Und es bestätigte sich, daß es die absolut richtige Antwort war. Ich erkannte, daß ich in der falschen Art gedacht und in der falschen Richtung gesucht hatte. Intuitiv erfaßte ich die Lösung als das was sie war: die Antwort Gottes.
Es ist immer sehr wichtig, die Antwort Gottes zu finden und dann dementsprechend zu handeln. Mencius, in seiner Bedeutung unter den Weisen Chinas nur hinter Konfuzius zurückstehend, sagte: „Nach dem Willen Gottes zu handeln, heißt gedeihen; sich gegen den Willen Gottes stemmen, heißt vernichtet werden.“ Einer der fähigsten Männer, gewohnt seine Probleme durch göttliche Führung zu lösen, war Harlow B. Andrew, der in Syracuse lebte. „Bruder Andrews“ nannten wir ihn alle. Es ist einer der ersten, die Supermarkets in den Vereinigten Staaten organisiert haben.

„Bruder“ Andrews hatte die Schule nur während drei Jahren besucht, aber er war ein großer Geist. Seine Methode, ein Problem durchzudenken, ist eine merkwürdige Kombination von gesundem Menschenverstand, wissenschaftlicher Analyse, Eingebung und Gebet. Ich hatte einmal die Gelegenheit, ihn wirken zu sehen, und zwar in bezug auf ein schwieriges, mich selbst betreffendes Problem, zu dessen Lösung ich ihn um Hilfe gebeten hatte. Als ich ihm meine Sorgen auseinandersetzte, schritt ich unruhig vor seinem Schreibtisch auf und ab.

„Warten Sie eine Minute, zügeln Sie Ihre Pferde, laufen Sie nicht so herum!“, sagte Bruder Andrews. „Setzen Sie sich hin und entspannen Sie sich. Lassen wir Ihren Geist sich erst beruhigen. Wie können Sie erwarten, daß Ihnen vernünftige Gedanken kommen, wenn Sie so aufgeregt sind?“

Nachdem er mich dazu gebracht hatte, mich sitzend zu entspannen und ein bißchen mit ihm zu lachen, sagte er: „Lassen Sie uns die Schwierigkeit in Augenschein nehmen.“ Er begann das Problem durchzusprechen, Schritt für Schritt, Stück um Stück, mit größter Genauigkeit. Er nahm es wirklich vor und untersuchte es von allen Seiten. Dabei machte er auf mich den Eindruck, als ob er um das Problem herumgehe, hier und dort mit seinen knochigen, alten Fingern daran herumtastete. Er sagte: „Schauen wir mal, ob wir nicht eine weiche Stelle finden.“ Oder: „Schlagen wir hier ein Stückchen und dort ein Stückchen ab, bis wir es so reduziert haben, daß Sie damit fertig werden können, mein Sohn.“

Er lief zur Abklärung im Geiste darum herum, und ich lief mit. „Jedes Problem hat eine schwache Stelle“, erklärte er. „Aber wir wissen nicht genug. Was sind unsere kleinen Gehirne, verglichen mit dem Geiste Gottes?“ Als er dies gesagt hatte, betete er, das Problem in allen Einzelheiten aufrollend. Das Gebet selbst war ein Vorgang des Durchdenkens, des Analysierens. Er kannte Gott so gut, daß er mit Ihm sprach, als ob er wirklich bei uns wäre, ja, ich glaube auch, daß er anwesend war. Und während Bruder Andrews mit dem Herrn über mein Problem sprach, begann dieses sich in meinen Gedanken zu klären. Es war ganz merkwürdig, wie meine Nervosität plötzlich verschwand. Auf einmal wußte ich, daß die Lösung kommen würde. Bruder Andrews Rat kam mir kürzlich wieder in den Sinn, als ich den Telefonanruf einer wohlbekannten Persönlichkeit erhielt. Der Mann erzählte mir von einer schwierigen Entscheidung, die er zu treffen hatte. „Ich möchte, daß Sie mit mir über die Angelegenheit beten. Sind Sie einverstanden?"

Ich sagte ihm, daß ich es tun werde, und riet ihm: „Machen Sie sich keine Sorgen, Sie werden die richtige Antwort erhalten. Drängen Sie nicht."

Er antwortete: „Ich mache mir keine Sorgen, noch bin ich nervös. Die Sache ist nur die, daß ich die Antwort morgen haben muß. Das ist alles. Aber ich weiß, Gott wird mir die Antwort geben, die er für mich bestimmt hat." Dann sagte er einen Satz, der mir sehr gu gefiel. „Ich komme dem Problem mit gebetvollen Gedanken näher."

Später erfuhr ich, daß mein Freund zwischen zwei Alternativen diejenige gewählt hatte, die ihm am schwierigsten erschien. Seinen Entschluß erklärend, sagte er: „Ich nahm die Aufgabe an, die Gott mir auftrug." Das war das Resultat der „gebetvollen Gedanken", mit denen er dem Problem näher kam. Nebenbei gesagt, das Resultat war sehr gut.

Benützen Sie die Macht Ihres durch die göttliche Führung gestärkten Geistes, um den Angriff gegen eine Schwierigkeit zu organisieren. Es ist gleichgültig, welches Ihre Stellung, wie schwierig die Art Ihres Problems ist oder wie hoffnungslos es erscheint. Dieser organisierte, analytisch-geistige Angriff wird Erfolge zeitigen.

Eine andere Art, ein Problem zu lösen, besteht darin, es nicht loszulassen, mit anderen Worten, nicht aufzugeben. Es ist erstaunlich, was einfache Ausdauer hier ausrichten kann, wenn Sie diese in kluger Art auf Ihre Schwierigkeiten anwenden.

Wenn alles schiefgeht und Sie sich ganz besonders unfähig vorkommen, was sollen Sie tun? Einfach weiter festbleiben und zäh ein positives Bild des Resultates vor Augen behalten. Setzen Sie Ihr Vertrauen auf Gott — Ihr ganzes Vertrauen. Sie werden es durchkämpfen, wenn Sie Ausdauer zeigen.

Das ist die Art und Weise, in der große Männer der Geschichte ihre Probleme meisterten. Es ist oft gut, die Geschichte solcher Männer zu lesen und die Personen aller Zeiten zu kennen, die das Wort „aufgeben" nicht kannten.

Dann gibt es noch ein anderes Mittel, Siege zu erringen, und das ist das Vertrauen. „Glauben Sie, daß Sie es können, und Sie werden es können!" Vertrauen ist einer der mächtigsten Überwinder. Wenn Sie darauf vertrauen, daß eine Schwierigkeit überwunden werden kann, dann sind Sie schon auf halbem Wege zum Ziel. Einer der wichtigsten Grundsätze lautet: „Man *kann* das, was man glaubt, tun zu können."

Es wurde z. B. während vieler Jahre angenommen, es sei für einen Mann unmöglich, eine Meile in vier Minuten zu durchlaufen. Aber da erschien ein schlanker, schwächlich aussehender, englischer Physiker namens Roger Bannister, der nicht danach aussah, als könne er überhaupt eine Meile laufen. Dann aber, eines schönes Tages, rannte Roger Bannister eine Meile in knapp vier Minuten.

Weshalb hatte nie zuvor jemand eine Meile so schnell durchlaufen? Bannister ist der Meinung, es habe daran gelegen, weil niemand daran dachte, es zuwegezubringen. Das scheint eine sehr vernünftige Schlußfolgerung zu sein. In Zürich lief im Jahre 1880 ein Mann namens Walker die Meile in 4,12 3/4 Minuten. Ein Weltrekord. Und siebzehn Jahre später lief Paovo Nurmi eine Meile in 4,10 3/4 Minuten: zwei Sekunden weniger als der vorhergehende Rekord. Das war eine wunderbare Leistung. Ich er-

innere mich, darüber in den Zeitungen gelesen zu haben. Der schnellste Mann zu Welt — Nurmi! Niemand, so sagten sie, werde jemals diesen Rekord brechen können.
Aber einunddreißig Jahre später brach ihn Bannister. Das erstemal in der Geschichte durchlief ein Mann eine Meile in knapp vier Minuten.
Was war geschehen? Seit Bannisters Rekord haben nicht weniger als dreiundzwanzig Läufer die Meile in weniger als vier Minuten zurückgelegt. Als man Bannister fragte, ob dies wissenschaftlichen Verbesserungen zuzuschreiben sei, erwiderte er, man könne es nicht auf diese Weise erklären. Er meint, daß es auf einer Änderung des psychologischen Elementes beruhe. War die Meile einmal in vier Minuten zurückgelegt worden, so fand die Auffassung Eingang in den Geist, daß es auch in kürzerer Zeit möglich werden könne, und dieser Glaube der Läufer war der Grund, daß es geschafft wurde.
Das ist positives Denken in Reinkultur. Und die Anwendung des positiven Denkens zur Überwindung von Schwierigkeiten verbreitet sich mehr und mehr. Ich kann es Ihnen an Hand meiner Korrespondenz beweisen. Es erreichen mich Hunderte, ja Tausende von Briefen, in denen berichtet wird, wie Gedanken des Vertrauens und eine positive Einstellung zur Lösung von Schwierigkeiten beigetragen haben.
Ein Mann sagt zum Beispiel, daß er ein Verzeichnis aller Bibelabschnitte führe, in denen von Glauben die Rede ist. Er bewahrt sie in seinem Gedächtnis auf. Einer der Texte unter Hunderten, die er gesammelt hat, lautet: „Ich vermag alles durch den, der mich mächtig macht, Christus." (Philipper 4, 13.) Ein anderer Text lautet: „Ist Gott für uns, wer kann wider uns sein?" (Römer 8, 31.) In letzterem Text ersetzt er das Fürwort „uns" durch „mich".
Lesen Sie regelmäßig die Bibel, und wenn Sie an einen Abschnitt kommen, in dem positives Denken in einer frischen, neuen Art,

die Sie anspricht, ausgedrückt wird, fügen Sie ihn Ihrer Sammlung von Glaubensgedanken bei. In dem Maße, wie Sie Ihren Geist mit diesen großen Gedanken füllen, wird Ihre Haltung positiver und von lebendiger Kraft sein. Behalten Sie also Gedanken aus der Bibel den Tag hindurch in Ihrem Geiste, Gedanken, die Ihnen erlauben werden, jeder neu aufkommenden Schwierigkeit zu begegnen. Diese Methode hat sich praktisch bewährt.

In diesem Zusammenhang werde ich an meinen Freund Arthur D. Rodenbeck aus Dayton, Ohio, erinnert. Als ich zum großen Kongreß der Eigenheim-Erbauer in Chikago eingeladen war, erlebte ich eine einzigartige Einführung. Arthur Rodenbeck erzählte, wie positives Denken ihm durch einige schwierige Situationen hindurchgeholfen hatte. Der großen Zuhörerschaft gab Arthur Rodenbeck das folgende Zeugnis der Macht der Bibelauszüge und der heilenden Kraft des Wortes Gottes. Er sagte:

„Ich hatte eine Menge Probleme, nicht finanzieller Natur, sondern mit den Menschen. Die Schwierigkeiten in den Beziehungen zu meinem Personal und bei den Leuten unter sich schienen unlösbar. Ich wurde allmählich nervös und reizbar, und das begann an meiner Gesundheit zu zehren. Ich befand mich in einer ziemlich schlechten Verfassung und war nahe an einem Nervenzusammenbruch. Dann las ich das Buch ‚Die Kraft positiven Denkens' von Dr. Peale, und es half mir. Aber ich ging weiter. Ich machte zweiunddreißig Auszüge von Bibelstellen und setzte dann im Geiste jeder Schwierigkeit eine dieser Stellen entgegen. Damit rettete ich meinen Verstand und vielleicht sogar mein Leben.

Genau vor einem Jahr hatte ich mit den gleichen Schwierigkeiten zu kämpfen. Die Kraft positiven Denkens und die Auszüge retteten mich wieder. Ich befand mich in großen Schwierigkeiten, diesmal finanzieller Art, und wußte nicht, wie ich mich herauswinden sollte. Aber ich zog alle Kraft aus meiner Lektüre, wie man Geld von der Bank abhebt, und es wirkte abermals. Jetzt habe ich meine Schulden in Dayton und Florida gedeckt und mein Unternehmen ist gesichert. Und ich weiß, daß mich nichts mehr unterkriegen kann."

Und hier ist ein Brief einer Familie in Massachusetts, der eine andere Erfahrung beschreibt.

„Keiner der Briefe, die Sie erhalten, kann aus einer tieferen Dankbarkeit entstanden sein als der, die in unseren Herzen wohnt. Mein Mann (ein Ingenieur) und ich sind der aufrichtigen Überzeugung, daß unser siebzehnjähriger Sohn die Gelegenheit seines Lebens verpaßt hätte, wären unsere täglichen Briefe nicht gewesen, die im wesentlichen auf den Lehren des Buches ‚Die Kraft positiven Denkens' fußten.

Nachdem er in diesem Frühjahr das Examen bestanden hatte, erhielt er ein Stipendium für eine ausgezeichnete Schule in New York. Es ist dies eine subventionierte, kleine Universität. Die Kandidaten werden sorgfältig gesiebt und nur auf Grund ihrer außerordentlichen Begabung zum Examen zugelassen. Nur zwanzig werden jedes Jahr von überall her aus den Vereinigten Staaten aufgenommen. Die gestellten Anforderungen sind wirklich hoch und bestehen sowohl in einer Prüfung des Charakters wie der Intelligenz.

Die ersten sechs Wochen waren eine große Anspannung für meinen Sohn, der aus gewissen Anzeichen den Schluß zog, daß er scheitern müsse. Es wäre der erste Fehlschlag in seinem Leben gewesen, und er war so ängstlich, daß wir einen völligen Nervenzusammenbruch befürchteten.

Ich übermittelte ihm brieflich alle Tage positive Grundgedanken und sein Vater ebenfalls so oft als möglich. Unser Sohn begann die Notwendigkeit positiven Denkens einzusehen und aus ganzem Herzen zu beten, zum erstenmal in seinem Leben.

Das Resultat war, daß er nicht aufgab und in diesem Monat das Zwischenexamen bestand mit einer durchschnittlichen Punkte-

zahl von 84%, als Siebenter seiner Klasse. Siebzehn von den Jungen sind nun übriggeblieben, und drei weitere wurden ausgeschieden!
Durch Befragen unseres Jungen kamen wir zum Schluß, daß der Mißerfolg der Ausgeschiedenen mehr auf ihre Einstellung zurückzuführen war, als auf Mangel an Fähigkeiten und Intelligenz. Ich hatte einfach das Bedürfnis, Ihnen diese Geschichte zu erzählen."

Ein Hauptgrund, warum manche Leute durch Schwierigkeiten geschlagen werden, liegt darin, daß sie sich selber erlauben, zu denken, sie könnten eine Niederlage erleiden. Um Schwierigkeiten zu überwinden, müssen wir deshalb glauben lernen, daß sie überwunden werden können und daß dies mit Gottes Hilfe zu erreichen ist. Um dies zu erkennen, müssen wir innerlich wachsen, verstandesmäßig und seelisch, denn auch das ist möglich. Der Mensch kann sich über seine Probleme erheben.

Ich war kürzlich zum Essen bei Freund John Powers, Präsident der Prentice-Hall, Inc., meinem Verleger, eingeladen. Er zeichnet interessante Diagramme, um seine Ideen zu illustrieren. Er zeichnet sie groß auf Papier und manchmal noch über das Tischtuch! An jenem Tag malte er einen großen Berg und daneben einen kleinen Mann. „Dieser Berg versinnbildlicht eine Schwierigkeit", sagte John. „Nun, wie macht es der kleine Mann, um auf die andere Seite zu kommen?"

„Das ist einfach", sagte ich, „er wird darum herum gehen."

„Zu weit, das kann er nicht tun."

„Dann wird er die andere Seite entlang gehen", sagte ich.

Aber John schüttelte den Kopf. „Das ist genau so weit."

„Er wird über die Spitze klettern."

Aber John antwortete: „Das wird auch nicht gehen, denn der Berg ist zu hoch."

Ich dachte nach und sagte: „Er wird sich unten durchgraben."

„Zu tief", antwortete er.

„Okay denn", sagte ich, „er wird sich hindurchwühlen."
„Auch das kommt nicht in Frage", sagte John. „Es ist zu massiv."
„Nun gut", sagte ich, „es macht den Anschein einer Sackgasse, trotzdem bin ich sicher, daß es einen Weg gibt."
„Den gibt es allerdings", sagte John. „Die Antwort liegt in Ihrem positiven Denken. Wir müssen uns über die Schwierigkeit durch die Ausweitung unserer Gedanken erheben. Der Mann hier muß geistig wachsen, so weit, bis er größer als die Schwierigkeit geworden ist."
Das ist das Geheimnis. Es besteht eine grenzenlose Möglichkeit der Ausdehnung unseres Geistes. Physisch ist die Größe eines Menschen begrenzt. Ich sah einmal einen Mann, der 2,50 m groß war, aber ich nehme an, daß die Durchschnittsgröße zwischen 1,60 m und 1,75 m liegt. Aber der Mensch besitzt die einzigartige Fähigkeit, diese körperlichen Grenzen weit zu überschreiten. Der Mensch besitzt diese grandiose Möglichkeiten der Ausweitung seines Geistigen.
Wir sind in der Tat größer als jede Schwierigkeit — denken Sie immer daran! Wachsen Sie, bis Sie über Ihren Schwierigkeiten stehen. Und der Weg, dieses Wachstum zu erreichen, besteht in Gebet und geistiger Entfaltung. Sie können größer werden als irgendeine Schwierigkeit, die Ihnen begegnet.
Eine der wichtigsten Lehren, die positives Denken vermittelt, ist, daß die Menschen damit aufhören müssen, gegen sich selber zu wirken. So viele betreiben Selbstverneinung! Durch ihre Gedanken überzeugen sie sich selber, daß sie ihre Schwierigkeiten nicht meistern können. In ihrem Geist haben sie den Kampf im voraus verloren. Da bei Ihnen vorausgesetzt werden kann, daß Sie Herr über Ihre Gedanken sind, so sind Sie, wenn Sie diese negativ angewendet haben, verantwortlich für Ihre Unfähigkeit, mit Ihren Schwierigkeiten fertig zu werden.
Einer der glücklichsten Umstände in meinem Leben ist die Zu-

sammenarbeit, die ich jahrelang mit Laienhelfern erlebte. Als Pfarrer gehörte es zu meiner Aufgabe, ihr Führer und Lehrer zu sein, aber es beruht dies auf Gegenseitigkeit, ich werde nie die Dankesschuld begleichen können für die Führung und Anregungen, die sie mir gaben.

In meiner Kirche in Berkeley, Rhode Island, schloß ich lebenslängliche Freundschaft mit Rob Rowbottem. Als ich kürzlich nach Berkeley zurückkehrte, um bei der Einweihung der renovierten Kirche eine Ansprache zu halten, hatte ich ein Interview mit Zeitungs-Reportern. Man fragte mich, ob ich die Idee des positiven Denkens von Rowbottem gelernt habe.

Ich erwiderte, daß vieles zu meinem Denken beigetragen habe, daß ich jedoch von Rob die Überzeugung übernommen hätte, daß gesundes Denken und Gebete erfolgreich durch jede Schwierigkeit hindurchführen.

In meinen jungen Jahren, da ich äußerst leicht beeindruckbar war, beobachtete ich ihn, als er einigen sehr schwierigen Problemen begegnete. Nie ließ er sich niederdrücken. Er sagte: „Nun gut, sehen wir uns einmal die Sache an, beten und denken wir, und dann werden wir schon damit fertig werden.“ Dann lachte er verstohlen und bohrte weiter am Problem herum, immer mit gutem Humor und Vertrauen. Es war wunderbar, wie die Dinge sich zusammenfügten. Dieser ruhige, aber bestimmte Mann war in Wirklichkeit eine nicht unterzukriegende Persönlichkeit.

Die Reporter interessierten sich für die Prinzipien des positiven Denkens, und ich fragte Rob: „Wie lösen Sie Ihre Probleme?“

Er antwortete: „Wenn ein Problem aufkommt, denke ich es geduldig und sorgfältig durch. Ich analysiere es und analysiere es immer wieder. Manchmal, wenn ich das tue, gehe ich fort, um mich mit mir selber zu unterhalten. Ich komme den Dingen näher, wenn ich sie laut aussprechen kann. *Ich ergreife nie Partei gegen mich selbst.*“

Das ist sehr wichtig. Hören Sie damit auf, in Ihrem Geist gegen sich selbst zu wüten. Gott, unser Schöpfer, ist kein Pfuscher. Er erschuf Sie, und es war nicht seine Absicht, das Leben eine Niederlage für Sie werden zu lassen. Er machte das Leben hart, gewiß, aber er will es Ihnen klarmachen, daß er Ihnen zu helfen bereit ist. „Harre auf Gott, denn ich werde ihm noch danken, daß er mir hilft“ (Psalm 42, 6), ist eines der bedeutendsten Worte aus der Schrift. Und ein anderes Psalmwort lautet: „Gott ist unsere Zuversicht und Stärke, eine Hilfe in den großen Nöten, die uns getroffen haben“ (Psalm 46, 1).

Prägen Sie also jene Worte meines Freundes Rob im Vertrauen auf Gottes Hilfe tief in Ihre Seele ein. „Ich ergreife nie Partei gegen mich selbst.“

Welche unglaublichen Erfolge Menschen zu verzeichnen haben, die diese Grundsätze des positiven Denkens anwenden! Vor mir liegt der Brief eines Mannes, der mit einem sehr schwierigen Problem zu tun hatte. Hier folgt, was er darüber zu sagen hat: „Während fünfundzwanzig Jahren habe ich mich von einem schweren Trinker zu einem hoffnungslosen Alkoholiker entwickelt. Ich verlor eine Stelle nach der andern, ich wurde wegen gewohnheitsmäßiger Trunksucht eingesperrt, ich verbrachte viele Wochen in Spitälern für Geisteskranke, wo Alkoholiker überwacht und behandelt werden.

Während Jahren war ich ohne jeden Kontakt mit meiner Familie. Meine Ehe, von Anfang an nicht sehr glücklich, löste sich ganz auf. Ich bin Fotograf. Ich besaß zwei Porträt-Studios. Diese sind verloren. Um 1950 hörte ich von den ‚Alcoholic Anonymous‘ und besuchte einige ihrer Versammlungen. Ich versuchte, das Programm durchzuführen, hatte jedoch zu viele Hemmungen. Dann machte ich in Jacksonville, Florida, die Bekanntschaft einer netten Frau, und ein Jahr später waren wir verheiratet. Jdoch fingen wir beide wenig später wieder zu trinken an, und es ging immer weiter abwärts. Von Spital zu Spital.

Eines Tages ging ich zu Bett mit einer Flasche — meine gewöhnliche Reaktion, wenn eine Schwierigkeit auftauchte. Meine Frau ging, um sich die Zeit zu vertreiben, in die Stadt zur Bibliothek. Irgendwie kam ihr das Buch ‚Die Kraft positiven Denkens' in die Hände. Sie überflog es und, wie sie mir später erzählte, ging eilends damit nach Hause und legte es auf meinen Nachttisch. Wenn mich die Trinklust überkam, pflegte ich etwas zu lesen, weil es mich zu beruhigen schien.

Ich stand also auf, nahm das Buch zur Hand und begann zu lesen. Zuerst natürlich schien mir das Ganze nicht sehr sinnvoll. Ich erinnere mich, daß ich das Buch wieder weglegte. Aber ein Satz bahnte sich einen Weg durch meine vernebelten Gedanken. ‚Ist Gott für uns, wer kann wider uns sein?' Ich versuchte, Ihn mir bildlich an meiner Seite vorzustellen und fühlte mich beruhigt und stärker. Dann nahm ich das Buch wieder auf und begann es von Anfang an zu lesen, und ich fühlte mich besser, je weiter ich kam. Als ich jeden Tag ein wenig las, fühlte ich den Vorsatz, wieder ein nüchternes Leben zu beginnen und weiterzuführen, in mir stärker werden.

Meine Frau und ich feierten dieser Tage unsern vierten Gedenktag. Vier Jahre ohne zu trinken. Wir sind nicht allzusehr mit weltlichen Gütern gesegnet, aber wir sind sehr glücklich. Ich betreibe ein Porträt-Studio in einer kleinen Stadt in Massachusetts. Wir besitzen gute Kleider, einen eigenen Wagen, besuchen die Kirche und hoffen, nächstes Jahr unser eigenes Heim zu bauen."

Das ist ein Mann, der gewachsen ist. Er wuchs über seine Schwierigkeiten hinaus durch die Macht eines einzigen Satzes. „Ist Gott für uns, wer kann wider uns sein?" Vollständig besiegt, ergriff er die dargebotene Hand.

Richtigerweise ist darum zu folgern: Wenn es wahr ist, daß Sie Ihre Schwierigkeiten durch inneres Wachstum zu überwinden vermögen, dann ist es ebenfalls wahr, daß Ihre Schwierigkeiten Ihnen helfen können, innerlich zu wachsen. Schwierigkeiten sind

Wachstumsanreger. Es gibt ein Sprichwort: „Der Hammer zerschlägt Glas, aber schmiedet Stahl.“ Wenn Sie wie Stahl, aus gutem, geschmeidigem Stoff sind, werden die Schwierigkeiten des Lebens Sie stark und mächtig schmieden.

Viele hervorragende Menschen kann man sich nur als bejahende Persönlichkeiten vorstellen. Eisenhower erzählte mir eines Tages von einer frühen Erinnerung an seine Mutter. Ihre Klugheit entsprang ihrem Glauben. Sie verbreitete einen wunderbaren Geist in ihren Heim, dessen Mittelpunkt sie selbst war.

Er rief die Erinnerung an einen Abend wach, an dem er Karten spielte und sich darüber beklagte, daß er kein Glück dabei habe. Plötzlich brach seine Mutter das Spiel ab und sagte ihm, wenn man spiele, müsse man die Karten nehmen, wie sie kommen, und daß es mit dem Leben ebenso bestellt sei. Gott teilt die Karten aus im Leben, und wir haben weiter nichts zu tun, als das, was uns gegeben wurde, nach bestem Können zu verwalten.

Eisenhower erzählte mir, daß er diesen Hinweis nie vergessen habe und ihn bis auf den heutigen Tag befolge.

Thomas A. Edison nahm das Leben von der gleichen, mannhaften Seite. Auch er war ein positiver Mensch. Sein Sohn, der frühere Gouverneur von New-Jersey, Charles Edison, erzählte mir die folgende Geschichte seines Vaters: In der Nacht vom 9. Dezember 1914 wurden die großen Edisonwerke von West Orange durch Feuer praktisch vernichtet. Edison verlor in jener Nacht zwei Millionen Dollar, und ein großer Teil seines Lebenswerkes ging in Flammen auf. Seine Fabriken waren nur zu 10% versichert, weil die Gebäude aus Zement bestanden, einem Material, das damals als feuerfest galt.

Edison junior war vierundzwanzig, sein Vater siebenundsechzig Jahre alt. Der junge Mann rannte wie toll umher auf der Suche nach seinem Vater. Schließlich fand er ihn nahe am Feuer stehend, sein Gesicht von der Glut gerötet, seine weißen Haare vom Winterwind zerzaust. „Es tat mir im Herzen weh, ihn so

zu sehen“, erzählte mir Charles Edison. „Er war nicht mehr jung, und alles war in Flammen aufgegangen. Ich bedauerte ihn tief.
‚Charles‘, rief er, ‚wo ist deine Mutter?‘
‚Ich weiß es nicht, Vater‘, antwortete ich.
‚Hole sie‘, bat er mich. ‚Bringe sie hierher. Sie wird nie mehr etwas ähnliches in ihrem Leben sehen.‘“
Am andern Morgen, zwischen den verkohlten Überresten all seiner Hoffnungen und Träume umhergehend, sagte Thomas A. Edison: „Ein schweres Mißgeschick birgt einen großen Wert in sich. Alle unsere Irrtümer sind weggebrannt! Gott sei Dank können wir von vorn anfangen.“ Und drei Wochen später, genau zweiundzwanzig Tage nach jener katastrophalen Feuersbrunst, lieferte seine Firma den ersten Phonographen.

Zusammenfassend rate ich Ihnen folgendes:

1) Danken Sie Gott, daß es Schwierigkeiten für Sie gibt; es ist ein Zeichen, daß Sie leben.

2) Lernen Sie Distanz zu Ihren Unannehmlichkeiten zu halten und eine ruhige Übersicht davon zu gewinnen. Das geschieht am besten durch die Übung der Gelassenheit. Übersehen Sie Ihr Problem in Ruhe und Frieden von einer höheren Warte aus.

3) Setzen Sie die ganze Kraft Ihres Verstandes ein, um Ihre Schwierigkeit zu analysieren. Dann zerlegen Sie das Problem systematisch in seine Teilprobleme.

4) Denken Sie auf positive Weise über Ihre Schwierigkeiten nach. Glauben Sie, daß Sie diese überwinden werden. Tun Sie das, dann sind Sie schon auf halbem Wege zum Sieg.

5) Lernen Sie die geistig-praktische Methode, eine Schwierigkeit zu handhaben.

6) Lassen Sie die Beharrlichkeit für Sie arbeiten. Halten Sie fortwährend daran fest, und Sie werden den Sieg davontragen.

7) Wachsen Sie bis zur Höhe, von der Sie auf Ihr Problem hinabschauen können, und dann benützen Sie Ihr Problem dazu, Ihnen zum Wachstum zu verhelfen.

8) Nehmen Sie das Leben so, wie es sich darbietet, behalten Sie, während Sie Ihre Schwierigkeiten meistern, die Kontrolle über Ihre Gemütsbewegungen, und arbeiten Sie ohne Unterlaß an Ihrem Sieg.

9) Ergreifen Sie nie Partei gegen sich selbst.

10) Nützen Sie die Hilfe und Kraft des Allmächtigen. Ohne Gott werden die Schwierigkeiten Sie umwerfen, aber mit Gottes Hilfe werden Sie damit fertig.

10. Kapitel

Lassen Sie nicht zu, daß Druck Sie erdrückt

Es ist eine allgemein anerkannte Tatsache, daß wir in einer Welt voller Spannung leben. Spannung besteht überall um uns herum. Sie steckt im Rhythmus unserer Städte und Maschinen. Sie zeigt sich in unseren Gesprächen, auf unseren Gesichtern und in unserem Betragen. Sie ist in unsere Gesellschaft hineingetragen, sie ist in unserer Arbeit sichtbar. Sie mögen es glauben oder nicht, aber in New York City können Sie am Telefon die genaue Zeit erfahren, wenn Sie N-E-R-V-O-U-S verlangen!

Glücklich diejenigen, die es der Spannung verwehren, sie herumzustoßen, die nicht zulassen, daß der Druck sie erdrückt.

Eines Abends, als ich mich an der Westküste befand, hatte ich ein interessantes Gespräch über das Thema der Spannung mit Desi Arnaz. Desi und Lucy hatten geraden eine fiebrigbewegte Woche im Studio hinter sich, wo sie Szenen zu einer neuen Schau filmten. Aber als ich sie im Wohnraum ihres Landhauses traf, waren sie beide so ruhig und entspannt bei der Arbeit, als ob sie gerade eine erfrischende Ferienwoche verbracht hätten.

„Ich habe Ihr Buch ‚Die Kraft positiven Denkens' gelesen", sagte Desi plötzlich. Es ist seine Art, die Menschen mit seinen weit offenen, tiefbraunen Augen zu fixieren, wenn er spricht.

„Wissen Sie“, sagte er, „es gibt einige ziemlich gute Stellen darin.“
Lucy lachte. „Nur ziemlich gute?“ fragte sie.
„Besonders jener Teil, in dem Sie über die Spannung sprechen“, fuhr er fort. „Dieser Teil hat es mir besonders angetan, weil wir in einer Arbeit voller Spannungen stecken, Lucy und ich.“
„Wissen Sie, was ich tat, nachdem ich Ihr Buch gelesen hatte?“ fragte Desi und lehnte sich nach vorne, stülpte seine Manschette auf und sagte: „Ich habe meine Uhr weggeworfen.“
Ich war etwas erstaunt. Das war nicht just die Art von Resultat, die ich von meinem Buch „Die Kraft positiven Denkens“ zu hören gewohnt war. Aber es wurde mir leichter, als ich besser im Bilde war, denn es ergab sich, daß Desi seine Uhr jeweils nur für einige Stunden „wegwirft“.

Die Woche hindurch ist die Zeit Desis sehr genau abgezirkelt. Um acht Uhr muß er dies, um elf Uhr vierzig jenes tun. Geschäftliches muß dem Programm angepaßt werden, auf die Sekunde genau. Dabei gibt es selbstverständlich immer wieder Verzögerungen und Abänderungen, die in letzter Minute vorgenommen werden müssen, und Pläne, die über den Haufen geworfen werden. Das alles erzeugt Spannungen, die stärker und stärker werden.
Aber es gibt auch immer wieder Momente zum Verschnaufen. Oder ein Wochenende oder einen Feiertag. Bei diesen Anlässen fahren Desi und Lucy zu ihrem Haus in Palm Springs, wenn es Winter ist, im Sommer ans Meer, wo sie ebenfalls ein Haus besitzen. Beides sind wunderschöne Orte. Das einsame Haus ist von einem Kranz prachtvoller Berge umgeben. Das Haus an der See steht auf einem Vorsprung, der in den Pazifischen Ozean hineinragt. Dort in den Bergen und nahe der Brandung sind sie weit entfernt vom geschäftlichen Betrieb und seinem Druck. Aber damit nicht genug. Um sicher zu sein,

daß das Gespenst der Zeit nicht auftaucht, legt Desi seine Uhr weg.
Er zieht tatsächlich seine Uhr aus, sobald er in das Haus eintritt, legt sie in einen Schrank und schließt die Tür mit einem Knall.
„Danach“, sagte er — und nun kam ein wunderbarer Satz — „nehme ich Spannungsferien.“
Ist es nicht eine großartige Idee, Spannungsferien zu nehmen? Desi verwirklicht sie, indem er die Zeit vergißt. „Ich gehe zum Strand hinunter“, sagt er, „lege mich hin und lasse Geist und Körper sich entspannen. Wenn mich dann jemand ruft und sagt, es sei Zeit zum Essen, dann sage ich ihm, daß es nicht Zeit zum Essen sei, da ich nicht hungrig sei. Wenn man mir sagt, es sei Zeit zu Bett zu gehen, sage ich, daß die Sterne am Himmel stehen und daß gerade der Mond aufgegangen sei. Es ist Zeit zu Bett zu gehen, wenn ich schläfrig bin.“
Später, wenn die kurzen Spannungsferien vorbei sind, geht Desi natürlich zum Schrank und zieht die Uhr wieder an. Aber er tut es mit einem neuen Gefühl der Lebenskraft, er ist entspannt und bereit, wieder an die Arbeit zu gehen.
Es sind nicht nur Leute wie Desi Arnaz, die es nötig haben zu lernen, wie man mit der Spannung umgeht. Tausende von Kindern können es sich nicht mehr leisten, sich zur Tür hinaus zu trollen und gemütlich aus der Schule nach Hause zu spazieren, dabei die Zaunlatten zu verschmieren und das Eis, das sich auf den Wasserlachen entlang dem Weiher gebildet hat, aufzubrechen. Sie müssen sich beeilen, den Autobus an der Ecke zu erreichen — er geht genau um acht Uhr zwölf.
Ja selbst die Routinehandlung des zur Arbeit Gehens ist zu einer genau geregelten Angelegenheit geworden. Ich kenne einen Mann, der dreimal das Fahrzeug wechseln muß, ehe er sich morgens an seinen Bürotisch setzen kann. Er muß früh genug aufstehen, um den Bus von sieben Uhr achtundzwanzig zu nehmen, der ihn zum Bahnhof bringt. Er muß dort zeitig genug sein, um

den Zug sieben Uhr dreiundvierzig nach New York nehmen zu können. Er muß früh genug in der Stadt eintreffen, um dort den Bus zu erreichen, der ihn fünfzig Häuserblocks weiter fährt. Die Zeit ist so knapp, daß er sich bei jedem Stopplicht fragt, ob er rechtzeitig um neun Uhr ankommen wird.

Ich fragte ihn einmal, auf welche Zeit er seinen Wecker richte, um diese Reihe von Haltestellen bewältigen zu können. Seine Antwort kommt mir immer in den Sinn, wenn ich über den Menschen des zwanzigsten Jahrhunderts nachdenke und über die Art, wie er durch den Tag gehetzt wird.

„Ach“, sagte er beiläufig, „gewöhnlich richte ich ihn ungefähr auf sechs Uhr zweiunddreißig.“

Ungefähr sechs Uhr zweiunddreißig!

Das ist bezeichnend für ein Problem, das Tausende und aber Tausende täglich zu bewältigen haben, wenn sie mit unerwünschter Spannung zu tun haben.

Beachten Sie das Wort „unerwünscht“. Ein gewisses Maß an Spannung ist etwas Gutes. Normale Spannung hält Sie aufrecht, regt Sie an und läßt die schöpferischen Vorgänge in Ihnen auf Hochtouren laufen. Aber vielleicht wäre es auch gut, wenn wir lernten, die Spannung abzuschalten, wie elektrischer Strom abgeschaltet wird. Wenn es Zeit zur Entspannung ist, sollte aller Druck durch kurze „Spannungsferien“ beseitigt werden.

Spannungsdruck kann tatsächlich abgestellt werden. Hier ein Mittel dazu: Zuerst spannen Sie sorgfältig Ihren ganzen Körper. Beginnen Sie mit den Augenbrauen. Ziehen Sie sie in einer tiefen Falte zusammen. Nun hinunter zu Ihren Kinnmuskeln, Ihren Lippenmuskeln und Ihren Halsmuskeln. Spannen Sie diese an, ohne nachzulassen. Halten Sie all diese Muskeln gespannt, und gehen Sie hinunter zu den Schultern; spannen Sie die Muskeln dort, und ballen Sie die Fäuste. Ziehen Sie die Bauchmuskeln zusammen, und schließen Sie die Knie, schließen Sie Ihre Füße, und drücken Sie sie fest an den Boden.

Wenn Sie das gemacht haben, ist jeder Muskel Ihres Körpers hart und gespannt. Bleiben Sie so während einer Minute. Beachten Sie den Kraftaufwand, den es braucht, um Ihren Körper gespannt zu halten!

Ich schlage dieses Experiment vor, um zu demonstrieren, was wir uns antun, denn viele von uns gehen in ziemlich gespanntem Zustand durchs Leben, vierundzwanzig Stunden am Tag. Vielleicht sind nicht alle Muskeln zur selben Zeit gespannt; vielleicht sind es nur die Hals- oder Schultermuskeln. Aber der springende Punkt ist, daß durch solche Spannung sehr viel Kraft nutzlos vergeudet wird. Sie wird verschleudert durch eine Anstrengung, deren einziges Resultat in Müdigkeit und Gereiztheit besteht.

Und nun führen wir das Experiment weiter durch; lassen Sie die Spannung verschwinden, gehen Sie in umgekehrter Richtung vor. Entspannen Sie diesmal sorgfältig jeden Muskel. Verlagern Sie die Entspannung von Ihren Augenbrauen auf Ihre Kinnmuskeln, Lippen- und Halsmuskeln, auf Ihre Schultern und Ihre Fäuste, auf Ihren Magen und Ihre Beine. Denken Sie daran, daß Sie nun alles loslassen. Entspannen Sie alle Muskeln und sinken Sie zurück in Ihren Stuhl, bis Sie sich ganz entspannt fühlen. Stellen Sie sich vor, daß der Stuhl jedes Gramm Ihres Gewichtes trägt — Sie sind entspannt, vollständig entspannt.

Ich habe einen Freund, der in einem Gesundheits-Club in einer großen Stadt wirkt. George bringt seine Mitglieder dazu, dieses Experiment des Muskelspannens und -entspannens durchzuführen. Manchmal gibt er einen zusätzlichen Rat. Wenn die Muskelspannung verschwunden ist, empfiehlt er ihnen, die Gedanken auf Gott zu lenken.

„Sie sind ganz entspannt", sagt George. „Die Spannung verläßt Ihren Körper. An die Stelle der Spannung treten heilende Gedanken in Ihren Geist und Ihren Körper ein. Nun laßt uns tiefer eindringen. Sagen Sie zu sich selbst: ‚Gott ist in mir, Gott ist in meinem ganzen Wesen. Es ist kaum einen Augenblick her,

da ich noch aufgeregt und sorgenvoll war. Ich war angespannt, aber nun hat sich meine Spannung gelöst. Meine Energie betätigt sich jetzt in einer normalen und schöpferischen Richtung'."
Dann fragt George: „Bemerken Sie irgendeinen Unterschied in bezug auf sich selbst?"
Man bemerkt es in der Tat. Ich habe das Experiment selbst viele Male durchgeführt und weiß, daß etwas anderes gegenwärtig ist. Ich fühle mich erfrischt, mit neuer Lebens- und Tatkraft erfüllt, im Besitz eines neuen Gefühls der Geisteskontrolle, als ob ich die Macht besäße, auch die allerschwersten Probleme anzupacken.
„Das ist entspannte Macht", sagt George. „Sie können diese Macht mitnehmen in das Büro oder in Ihr Heim. Sie können entspannte Macht in die gespannteste Lage hineinbringen, und der Druck wird Ihnen absolut nichts anhaben können."
Dies ist eine vortreffliche Art, die physische Spannung zu behandeln, wenn sie uns erfaßt und nicht mehr loslassen will. Ich bin jedoch der Meinung, daß physische Spannung eine wirklich geistige Spannung ist, die auf ein anderes Gebiet übergegriffen hat. Rennt dieser Geist mit dem Problem um die Wette, setzt sich gleich der Körper in Bewegung und rennt mit. Selbst wenn wir auf einem Stuhle sitzen, kann unser Körper rennen. Die Muskeln spannen sich an, als hätten sie zu arbeiten, und ehe wir es uns versehen, sind wir ein verknotetes Nervenbündel. Sie müssen Mittel und Wege finden, den Druck unter Kontrolle zu halten und die große Tugend der entspannten Gelassenheit bewahren.
Vor einigen Jahren kauften meine Frau und ich eine Farm, die ungefähr fünfzig Kilometer von New York City entfernt liegt. Der Hauptzweck dieses Kaufes war, die Kinder vom Landleben profitieren zu lassen, aber ich brauchte die Farm auch, um einen Versuch an mir selbst durchzuführen. Einer meiner Ansichten zufolge, sollte jedermann einen privaten Raum besitzen, in dem er sich von der gehetzten, spannungsgeladenen Welt zurückzie-

hen kann. Meine Ansicht beruhte auf den Worten: „Wenn ihr stille bliebet, so würde euch geholfen. Durch Stillesein und Hoffen würdet ihr stark sein.“ (Jesaias 30, 15.)
Ich bin auf dem Lande aufgewachsen, und es geht die Redensart, daß man einen Jungen wohl aus dem Land herausnehmen kann, nicht aber das Land aus dem Jungen. Jedenfalls brauchte ich einen von der Stadt entfernten Ort, wohin ich mich von Zeit zu Zeit zurückziehen und Gott die Gelegenheit geben konnte, in mir einen ruhigen Geist wiedererstehen zu lassen. Ich wollte sehen, ob diese Rückkehr zum Land eine fühlbare Wirkung auf meine geistige und körperliche Spannung haben würde.
In einiger Entfernung hinter der alten Farm, die wir gekauft haben, befindet sich ein Obstgarten. Um zu ihm zu gelangen, müssen Sie an der Scheune vorübergehen und einen kleinen Pfad über einem Bach folgen, dann durch ein Kornfeld und an einer alten Steinmauer entlanggehen. Schließlich erreichen Sie eine kleine Anhöhe in der Nähe eines Waldes. Dort sind Sie ganz allein. Wenn Sie Ihr Gehör ein wenig anstrengen, können Sie den Wind in den Bäumen oder den weit entfernten Pfiff einer Lokomotive vernehmen, die ihren Weg durch das Tal nimmt. Gelegentlich mögen Sie auch das Bellen eines einsamen Hundes hören. Hier auf diesem windumwehten Hügelkamm geschieht nichts, und Sie begegnen niemandem. Hier hat Gott die Gelegenheit, mit seiner heilenden Macht in Ihre Seele einzudringen. Es bedarf einer gewissen Disziplin, sich der Stille hinzugeben, aber nach einer Weile werden Sie gewahr, daß es einen Rhythmus in der Natur gibt, einen Rhythmus, dessen Sie sich vorher nicht bewußt waren. Sie schauen sich um. Es ist Herbst. Die Welt bereitet sich langsam auf den Winterschlaf vor. Ein Eichhörnchen schwatzt mit sich selber, während es Nüsse für den Winter sammelt. Ein Blatt fällt herunter: Selbst sein Fall geschieht langsam und entspannt. Unten im Tal ist die Getreideernte heimgeschafft, die Felder liegen im Schlaf, um für Monate nicht mehr

aufzuwachen. Die ganze Welt hat ihren eigenen Rhythmus – wenn wir sie von der Höhe aus betrachten.

Es ist ein langsamer, entspannter Rhythmus. Es ist nicht die eilige Gangart, die Sie aus der Stadt mitgebracht haben. Sie kamen hurtig den Hügel heraufgelaufen, mit Gedanken, die sich bemühten, mit Ihrem Körper Schritt zu halten. Aber hier auf der Höhe, wenn Sie sich hinsetzen und den Rhythmus des Weltalls bis ins Innerste Ihres Körpers, oder noch besser, in Ihre Gedankengänge, eindringen lassen, dann fühlen Sie, daß Sie ruhig geworden sind; Sie haben einfach nicht mehr dasselbe Tempo in sich wie vorher, und die Worte der Bibel nehmen einen tieferen Sinn an: „Wenn ihr stille bliebet, so würde euch geholfen. Durch Stillesein und Hoffen würdet ihr stark sein." Gott hat Ihr Gebet gehört. Sie fühlen weniger Spannung, dafür aber mehr Frieden und größere Kraft.

Kürzlich, als ich diese Geschichte einem müden und abgespannten Geschäftsmann erzählte, der zu mir gekommen war, um Hilfe zu suchen, hatte ich hervorgehoben, daß nicht jedermann in der Lage ist, sich auf einen einsamen Hügel zurückzuziehen. „Aber", sagte ich, „jedermann kann einen ruhigen Platz finden, wenn er wirklich will."

Auf einer kürzlichen Orientreise bemerkte ich, daß die Japaner wunderbare kleine Gärten zerstreut in ihren Städten haben. Vielleicht ist es ein Garten aus Steinen oder Sand oder Moos – das spielt keine Rolle. Sie können sich in einem solchen Garten für ein paar Minuten der Meditation widmen.

Während der Wochen, die ich in Japan verbrachte, habe ich die beruhigenden und entspannenden Eigenschaften dieser einzigartigen japanischen Gärten eifrig benützt. Zwei davon blieben mir ganz besonders in Erinnerung, so daß ich öfters in Gedanken dorthin zurückkehrte, um ihre heilende Wirkung erneut zu empfinden.

Ein Moosgarten in Kyoto war der Schauplatz meiner wiederhol-

ten besinnlichen Betrachtungen. Dort, wo die Sonnenstrahlen sanft durch vergoldetes Laubwerk hindurch auf einen weichen Moosgrund fallen und niedliche Wasserroseninseln in Miniaturteichen zum Aufleuchten bringen, zieht sich die verworrene Welt zurück, und es breitet sich Friede in Fülle aus. Man sitzt so ruhig als möglich da, läßt die Blicke über diese Schönheit schweifen, um so den Geist zu ermöglichen, sich immer weiter zu öffnen und friedvolle Eindrücke auf sich wirken zu lassen. Wenn Sie gelernt haben, sich diesen Eindrücken hinzugeben, ist die heilende Wirkung auf den Spannungszustand erstaunlich. Der Steingarten in Kyoto wird immer als ein markantes Erlebnis meiner langen Studien zur Verminderung von Spannungen bleiben. Zwischen den Vorbauten eines buddhistischen Tempels gelegen, hat der Garten einen Flächeninhalt von ungefähr fünfundzwanzig auf fünfzehn Meter. Er besteht nur aus Sand, in welchen an die fünfzig Steine aufgestellt sind. Sand und Steine, das ist alles. Die Steine sollen, einer Ansicht zufolge, die fünfzig grundlegenden Probleme der menschlichen Existenz darstellen. Sie sind auf eine Art gesetzt, daß sich nur ein Teil davon in unserem Blickfeld befindet, in Übereinstimmung mit der Vorstellung, daß es für den menschlichen Geist zu schwer ist, alle Probleme gleichzeitig in Augenschein zu nehmen.
Man kommt hierher, um physisch und psychisch ruhig zu werden und, ohne sich der Zeit bewußt zu sein, des Lebens tiefsten Sinn zu ergründen.

Bei meinem letzten Besuch gab mir der japanische Taxi-Chauffeur bereitwillig von sich aus folgende Ratschläge: „Beeilen sie sich nicht, den Steingarten zu verlassen. Ich werde warten. Drängen Sie nicht. Wenn die Zeit Sie plagt, werden Sie das verfehlen, was der Garten Ihnen zu sagen hat.“ Ich war zu jener Zeit der einzige abendländische Mensch im Steingarten. Zwei ehrwürdige Männer im Kimono, eine Frau unbestimmten Alters und zwei junge Leute, die einander an den Händen hielten, ohne zu sprechen, das war meine Gesellschaft.

Wir saßen alle ganz geruhsam, jeder in seine eigenen Gedanken vertieft. Tiefe Stille herrschte, aber ich erinnere mich, daß es eine wachsame Stille war, voller Stärke, aber ohne Spannung. Plötzlich kam mir ein Satz in den Sinn: „Bewegung in der Stille." Ich wurde mir erneut bewußt, daß aus Ruhe Lebenskraft und Stärke quillt. Spannung spült sie fort, aber Bewegung in der Stille läßt sie wieder zu sich selbst zurückfinden. Gelassenheit verhindert nicht Bewegung, sondern regt sie an; aber es ist eine bewußte und kontrollierte Bewegung.

Diese Erfahrung schenkte mir ein außerordentliches Empfinden für die Gegenwart Gottes. „In IHM leben wir, bewegen wir uns und besteht unser Sein." (Sprüche 17, 28.) Ein Satz aus der Schrift, den ich unwillkürlich vor mich hin sprach.

Später sprach ich im Kyoto Rotary Club über das Thema: „Wie können wir leben und arbeiten ohne Sorge und Spannung?" In Erwiderung auf dieses Gespräch sagte der Präsident des Clubs, daß dies sehr aktuell gewesen sei, da die japanischen Geschäftsleute fernöstliche Yankees voller Unternehmungslust seien! Ich riet ihnen, ihre eigenen Tempel der heilenden Geruhsamkeit zu besuchen, genau wie ich die Amerikaner dazu anhalte, den „Frieden Gottes, welcher höher ist als alle Vernunft", zu suchen. (Philipper 4, 7.) Finden Sie also Ihren Ort der Ruhe zur Meditation, zum Nachdenken und zum Gebet. Es ist eine wirksame Antwort auf jede Spannung.

Ein guter Freund, Jesse L. Laski, ein Mitbegründer von Hollywood, dem Zentrum der Filmindustrie, fand sie auf sehr eindrückliche Art. In seinem Hause hatte Herr Laski einen Raum, der abseits lag und den er den Ruheraum nannte. Er war nur mit einem Tisch, einem Stuhl mit steifer Lehne und einem Bild an der Wand, das Matterhorn darstellend, möbliert. Auf dem Tisch lag eine Bibel.

Wann immer Jesse fühlte, daß er nervös wurde und sich seine Spannung erhöhte, ging er in den Ruheraum, schloß die Tür ab und tat für eine Weile weiter nichts als das Bild des majestätischen Berges zu betrachten. „Ich hebe meine Augen auf zu den Bergen, von denen mir Hilfe kommt“ (Psalm 121, 1), sagte er zu sich selbst. Dann öffnete er die Bibel aufs Geratewohl und las. Jesse versicherte mir, daß er nie aus dem Ruheraum heraustrat, ohne daß sein Geist erfrischt und erneuert gewesen sei. Jedermann kann einen ruhigen Ort ganz für sich selbst finden, wenn er wirklich den Willen dazu hat. Es ist bezeichnend, daß heutzutage sehr viele Leute es so einrichten, daß sie, wenn nicht einen Raum, so doch wenigstens eine kleine Meditationsecke für sich haben. Inseln der geistigen Meditation könnte man sie nennen, in einer Zeit der intensiven Spannung.

Genau gesagt, braucht es gar kein bestehender Ort zu sein, es kann auch ein gedanklicher Ruheplatz sein. Vor Jahren entwickelte ich eine eigene Methode, um friedvolle Erfahrungen in meinem Geiste zu sammeln und zu bewahren. Ich habe dieses System schon an die mehrere hundert Male angewandt und kann persönlich seine Wirksamkeit garantieren.

Stellen Sie sich vor, Sie stünden ganz allein an einem Strand. Die übrige Welt ist zur Ruhe gegangen, Sie aber waren voller Unruhe, standen also auf, zogen sich an und unternahmen diesen Spaziergang an den Strand. Plötzlich heben Sie Ihren Blick zum Himmel empor. Während eines kurzen Augenblicks schwingt sich Ihre Seele hinauf in das Universum. Sie erweitern geflissentlich Ihr Ich zu einer vollständigen Verschmelzung mit Gott und seiner unfaßlichen Schöpfung. Sie stehen da und werden eins mit der wogenden See und der Unendlichkeit des Himmels.

Dann entwickeln Sie das Erlebnis. Es ist, als ob Sie ein Gedicht aufsagten. Sie beginnen mit den hörbaren Dingen; das Meer und der Wind und das leise raschelnde Strandgras. Dann lassen Sie die fühlbaren Dinge erstehen; die Sprühtropfen auf Ihrem Gesicht, der Zugriff der kalten Nachtluft. Und der Geschmack? Es ist Salz in der Luft, und wenn Sie mit der Zunge über die Lippen fahren, schmecken Sie tatsächlich das Meer. Sie nehmen alle fünf Sinne durch, sich jeden einzelnen vergegenwärtigend, so daß Ihr Bild, wie Sie hier stehen, in Ihnen lebendig wird.

Das nächste Mal dann, wenn Sie sich wieder nervös fühlen, schließen Sie Ihre Augen und rufen sich das Bild in Ihre Erinnerung zurück. In wenigen Augenblicken werden Sie das Gefühl der Harmonie und Entspannung wieder spüren, das Sie in jener Nacht an jenem weiten und leeren Strand überwältigte.

Eines Nachts in Pensacola erzählte ein hoher Marineoffizier einer Gruppe von uns eine wunderschöne Geschichte, welche die Wichtigkeit der Ruhe und Gefühlskontrolle bei einer lebensgefährlichen Arbeit illustrierte.

Der Flugzeugträger „Essex“ lief in den Hafen von Pearl Harbour ein, der erste seiner Klasse, beladen mit Flugzeugen und Material aus San Franzisko, einschließlich fünftausend Marinesoldaten. Alle Offiziere und Mannschaften waren gespannt, das erste der Ersatzschiffe zu sehen, und seine Ankunft war ein Ereignis im Krieg.

Als er in den Kanal einlief, brach ein Feuer auf dem Deck aus. Gleichzeitig kam ein Handelsschiff in Sicht, das gerade auslief. Der Kanal von Pearl Harbour war kaum breit genug, um zwei Schiffen den Durchlaß in einer normalen Situation zu erlauben; es stand also kritisch. Das Feuer wurde gemeldet, und der Offizier auf Deck rief dem Kapitän „Feuer auf dem Schuppendeck“ zu.

Ein Brand auf dem Deck ist gefährlich, schon wegen der vielen, mit Treibstoff gefüllten Flugzeuge, die dort stehen, sowie wegen der Nähe der Treibstoff- und Munitionslager.

Der Kapitän beobachtete genau das herannahende Schiff und schien nichts gehört zu haben, weshalb der Offizier auf dem Deck seine Meldung lauter wiederholte. Ohne den Kopf zu wen-

den, sagte der Kapitän, der für seine Unerschütterlichkeit bekannt war, ruhig: „Löscht es aus."
Die zwei Schiffe kreuzten sich, ohne einander zu berühren, und das Feuer wurde mit geringem Schaden gelöscht.
Manche Leute erzählen mir immer wieder, daß die Zeiten so mit Spannung geladen seien! Spannung, so sagen sie, ist überall vorhanden. Wie kann man sich also frei von Spannung halten?
Ich wiederhole: Die Spannung sitzt in Ihrem Geist, in Ihrer Haltung, der Verwirrung, dem Lärm und in den Problemen selbst.
Ein großer Teil der erfolgreichen positiven Menschen, mit denen ich gesprochen habe, oder die mir geschrieben haben, waren Männer, die erkannt hatten, daß sie nicht alles aus eigener Kraft erreichen konnten. Sie bildeten einen Teil einer Gruppe, in welcher viele andere eine wichtige Aufgabe zu erfüllen hatten. Sie lernten andere anzulernen und ihnen Mut einzuflößen und darauf zu vertrauen, daß diese ihre Pflicht erfüllten.
Und schließlich wissen Männer von Format auch um die wirkliche Quelle der Stärke und des Friedens. Sie sind imstande, die Wichtigkeit der geistigen Werte des Lebens zu erfassen. Je größer sie sind, desto bescheidener sind sie.

Und nun, was ist zu tun, wenn man nicht darum herumkommt, inmitten von Spannung zu leben? Ich wette, daß das vier Quadratmeter umfassende Areal des Auskunftsbüros auf dem oberen Teil des New Yorker Zentralbahnhofs der verwirrendste Ort der Welt ist. Ich ging eines Tages dorthin, um etwas zu fragen. Aus der wogenden Menge heraus formte sich dort ständig ein kleiner Menschenknäuel, jeder mit einer brennenden Frage, die es sofort zu beantworten galt!
Ich beobachtete den Mann hinter dem Schreibtisch, wie er mit den Leuten verhandelte. Er zeigte keine Spur von Nervosität. Es war erstaunlich. Hier war ein kleiner Mann, Brillenträger, schwerem Druck ausgesetzt, der ungeduldigen und verwirrten

Reisenden Antwort auf ihre Fragen gab. Dabei war er einer der ruhigsten Männer, die ich je gesehen hatte.
Die Person, der er sich gerade zuwandte, war eine kleine, plumpe Frau, mit einem Shawl um den Kopf. Ich erinnere mich, daß ein paar kleine Härchen auf ihrem Kinn wuchsen.
Der Auskunftsmann lehnte sich nach vorne, um ihre Stimme aus all dem Lärm heraus zu vernehmen. „Ja, meine Dame?"
Er sah langsam auf und richtete seinen Blick durch die Brillengläser auf die Frau. „Also, wohin wollen Sie fahren?"
„Springfield."
„Und das ist Springfield, Ohio?"
„Massachusetts."
Ohne auf den Fahrplan zu schauen gab er die Antwort: „Dieser Zug fährt in genau zehn Minuten ab. Bahnsteig 25. Sie brauchen nicht zu rennen, Sie haben Zeit genug."
„Sie sagten Bahnsteig 25?"
„Jawohl, meine Dame."
„Fünfundzwanzig?"
„Fünfundzwanzig."
Die Frau drehte sich um, und der Auskunftsbeamte richtete seine Aufmerksamkeit auf den Mann mit dem breiten Hut. Aber noch einmal fragte ihn die Frau nach der Bahnsteignummer.
„Sagten Sie Bahnsteig 25?"
Dieses Mal jedoch wandte der Mann hinter dem Schreibtisch seine Aufmerksamkeit dem neuen Reisenden zu und hörte nicht mehr auf die kleine Frau mit dem Shawl.
Schließlich gab es einen Augenblick der Ruhe, und ich ergriff die Gelegenheit, um dem Mann von der Auskunft eine Frage zu stellen. „Ich bewundere die Art, wie Sie mit dem Publikum umgehen", sagte ich. „Sagen Sie mir, wie machen Sie das, daß Sie dabei so ruhig bleiben können?"
Da richtete sich der Mann auf und schaute mich durch seine Brillengläser an. „Ich gebe mich nicht mit dem Publikum ab",

sagte er, „ich beschäftige mich nur mit einem einzigen Reisenden. Es ist also immer nur eine Person, mit der ich mich den ganzen Tag hindurch beschäftige. Und nun: wo wollten Sie hin?"

Ich habe diesen Satz niemals vergessen: „Es ist immer nur eine Person, den ganzen Tag hindurch." Und ich gedenke, ihn niemals zu vergessen, denn er ist als Lehrsatz allzu wichtig für die Überwindung der Ursachen, die Spannung erzeugen. Er war für mich insbesondere von großem Nutzen, wenn mehrere Probleme zu gleicher Zeit meine Aufmerksamkeit beanspruchen wollten. Immer, wenn Dinge von verschiedenen Seiten auf mich zukommen, erinnere ich mich: „Nur immer *ein* Ding." Das ist es. Diese Erkenntnis vermag die Spannung zu drosseln und Gefühlsbewegung unter Kontrolle zu halten.

„Dieses eine Ding tue ich", sagte auch Paulus. (Phil. 3, 13.) Es liegt eine magische Kraft in diesem Satz. Wenn das Leben Sie herumstößt, wenn Spannung in Ihnen aufkommt und Sie „geladen" und gereizt macht, dann sagen Sie diesen Satz: „Dieses *eine* Ding tue ich." Denken Sie daran, wenn Sie zur Arbeit gehen, und dann nehmen Sie sich vor, nach diesem Grundsatz zu leben. Entwickeln Sie die Gewohnheit, bei irgendwelchen Unterbrechungen, mögen sie sich in der Gestalt von Personen, Gedanken oder Geräuschen zeigen, „einen Augenblick, bitte" zu sagen. Wenn Sie diese Gewohnheit vervollkommnen, werden Sie bemerken, daß die Spannung nachläßt und an ihre Stelle Ruhe und Vertrauen tritt. Wenn Sie mit Herz und Verstand der Quelle des inneren Friedens geöffnet sind, dann sind Sie imstande, in Ruhe und geistigem Frieden zu leben, mögen auch die Umstände noch so aufregend erscheinen.

Das wurde mir klar bei einem Mann, den ich an einem Wintermorgen traf. Es sei vorausgeschickt, daß ich jeden Tag in meinem Morgengebet den Herrn bitte, mich zu jemandem zu führen, von dem er wünscht, daß ich ihm im Laufe des Tages helfe.

Ich empfehle diese Praxis. Sie wird Ihnen zu manchem anregenden Erlebnis verhelfen.
Nun, an jenem bewußten Tag klingelte das Telefon, und eine aufgeregte Stimme erinnerte mich an eine Zusammenkunft. Ich sollte mich mit einem Mann in der Stadtmitte Manhattans treffen. Ich hatte den Eindruck, daß eine Katastrophe einträte, wenn ich nicht erscheinen würde oder zu spät käme. Es war gerade zur Zeit des größten Verkehrs, und kein Taxi stand zur Verfügung. Ich wohne in der oberen Fifth Avenue, und da kein Taxi zu sehen war, entschloß ich mich, lieber rasch zu Fuß nach der Madison Avenue zu gehen, wo die Aussichten, ein Taxi zu finden, vielleicht etwas besser waren.
Dann entschloß ich mich, die Selbstkontrolle, wie ich sie andern zur Lösung von Spannungen empfehle, selber durchzuführen. Ich schlug bewußt ein langsameres Tempo ein und trug dem Herrn damütig vor, er möge es fügen, daß ein Taxi frei werde, wenn er wünsche, daß ich zu jenem Rendezvous gelangen solle. Und genau das geschah. An der nächsten Ecke stand ein leeres Taxi. Und wie sich bald herausstellte, war mein erstes Gebet in Erfüllung gegangen, denn der Fahrer war ein Mann, der Hilfe brauchte.
Er war außerordentlich angespannt und hielt das Lenkrad so krampfhaft fest, daß seine Fingerknöchel weiß waren. Er sprach unaufhörlich, sich in nervöser Art über alle andern Fahrer in der Avenue beklagend. Wie er sich so durch den Verkehrsstrom hindurchschlängelte und ich ihm zuhörte, erweckte er den Eindruck, daß von allen Fahrern auf der Madison Avenue er allein das Fahren verstehe. Er lehnte sich zum Fenster hinaus und belehrte brüllend die andern. Er schuf eine spannungsgeladene Stimmung, obwohl ein Schild im Wagen die Leute dazu ermunterte, sich zurückzulehnen und die Fahrt zu genießen. Dieser angespannte, äußerst nervöse Mann tat mir wirklich leid. So entschloß ich mich, was ich schon öfters getan habe, beruhigende

Gebete zu ihm hin zu richten. Ich versuchte, ihn mit dem Frieden Gottes zu umgeben, während wir durch die dicht befahrene Straße rollten.

Dann bemerkte ich etwas, das manches erklärte. Es war ein gedrucktes Schild, welches in Augenhöhe so angebracht war, daß man es sehen mußte. „Sie können die Lage nur beherrschen, wenn Sie in all dem Trubel den Kopf über den Nebel halten."

Ich fragte den Taxichauffeur, was dieser Spruch, offenbar sein Trostspruch, bedeute, und er sagte mir, er wisse es nicht, aber er muntere ihn auf. Nun sind wir natürlich kaum in der Lage, uns von allen Verwirrungen dieser Welt fernzuhalten. Wir müssen einfach darin leben und die Situation verstehen. Und das ist gerade der springende Punkt; wir *können* die Ursachen der Spannung verstehen und mit ihnen fertig werden, weil wir das Geheimnis des Seelenfriedens kennen.

Am Ziel angekommen, sagte ich dem Fahrer, es tue mir leid, daß er so nervös sei, denn wenn er dieser Nervosität nicht Herr werden könne, bestehe für ihn die Gefahr, krank zu werden. Er zog aus meinen Bemerkungen den Schluß, daß ich Arzt sei, und fragte mich angstvoll, wie wohl sein nervöser, gespannter Zustand zu heilen sei.

Ich sagte ihm, daß ich kein Arzt sei, daß ich ihm aber einen solchen empfehlen könne, der ihn heilen würde. Auch wüßte ich um die Methoden, die dieser Arzt anwende, und könne ihm etwas verschreiben. Die Verordnung bestehe weder aus einer Flüssigkeit noch aus Pillen, sondern aus einem heilsamen Gedanken, der, in seinem Geist wohnend, ihn mit Friede und Stärke erfüllen werde. Darauf nahm ich ein Stück Papier und schrieb die Worte darauf: „Der Friede Gottes, welcher höher ist als alle Vernunft, bewahre eure Herzen." (Philipper 4, 7.)

„Kleben Sie das neben Ihr anderes Schild", sagte ich. „Schauen Sie sich diese wenigen Worte an, bis sie sich so tief in Ihren Geist eingeprägt haben, daß sie in Ihr Unterbewußtsein eingehen. Sie besitzen dann eine heilende Kraft, die imstande ist, Ihre Spannung zu beseitigen."

Der Mann betrachtete das, was ich geschrieben hatte, lang und intensiv. Es war offenbar, daß diese Worte Eindruck auf ihn machten. „Vielleicht ist es das, was ich brauche", sagte er. „Ich werde versuchen, Ihren Rat zu befolgen."

Ich hätte ihm noch mehr beruhigende Worte sagen können, aber das schien einstweilen zu genügen.

Aber für Sie, liebe Leser, werde ich noch andere hinzufügen. Es geht darum, spannungserzeugende Gedanken durch den systematischen und bewußten Gebrauch von Gedanken des Friedens zu vertreiben. Das Gefüge der verkrampften Gedankenkomplexe muß durch wirklich kräftige und heilsame Gedanken, welche die Sachlage zu ändern vermögen, gelöst werden, damit Ihr Geist ganz davon erfüllt werde. Die Ärzte versichern, daß gewisse Gedanken uns krank, wirklich physisch krank machen können. Solche Gedanken sind Haß, Furcht und Spannung, um nur drei davon zu nennen. Dr. Alexis Carrel sagt: „Wenn Neid, Haß, Angst zur Gewohnheit geworden sind, sind sie imstande, organische Veränderungen zu verursachen und richtige Krankheiten hervorzurufen." Und andere Gedanken können Sie gesund machen, nämlich dauernde Gedanken der Liebe, des Glaubens und des Friedens!

Aber es müssen zielstrebige und systematisch angewandte Gedanken sein, die regelmäßig in den Gedankenstrom eingeschaltet werden. Nach einer gewissen Zeitspanne werden sie den Charakter in seinem tiefsten Wesen umformen. Dann wird die Spannung, die Sie umfing und vielleicht sogar Ihren Blutdruck, Ihr Herz und Ihr Allgemeinbefinden in Mitleidenschaft zog, nachlassen, und Sie werden zu einem normalen Zustand des geistigen und körperlichen Wohlbefindens zurückfinden.

Während einer Woche greifen Sie zu den folgenden Gedanken, täglich mehrere Male, durchdenken Sie diese genau, um ihren tieferen Sinn zu erfassen. Dann lernen Sie jeden auswendig. Sagen Sie ihn vor sich hin, bis er in Ihr Bewußtsein eingedrungen ist. Dann stellen Sie sich vor, wie er stetig und immer tiefer in Ihr Unterbewußtsein eindringt, um dort sein heilendes Werk zu vollbringen.

Verfahren Sie dann jeden Tag genaus so mit jedem von ihnen. Wenn diese wenigen Gedanken vollständig in Ihren Gedankenstrom eingefügt sind, dann durchblättern Sie die Bibel nach Ihrem eigenen Gutdünken, die Texte heraussuchend, welche Ihnen besonders zur Beruhigung geeignet erscheinen. Sättigen Sie Ihren Geist mit ihnen, und lassen Sie Ihr ganzes Bewußtsein von ihnen durchdringen.

Das mag Ihnen als ein sonderbares System erscheinen, aber es wird Wunder wirken. Hunderte und Tausende erzählen mir von den großen Wirkungen, die diese Methode für sie gezeitigt hat; wie sie dadurch von ihrer inneren Spannung befreit wurden. Es ist wirklich einer der merkwürdigsten Erfolge positiven Denkens.

Hier ein „Rezept“ spannungsheilender Gedanken für eine Woche:

Montag: „Frieden lasse ich euch, meinen Frieden gebe ich euch. Euer Herz erschrecke nicht und fürchte sich nicht.“ (Johannes 14, 27.)

(Wo „euch“ oder „euer“ steht, setzten Sie Ihren eigenen Namen ein.)

Dienstag: „Du erhältst stets Frieden nach gewisser Zusage; denn man verläßt sich auf dich.“ (Jesaja 26, 3.)

Mittwoch: „Mein Angesicht soll vorangehen; damit will ich dich leiten.“ (2 Mose 33, 14.)

Donnerstag: „Sei stille dem Herrn und warte auf ihn." (Psalm 37, 7.)

Freitag: „Kommet her zu mir alle, die ihr mühselig und beladen seid, ich will euch erquicken." (Matthäus 11, 28.)

Samstag: „Und der Friede Gottes regiere in euren Herzen." (Colosser 3, 15.)

Sonntag: „Er weidet mich auf einer grünen Aue und führet mich zum frischen Wasser. Er erquicket meine Seele." (Psalm 23, 2 + 3.)

Achten Sie auch darauf, daß Sie sich bei keiner Gelegenheit in Spannung hineinreden. Worte sind einfach gestaltete Gedanken. Wenn Sie also mit Spannung reden, dann denken Sie ebenfalls mit Spannung und umgekehrt. Wenn Sie aber aufhören, spannungsgeladene und nervöse Bemerkungen zu machen, so flaut auch der spannungerzeugende Gedanke wieder ab. Dieser Vorgang kann dadurch gefördert werden, daß Sie ruhig sprechen und das Tempo des Sprechens verlangsamen, indem Sie einen bedächtigen, ruhigen Ton anschlagen.
Nehmen Sie es gemütlich, wenn Sie sprechen. Überwachen Sie das Anschwellen des Tones. Wenn Ihnen jemand ins Wort fällt, bevor Sie mit dem Satz fertig sind, dann denken Sie einfach, daß seine Worte wahrscheinlich spannungsgeladen waren, und lassen Sie es dabei bewenden. Wenn Sie Ihren Gedankengang später weiter entwickeln wollen, gut — aber vielleicht lassen Sie die Sache einfach fallen. Es ist heutzutage vielfach eine nervöse Gewohnheit geworden, einfach drauflloszuschwatzen, ob damit nun wirklich etwas ausgesagt wird oder nicht.
In diesem Zusammenhang gibt es noch eine vorzügliche Methode, über die ich mich mit Ihnen unterhalten möchte. Es ist eine Methode, die von Männern und Frauen angewandt wird, die gelernt haben, erfolgreich mit der Spannung zu leben. Manchmal wird sie rein instinktiv benutzt, manchmal auch, wie im Falle

des Geschäftsmannes, von dem ich sprechen werde, mit Absicht. Ich traf diesen Mann in einem Eisenbahnwagen, und er lehrte mich eine gute Methode, die Spannung zu vermindern. Der gut aussehende Mann war zum Vorsitzenden einer geschäftlichen Vereinigung im Süden ernannt worden. Er ließ sich auf seinem reservierten Platz mir gegenüber nieder, zog eine kleine Brieftasche heraus und begann damit, sich mit verschiedenen kleinen Aktenstößen zu umgeben. Er hatte sein ganzes Bureau mitgebracht und war bereit, hier in der Eisenbahn, an die Arbeit zu gehen.

Doch ehe er sie in Angriff nahm, tat er etwas Sonderbares. Er zog ein schwarzes Täfelchen, von der Größe einer Postkarte, aus seiner Brieftasche. Mit großen, weißen Lettern standen auf dem Täfelchen zwei Worte geschrieben: „Plane rückwärts". Der Mann stellte diese Worte auf den Tisch vor sich hin und begann zu arbeiten.

Schließlich überwältigte mich die Neugier, ich lehnte mich nach vorn und fragte: „Verzeihung, ich hoffe, daß Sie es mir nicht verübeln, wenn ich Sie etwas frage."

Der Mann nahm seine Brille ab, schaute mich an und sagte, daß er es mir gewiß nicht verarge und was er für mich tun könne.

„Nun", fuhr ich fort, „ich habe schon eine ganze Anzahl solcher Schildchen gesehen, auf denen ‚Plane vorwärts' steht, aber eines mit der Inschrift ‚Plane rückwärts' noch nie."

Er lachte und sagte: „Das ist weiter nichts als eine Mahnung an mich selbst, meine Zeit einzuteilen."

„Aber warum rückwärts? Warum nicht vorwärts?"

„Weil rückwärts zu planen die Idee eines bestimmten Zieles enthält", sagte er. „Sie wählen sich ein Ziel und stellen sich dann vor, wie Sie es erreichen können; dann planen Sie rückwärts, bis Sie genau wissen, wo und wann Sie anfangen müssen."

In der Tat — welche gute Idee! Plane rückwärts! Ich habe es versucht, und es hat sich bewährt. Die Bedeutung dieser Taktik liegt darin, daß es Sie dazu führt, sich darauf einzustellen, ein Projekt zur richtigen Zeit anzupacken. Ich bin der festen Überzeugung, daß jedes Programm einen maximalen, eigenen Zeitwert besitzt. Zu wenig Zeit dafür aufzuwenden, ruft innere Spannung hervor, zu viel Zeit hingegen bedeutet Vergeudung! Versuchen Sie herauszufinden, welchen Zeitwert die Aufgaben besitzen, die Ihren Tag in Anspruch nehmen. Wie lange dauert es tatsächlich, Ihre Korrespondenz richtig zu erledigen? Wieviel Zeit brauchen Sie genau, um das Frühstück zuzubereiten, zur Autobus-Haltestelle zu gehen, die Kinder zur Schule zu bringen? Planen Sie von diesen Zielen *rückwärts,* und Sie werden erkennen, zu welcher Zeit Sie *beginnen* müssen, um diese notwendigen Ziele wirkungsvoll und ohne Eile zu erreichen. Das unterbindet die Spannung. Beginnen Sie einfach rechtzeitig.

Natürlich besteht die grundlegende Heilung innerer Spannung im Frieden Gottes. „Den Frieden lasse ich euch, meinen Frieden gebe ich euch. Nicht gebe ich euch, wie die Welt gibt. Euer Herz erschrecke nicht und fürchte sich nicht." (Joh. 14, 27.)

In der Erkenntnis, daß die moderne Welt den Frieden Gottes braucht, habe ich in den Gottesdiensten der Marble Collegiate Church eine Zeitspanne der schöpferischen, geistigen Ruhe eingeführt. Jedermann wird dazu ermahnt, seinen Körper zu entspannen und nur an Gott zu denken. Ein tiefer, tiefer Friede senkt sich auf die große Schar. Die einzigen vernehmbaren Töne kommen von der Fifth Avenue, sie werden jedoch durch die dicken Mauern der alten Kirche gedämpft. Wenn alles still ist, schlage ich vor, daß jedermann seine Probleme, Ängste und Spannungen „in den tiefen Teich der Ruhe" versenken solle. Die Wirkung ist erschütternd. Der Friede Gottes breitet sich wirklich über die Menschen aus, Herz und Seele von der Hast des Lebens befreiend.

Um darzulegen, wie nötig wir alle den Frieden Gottes brauchen, schließe ich dieses Kapitel mit dem rührenden Brief eines jungen Mädchens.

„Vor allem möchte ich Ihnen sagen, daß ich zwanzig Jahre alt und römisch-katholisch bin. Ich bin in der Ausübung meiner Religion auferzogen worden, und ich habe es weiter so gehalten. Kürzlich jedoch habe ich bemerkt, daß mein Glaube an Gott und seine Macht mich immer mehr verließ. Ich erkannte, daß mein Glaube mir entglitt, und so bat ich denn Gott, er möge meinen Glauben und mein Vertrauen zu ihm erneuern und festigen. Und durch die Vermittlung Ihres Buches hat Gott mir geholfen. Sie können nicht ermessen, wie viel glücklicher ich nun bin, welcher Seelenfriede in mir wohnt und wie viel mehr ich das Leben liebe. Als ich Ihr Buch ‚Die Kraft positiven Denkens' las, habe ich jede Ihrer Anregungen mit ganzer Seele befolgt, und so werde ich fortfahren, Ihren Ratschlägen nachzuleben, bis sie ein Teil meines Selbst geworden sind.

Vor einigen Tagen machte ich eine erschütternde Erfahrung: Ich habe mich während ungefähr einem Jahr mit einem akuten Schuldkomplex herumgequält. Dieses Gefühl verhinderte mich daran, glücklich zu sein, und ließ mich in einem Zustand der Nervosität und des Elends verharren. Ich habe meine Verfehlung vor mehreren Monaten Gott gebeichtet und dafür die Absolution erlangt. Doch in meinem Geist war das noch nicht genug. Es nagte an mir, und ich stellte mir alle möglichen schrecklichen Dinge vor, die daraus entstehen könnten. Es überfielen mich Erinnerungen, und mein Schuldgefühl fuhr fort, mir zu sagen, daß ich eines Tages diese Sünde erneut begehen würde. Am Tage war ich ein Nervenbündel, und obschon ich versuchte, Ihren Anregungen zu folgen, d. h. Entspannung zu üben, blieb ich weiterhin verstört. Nachts konnte ich nicht schlafen, doch plötzlich kam mir der Gedanke, wenn ich die Angelegenheit mit Gott bespräche, er mir Friede und Linderung geben könne. Ich sagte

ihm, ich wisse zwar, daß er mir vergeben habe und wie aufrichtig ich mich zu bessern wünsche. Ich bat ihn, er möge mir meine Schuldgefühle abnehmen. Sofort geschah es, und ich fiel in einen friedlichen Schlaf. Diese Gefühle haben mich seither nie mehr gequält, und ich weiß, sie werden es nie wieder tun.
Während ich Ihr Buch las, habe ich gefühlt, daß Sie versuchten, mir persönlich zu helfen. Und das haben Sie wirklich getan."
Nehmen Sie Ferien von den Spannungen, wenn immer Sie können. Legen Sie Ihre Uhr von Zeit zu Zeit beiseite; bauen Sie kleine Oasen des Friedens in Ihren Tag hinein. Aber in der Zeit, da Sie mit der Spannung leben müssen, nehmen Sie die Gewohnheit an zu sagen: „Einen Augenblick, bitte." Füllen Sie Ihren Geist voll und ganz an mit beruhigenden Gedanken; zügeln Sie Ihr Tempo, wenn Sie sprechen. Vermeiden Sie, in Spannung zu geraten, wenn Sie ein Ziel verfolgen. Planen Sie rückwärts! Billigen Sie den Arbeiten, die Sie zu erledigen haben, genügend Zeit zu. Und schließlich, das allerwichtigste: Üben Sie jeden Tag den Frieden Gottes.
Folgen Sie diesen einfachen Regeln, und es wird kein Grund bestehen, warum Ihr Leben nicht voller Friede, Ruhe und Gleichmut sein könnte. Sie haben es nicht nötig, der inneren Spannung zu erlauben, Sie zu erdrücken.

11. Kapitel

Bessere Gesundheit durch positives Denken

In meinem Bureau der Marble Collegiate Church habe ich einen kleinen Spielzeug-Kohleneimer, der Miniatur-Kohlenstückchen enthält. Ich glaube, ich werde dieses Kohleneimerchen immer behalten, weil es ein Gleichnis für ein Geheimnis der Gesundheit durch positives Denken darstellt.

Es geschah folgendes: Eine bekannte Persönlichkeit bat mich, die Tante seiner Frau, die sich im Spital befand, zu besuchen. Diese Frau zeigte sich als eine überaus interessante und fähige Person. „Es geht mir schon besser", sagte sie. „Es ist mein Kohleneimer, der das fertiggebracht hat."

„Ihr Kohleneimer?" antwortete ich. „Ich habe noch nie gehört, daß Kohleneimer gesundheitsfördernde Eigenschaften besitzen. Überdies, wer hat denn noch Kohleneimer in unserm Zeitalter der modernen Heizung?"

Dann sah ich ihn. Die Frau lag da in ihrem Spitalbett, umgeben von den üblichen Flaschen, Geräten und Blumenvasen, und mitten auf dem Tisch an der anderen Seite des Bettes stand ein Miniatur-Kohleneimer, eine genaue Wiedergabe der schwarzen, altertümlichen Art, die von unseren Großeltern benützt wurde. „Nun", sagte ich, „das ist gewiß die ungewöhnlichste Spitalausrüstung, die ich je gesehen habe. Hat das etwas mit Ihrem guten

Aussehen zu tun?" Und sie sah wirklich sehr gut aus und setzte sich gleich in ihrem Bett auf.

„Es ist das Symbol meines Sieges", sagte sie. „Lassen Sie mich davon erzählen. Hier in diesem Spital war ich körperlich krank, und mein Geist war niedergeschlagen. Dann gab mir jemand ein Exemplar Ihres Buches ‚Die Kraft positiven Denkens'. Ich war besonders betroffen von der Tatsache, daß negative Gedanken Schaden an unserem Körper anrichten können. Also beschloß ich, all die alten, schwarzen Gedanken aus meinem Geist zu verbannen und an ihre Stelle helle, hoffnungsvolle Gedanken zu setzen.

Ich begann zu beten und die Bibel zu lesen, wie Sie es nahelegten, aber die schwarzen Gedanken blieben. Eines Tages fiel mir ein, daß man schwarze Gedanken mit einem häßlichen, schwarzen Stück Kohle vergleichen könne. Merkwürdige Gedanken werden manchmal geboren, aber ich glaube, daß Gott es war, der mir diesen guten Gedanken gab. So ließ ich mir diesen kleinen Kohleneimer kommen. Wenn nur ein schwarzer Gedanke kommt, nehme ich in Gedanken ein Stückchen Kohle und sage: ‚Mit Gottes Hilfe werfe ich diesen Gedanken aus meinem Geist hinaus.' Und dabei werfe ich die Kohle in den Abfalleimer. Ich bin sicher, daß meine Krankenschwester dachte, ich sei verrückt geworden; aber dann bemerkte auch sie, wie sehr meine Geisteshaltung sich besserte. Dieses einfache System hat mir unendlich viel geholfen, und ich danke Gott für die befreienden Gedanken, die nun den Platz der alten, schwarzen Gedanken eingenommen haben, die in so großem Maße an meiner Krankheit mitschuldig waren. Sie können es sich nicht vorstellen, Dr. Peale, wie viel dieser dumme, kleine Kohleneimer mit meiner Gesundung zu tun hat."

Als sie später das Spital verlassen hatte, schickte sie mir den kleinen Kohleneimer, und dort steht er nun auf meinem Bücherregal, um mich an eine wichtige Wahrheit in bezug auf das geistige und körperliche Wohlbefinden zu erinnern. Entledigen auch Sie sich Ihrer schwarzen Gedanken!

Ich bin schon öfters von der Wirkung positiver Gedanken auf die Gesundheit beeindruckt worden, ebenso von der Tatsache, daß negative Gedanken öfters Krankheit hervorrufen. Negative Gedanken zu beherbergen ist sehr gefährlich. Hiob sagt: „Was ich befürchtet habe, ist über mich gekommen." (Hiob 3, 35.) Und Hiob ist nicht der einzige, der herausgefunden hat, daß man durch ungesundes Denken Katastrophen über sich selbst heraufbeschwören kann.

Gelegentlich begegnet man einem dramatischen Beispiel für diese Tatsache. In England las ich im „London Daily Mail" die Schilderung des merkwürdigen Todes von Gem Gilbert, eines britischen Tennis-Stars. Sie starb, als ein Zahnarzt sich bereit machte, ihr einen Zahn zu ziehen.

Jahre zuvor, als kleines Mädchen, ging Gem Gilbert mit ihrer Mutter zum Zahnarzt, die sich einen Zahn ziehen lassen wollte. Etwas höchst Ungewöhnliches und Tragisches geschah. Das kleine Mädchen mußte zusehen, wie die Mutter im Stuhl des Zahnarztes starb. Was waren die Folgen? In ihrem Geiste prägte sich dieses Bild unauslöschlich ein. Die Vorstellung wurde eine geistige Wirklichkeit, und Gem Gilbert trug sie während dreißig Jahren mit sich herum. Diese Angst war so echt, daß sie sich immer dagegen sträubte, einen Zahnarzt aufzusuchen, und mochte sie eine Behandlung noch so nötig haben.

Aber schließlich hatte sie so starke Schmerzen, daß sie damit einverstanden war, einen Zahnarzt zu sich, in einen Ort an der Küste von Sussex, kommen zu lassen, um ihr einen Zahn zu ziehen. Der Arzt und ein Pfarrer standen ihr bei. Sie setzte sich auf den Stuhl. Der Zahnarzt band ihr eine Serviette um. Er machte seine Instrumente bereit, und als sie diese sah, starb sie.

Der Schreiber des „Daily Mail" bemerkte hierzu, daß Gem Gilbert durch „einen dreißig Jahre lang gehegten Gedanken" getötet worden sei. Natürlich ist dies ein extremer Fall, aber überall gibt es Leute, die ebenso sicher, wenn auch weniger dramatisch, sich selbst großen Schaden zufügen, indem sie eine krankheitsbildende Haltung einnehmen, die auf den Gefühlen der Niederlage, des Hasses, der Angst und der Schuld beruhen. Darum ist es offensichtlich, daß ein wichtiges System zur Erhaltung der Gesundheit darin besteht, den Geist von allen ungesunden Gedanken zu befreien. Es ist wichtig, den eigenen Geist regelmäßig zu säubern. Wir müssen uns vor geistiger Ansteckung schützen, um uns einen gesunden Körper zu erhalten.

Bernard Baruch sagt: „Es gibt zwei Dinge, die für das Herz schädlich sind: die Treppe zu schnell hinaufrennen und jemandem etwas nachtragen." Das gilt nicht nur für das Herz, sondern auch für den ganzen Körper. Verzeihen allein kann hier helfen. Von einer Frau, die einen Unfall erlitt, als sie mit ihrem Mann auf der Jagd war, erhielt ich einen Brief folgenden Inhalts:

„Ich hatte einen Unfall im Jahre 1946, als ein Gewehr, aus dem ich einen Schuß abgab, hart zurückschlug und meine rechte Schulter verletzte. Es entstanden starke Schmerzen, und ich suchte später einen Spezialisten auf. Röntgenstrahlen enthüllten eine Wucherung am Knochen, auch eine Nervenquetschung war festzustellen.

Ich bekam Einspritzungen in die Stelle der Nervenquetschung und nahm Cortison. Aber die Schmerzen kamen wieder. Ich war unfähig, den Arm über eine gewisse Höhe hinaus zu heben. Ich verabredete mit meinem Arzt, eine Behandlung mit Röntgenstrahlen zu beginnen, sobald er von einer Reise zurückgekehrt sei.

Dann begann ich ‚Die Kraft positiven Denkens' zu lesen. Nachdem ich die Stelle gelesen hatte, in der vom Groll und seiner Wirkung auf die körperlichen Zustände die Rede ist, legte ich das Buch nieder und dachte nach. Ich hatte verschiedene Diffe-

renzen mit meiner einzigen Schwester gehabt, und wir standen nicht auf gutem Fuß miteinander, obwohl wir äußerlich die Form wahrten, wenn wir uns trafen. Wir hatten uns während vier Monaten weder besucht noch Telefongespräche geführt und waren schon seit einer Reihe von Jahren nicht mehr wirklich freundlich zueinander gewesen.
Nachdem ich reichlich nachgedacht hatte, rief ich sie telefonisch an, führte ein vergnügtes Gespräch mit ihr, was für sie eine große Überraschung war, und anerbot mich, ihr in jeglicher Weise behilflich zu sein. Als ich den Hörer auflegte, weinte ich leise vor mich hin.
Dann, zu meinem großen Erstaunen, hatte ich ein Gefühl des Brennens an der Innenseite meines Unterarms. Es ist schwer zu erklären, aber ich fühlte geradezu, wie die Drüsen arbeiteten. Dieses Gefühl war so intensiv, daß ich instinktiv auf meinen Vorderarm schaute, in der Erwartung, er werde auseinanderbrechen. Es dauerte ein paar Sekunden, und der Schmerz verschwand.
Und dann begann ich, zuerst zaghaft, meinen Arm zu bewegen, zu biegen, zu strecken und zu heben. Seitdem kann ich den Arm frei bewegen, ohne Schmerz."
Groll! Was ist das für eine gewaltige Gemütsbewegung, die so viel Unheil in unserm Körper anrichtet? Die Sache scheint so zu sein, daß wir schmerzliche Erinnerungen immer und immer wieder nachempfinden. Wir haben ein Erlebnis, das unsere Persönlichkeit schwer verletzt. Wir fühlen es wieder und machen uns dadurch, daß wir es ständig wiederempfinden, elend und krank. Schließlich aber sträubt sich das bewußte Denken, die schmerzliche Erinnerung stets wieder zu erleben. Aber statt zu verzeihen oder zu vergessen, zwingt es die Erinnerung, sich in das Unterbewußtsein zu flüchten, wo die unterdrückte, gefühlsmäßige Reaktion, in Gestalt körperlichen Schmerzes oder Krankheit, ausbrechen kann.

Ein Arzt erzählte mir von einer fünfzigjährigen Frau, die ihn regelmäßig wegen verschiedener körperlicher Leiden aufsuchte. Wohl konnte er diese lokal mit Erfolg behandeln, aber früher oder später traten sie wieder auf. Schließlich hatte der Arzt den Verdacht, die Leiden der Patientin könnten mehr psychischer als körperlicher Natur sein, und er entschloß sich, einen Versuch zu wagen.

„Wissen Sie", sagte er zu ihr, als sie wieder einmal zur Behandlung erschien, „ich glaube, daß Sie entweder eine schreckliche Angst vor etwas haben oder einen tiefen Groll hegen. Ich weiß nicht, was es ist, und solange ich das nicht weiß, fürchte ich, Ihnen nicht viel helfen zu können."

Es folgte eine lange Unterredung, aus der hervorging, daß der Verdacht des Arztes gerechtfertigt war. Die Patientin hatte als Kind einen schweren seelischen Schock erlitten. Sie hatte eine wunderhübsche Schwester gehabt, während sie selbst immer als unscheinbares Kind betrachtet wurde. Als beide noch sehr jung waren, starb die schöne Schwester. Am Sarge weinte die Mutter bitterlich. Plötzlich drehte sie sich der reizlosen Tochter zu und schrie: „Warum warst es nicht du?!"

Das war ein so furchtbar schmerzliches Erlebnis, daß ihr Geist versuchte, es nicht anzunehmen. Unglaublich, daß ihre eigene Mutter sie nicht liebte! Aber sie wollte nicht daran erinnert werden. Also versuchte sie, das Erlebnis in ihrem Unterbewußtsein zu vergraben, aber es blieb trotzdem aktiv in ihrem wachen Bewußtsein. So entwickelte sich ihr Haß gegen die Mutter, und diese Tatsache wollte sie wiederum nicht anerkennen und einfach hinnehmen. Also vergrub sie auch das in ihr Unterbewußtsein. Diese ungesunden Gemütsbewegungen wurden tief verdrängt und begannen ihr zerstörerisches Werk.

Alles schien leidlich zu gehen, bis aus diesem oder jenem Grund (vielleicht war es ein Telefonanruf ihrer Mutter oder die Begegnung auf der Straße mit einer Person, die sie lebhaft an letztere erinnerte) der alte Groll von neuem entfacht wurde. Sie wehrte sich gegen die schmerzlichen Gemütsbewegungen, aber diese verschafften sich trotzdem ihr Recht, nur nahmen sie eine andere Gestalt an. Als sie schließlich den wirklichen Grund ihrer körperlichen Leiden erkannt hatte, war sie in der Lage, ihr ganzes, mit Haß und Groll belastetes Herz dem Arzt auszuschütten. Als sie das Heilverfahrens des Verzeihens anwandte, wurde sie ihren Haß los. Die geistige Gesundheit, die sie dadurch erlangte, fand ihre Auswirkung in körperlicher Gesundheit. Von Stund an war sie von den ständig wiederkehrenden Leiden befreit.

Diese Patientin hatte lange Jahre ihre schlechten Gefühle vergraben, ehe sie sich in Krankheit entluden, aber manchmal stellen sich die Wirkungen solcher Gefühle viel unmittelbarer ein. Selbst die normalen Reibungen des täglichen Lebens können Kopfweh, Rückenschmerzen und dergleichen hervorrufen. Ein Fall dieser Art erregte kürzlich meine Aufmerksamkeit in einer fast lustigen Weise. Ein alter Freund plauderte aus, daß er sich elend fühle und daß er seine Schwiegermutter hasse. Er erkannte selbst den Zusammenhang zwischen seinen Unlustgefühlen und ihren Gründen.

„Laß mich von ihr erzählen, Norman", sagte er. „Wenn du etwas über Hexen hören willst, dann vernimm diese Geschichte. Ich muß jeden Morgen früh aufstehen, früher als meine Frau; und während ich mein Frühstück einnehme, kommt die Schwiegermutter. Sie ist eine Xanthippe. Unter einem fürchterlichen Kimono trägt sie ein schlampiges, altes Nachthemd, das sie auf dem Boden nachschleift. Sie watschelt in dreckigen Pantoffeln herum, die ihr immerfort von den Füßen rutschen. Ihr Haar ist nie gekämmt und fällt ihr über die Augen. Aber was ich am meisten an ihr hasse, ist die Art, wie sie ihren Toast ißt. Sie nimmt ihn zwischen ihre falschen Zähne und knabbert von vorn und dann von hinten, wie ein Pferd. So sitze ich jeden Morgen,

und warte nur darauf, daß sie endlich damit aufhöre, ihr Brot zu zerknabbern."
Nun, kein Wunder, daß mein Freund Magenschmerzen bekam bei einem solchen Tagesanfang. Ich legte ihm eine einfache Lösung nahe. „Du machst keinen Unterschied zwischen deiner Schwiegermutter als Schwiegermutter und als Frau", sagte ich.
„Sie ist keine Frau", sagte mein Freund mit fester Stimme. „Sie ist weiter nichts als eben eine Schwiegermutter."
„Gerade das ist eben nicht der Fall. Sie war eine Frau, bevor sie eine Schwiegermutter wurde; und wenn du eine Lösung deines Problems wünschest, schlage ich dir vor, sie als Frau zu behandeln, wenn sie morgens zum Frühstück erscheint. Warum könntest du sie nicht zum Mittagessen einladen? Sie wird überrascht sein. Sie wird nicht wissen, was sie mit deiner Einladung anfangen soll, und vielleicht wird sie so erstaunt sein, daß sie für mindestens zwei Minuten vergessen wird, an ihrem Brot zu knabbern. Lade sie an einen netten Ort ein. Sage: ‚Ich werde dich in ein feines Lokal mitnehmen. Es wäre mir also recht, wenn du dich hübsch anziehen würdest.' Und wenn sie sich mit dir im Restaurant trifft, führe sie so hinein, als ob du stolz auf sie wärest. Mache ihr Komplimente über ihr Haar und ihr Kleid. Und dann sage ihr folgendes: ‚Ich konnte mir gar nicht vorstellen, wie gut du aussiehst, habe ich dich doch immer nur beim Frühstück gesehen. Mein Gott, du bist ja eine wirklich hübsche Frau!' Dann laß es gut sein. Iß gut mir ihr, sei guter Laune, lasse sie ein paar nette Augenblicke verbringen und warte ab, was geschieht."

Es wirkte Wunder. Am Morgen nach jenem Mittagessen erschien die Schwiegermutter mit gekämmtem Haar, und sobald sie die Gelegenheit dazu fand, kaufte sie sich ein neues Paar Pantoffeln und ein helles, nettes Hauskleid, um den schäbigen alten Kimono zu ersetzen. Es ging nicht lange, da nahm mein Freund zu, und seine Magenbeschwerden waren verflogen.

Aber vielleicht sagen Sie: „Gewiß, Dr. Peale, lassen sich Ihre Ideen gut auf Personen anwenden, deren Krankheiten auf Gemütserregungen zurückzuführen sind. Aber nicht alle Krankheiten werden durch letztere hervorgerufen."

Das ist sehr richtig. Aber in einem gewissen Sinne besteht kein Unterschied, ob die mangelnde Gesundheit psychisch oder physisch bedingt ist. In beiden Fällen kann der Geist des Kranken geheilt werden. Und das ist ein wichtiges Element der Heilung, selbst wenn die körperliche Labilität bestehen bleibt. Ich glaube tatsächlich, daß Ihr Problem, worin es auch immer bestehen mag, gelöst werden kann. Ich stelle diese Behauptung auf in vollkommener Kenntnis all der schrecklichen Probleme, denen die menschliche Natur unterworfen ist.

Ich predige keine bequeme Philosophie, weil wir nicht in einer bequemen Welt leben. Aber ebensowenig leben wir in einer unmöglichen Welt. Vergessen wir das nie! Es steht uns die Hilfe des allmächtigen Gottes zur Verfügung. Die Hilfe, die wir von Gott erlangen, ist von unendlicher Kraft. Wir alle wissen Bescheid um die erstaunlichen Siege, die im Leben der Menschen durch diese Macht erfochten werden. Nehmen Sie als Beispiel den folgenden Brief einer Frau aus Wisconsin:

„Mein Mann war ein kräftiger, gesunder Mensch, bis er anfangs der vierziger Jahre von Arthritis befallen wurde. Es folgten viele Tage mit scheußlichen Schmerzen, aber nachdem der erste Anfall vorüber war, fuhr er fort, sechzehn Staaten als Geschäftsmann zu bereisen. Schließlich mußte er am Stock gehen. An den Fußgelenken und Fingern bildeten sich schreckliche Knoten. Ich begleitete ihn auf einer seiner Reisen. Es war wirklich herzzerreißend, diesen einst so kräftigen Mann die Straßen entlanghumpeln zu sehen und seine Klagen darüber zu hören, daß er unfähig sei, auch nur einen Schritt ohne Schmerzen zu machen. Plötzlich überholte uns ein junger Mann in den dreißiger Jahren, der lustig vor sich hin pfiff. Während er vorbeiging, bemerkte ich zu meinem Schrecken, daß er Haken an Stelle der Hände hatte. Ich lenkte die Aufmerksamkeit meines Mannes auf ihn. Ich sah vor mir das Bild eines jungen Mannes, der noch ein ganzes Leben vor sich hatte, ein Leben mit Haken, statt Händen. Und dabei war er offensichtlich glücklich.

Mein Mann riß sich zusammen und sagte: ‚Ich werde mich nie mehr beklagen.' Und er tat es nie wieder. Er bekam Krampfadern und Wundbrand und verlor einseitig das Augenlicht. Vor drei Wochen mußte er eine Operation an der Gallenblase überstehen und noch verschiedene andere Krankheiten. Seine Finger sind so krumm, daß er nicht imstande ist, seinen Rock zuzuknöpfen.

Aber er ist zufrieden und beklagt sich nie. Er ist dankbar für alle kleinen und großen Gefälligkeiten. Als der Mann vom Ambulanzwagen ihn in seinen Stuhl setzte, drehte er sich zu mir um und sagte: ‚Ich bin gut davongekommen. Gott ist gut zu mir gewesen.'"

Das Problem dieses Mannes wurde nicht gelöst, aber *er* löste es. Es gibt viele solcher Situationen, in denen die Probleme nicht aus der Welt zu schaffen sind, ganz gleich, was immer man dagegen tun mag. Aber der Mensch, der auf Gott vertraut, wird, selbst wenn sein Problem unverändert bleibt, dieses in der Tat besiegen. Dieser Mann mit Arthritis entledigte sich all seiner negativen und sich selbst bemitleidenden Gedanken und heilte, wenn auch nicht die Arthritis, so doch seinen Geist. Er ist heute kein unglücklicher Mensch. Er ist kein Opfer seines Zustandes. Das Ergebnis ist, daß er den Segen der geistigen Gesundheit genießt, trotz seiner physischen Behinderungen. So ist es möglich, unsern Geist zu verbessern. Unsere körperliche Beschaffenheit steht oft außerhalb unserer Kontrolle. Wir erben unsere Gesundheit von unsern Eltern und Großeltern. Meistens ist es glücklicherweise eine ordentliche Gesundheit, die wir erben. — Vor einiger Zeit erhielt ich einen Brief des ehemaligen Präsidenten Harry S. Truman, worin diese Tatsachen bestätigt werden.

„Ich bin immer der Ansicht gewesen, daß man, um ein langes, gesundes und glückliches Leben zu führen, sorgfältig die richtigen Großeltern von beiden Seiten aussuchen soll. Anscheinend ist mir dies gelungen! Natürlich habe ich die Lebensart, die meinem Alter am besten angemessen ist, und die richtigen Eßgewohnheiten nach bestem Vermögen in die Tat umgesetzt. Ich esse das, wonach ich Verlangen habe und wann ich Verlangen danach habe, aber nie so viel, wie ich eigentlich möchte."

Harry Truman berichtet aber auch, daß er seine Gesundheit der Befolgung geistiger Grundsätze verdankt.

Eine der hauptsächlichsten Bedingungen für eine gute Gesundheit besteht in der Überzeugung, daß das Wohlbefinden der Menschen um uns herum genau so wichtig zu nehmen ist wie unser eigenes.

Dr. George W. Crane sagt: „In der modernen Medizin beginnen wir zu begreifen, daß positives Denken eine wohltätige, stärkende Wirkung auf viele innere Organe ausübt. Andererseits kann negatives Denken ein unheilvolles Durcheinander in das Funktionieren der inneren Organe und Drüsen bringen. Medikamente und Chemikalien vermögen Drüsen zu beeinflussen, aber der Geist vermag es ebenfalls."

Auch R. Smith entdeckte diese Tatsache. Das Dampfschiff „Homeric" bewegte sich langsam den St. Lawrence Strom aufwärts. Ronald Smith, der seit langem an einem nervösen Leiden erkrankt war, das den Magen in Mitleidenschaft zog und die Gefahr eines Geschwüres in absehbarer Zeit möglich erscheinen ließ, stand in seiner Kabine. Er schaute auf ein Fläschchen mit Magentabletten, die er in einer Hand hielt, und dann auf ein Exemplar des Buches „Die Kraft positiven Denkens" in der andern. Der Reisende, der die Kabine mit Ronald Smith teilte, erlaubte sich zu bemerken: „Nun lesen Sie in dem Buch schon seit fünf Tagen. Wollen Sie weiterhin davon absehen, die Konsequenzen aus dem, was Sie daraus gelernt haben, zu ziehen? Fassen Sie sich ein Herz und werfen Sie die Tabletten zur Luke hinaus!“

Nach kurzem Zögern warf Smith die Tabletten mit Schwung in den Fluß hinaus, daß das Fläschchen auf das Wasser klatschte und sank. Seither hat Smith es nie mehr nötig gehabt, Tabletten zu nehmen. Er lernte die merkwürdige Heilwirkung des positiven Denkens kennen.

Die Zeitungen brachten die Geschichte eines Mannes, der über die Straße gehen wollte und dabei von einem Anhänger einen Stoß erhielt und getötet wurde. Die Autopsie ergab organische Schäden, die auf Tuberkulose, Geschwüre, Nierenleiden und Herzbeschwerden beruht hatten. Trotzdem war er kräftig und bis zu einem Alter von vierundachtzig Jahren gelangt. Der Arzt, der die Autopsie durchführte, meinte: „Dieser Mann sollte eigentlich seit dreißig Jahren tot sein.“ Als man die Witwe fragte, wieso ihr Mann so lange leben konnte, antwortete sie: „Mein Mann *glaubte* immer daran, daß er sich anderntags besser fühlen würde.“

Viele haben ein Mittel gefunden, positives Denken wirkungsvoll auf ihr körperliches Wohlbefinden anzuwenden, nämlich in der Bejahung positiver Aussagen. Worte sind Dynamit. Wenn Sie immerfort negative Worte in bezug auf Gesundheit aussprechen, rufen Sie negative Kräfte auf den Plan, welche Sie nachteilig beeinflussen können. Worte, gewohnheitsmäßig gebraucht, sind die Spiegelung eines Gedankens, und Gedanken vermögen innere Organe, im negativen oder positiven Sinne, zu beeinflussen. Aber diese Tatsache kann sich zu Ihrem Vorteil auswirken, wenn Sie die dem Wohlbefinden günstigen Kräfte durch den ständigen Gebrauch positiver Gedanken oder Aussagen wirken lassen.

Es ist nun einmal eine Tatsache, daß positives Denken stärker ist als negatives Denken, und Glaube stärker als Angst.
Der Arzt Alfred J. Cantor, früherer Präsident der Akademie für Psychosomatische Medizin, warnt selbst vor solchen Ansprüchen wie: „Heute werde ich nicht krank sein." Das ist eine nur zur Hälfte positive Behauptung. Sagen Sie an deren Stelle lieber: „Heute wird es mir besser gehen", weil das eine positive Behauptung ist und darum viel wirkungsvoller. „Bejahende Aussprüche", sagt Dr. Cantor, „beruhen in ihrer Wirksamkeit auf vollbewiesenen, wissenschaftlichen Tatsachen — den Erkenntnissen, die uns die Biologie, die Chemie und die Medizin vermitteln. Richtig angewandt, verbessern solche Aussprüche Ihre Gesundheit, verlängern Ihr Leben, verjüngen Ihren Körper, erhöhen Ihr Glücksgefühl, verleihen Ihnen Erfolg und garantieren Ihnen die größte aller Gottesgaben — den Seelenfrieden."
Hier einige Beispiele von Aussagen, die von vielen Leuten erfolgreich benützt werden. Versuchen Sie es selbst mit ihnen, aber tun Sie es täglich, um auf diese Weise Ihren Geist zu üben, in positiven Begriffen zu denken.
Ich sehe mich selbst als eine Ganzheit — jedes Organ meines Körpers in Harmonie mit Gottes Gesetzen wirkend.
Mein ganzes Wesen ist erfüllt von Gesundheit; ich denke Gesundheit, fühle Gesundheit, bewirke Gesundheit.
Die heilende Gnade des großen Arztes Jesus Christus fließt durch mein Leben. In ihm war das Leben. Mein Leben ist in ihm. Ich bin ein Kind Gottes. In ihm lebe ich und bewege ich mich, und in ihm besteht mein Wesen. Ich bin stark, lebenskräftig und freudig. Das Reich Gottes ist in mir, und ich bin Gott dankbar. Tatsächlich, bejahende Aussagen, täglich angewandt, und bejahende Gedanken, täglich gepflegt, sind wichtige Voraussetzungen, um den bejahenden Glauben in die Wirklichkeit umzusetzen. Der nächste Schritt besteht darin, die Bejahung in die *Tat* umzusetzen.

Und um dies zu erreichen, handeln Sie so, als wäre das Ausgesprochene bereits Tatsache. So wie Sie denken, müssen Sie auch handeln! Auf diese Weise werden Sie stark dazu neigen, auch in diesem Sinne zu fühlen. Handeln Sie energisch, und Sie werden erstaunt sein über die neuen Energien, die Sie erfüllen werden.
Kürzlich saß ich bei einem Essen neben James A. Farley. Ich bewunderte seine offensichtlich gute Gesundheit und Kraft. Er schien wirklich in der bestmöglichen Verfassung und kaum älter geworden zu sein, seitdem ich ihn zwanzig Jahre vorher das erste Mal getroffen hatte.
„Jim, haben Sie überhaupt im Sinn, jemals alt zu werden?“ fragte ich ihn bewundernd.
„Nein, Dr. Peale,“ antwortete er mit einem breiten Lächeln, „nicht zu Ihrer Lebzeit.“
„Das glaube ich auch“, antwortete ich. „Aber wo liegt das Geheimnis Ihrer ewigen Jugend?“
„Ich brauche nie alte Gedanken“, erklärte er.
Sessue Hayakawa, der japanische Schauspieler, der die Rolle des Lagerführers im Film „Die Brücke am Kwai“ spielte, wird öfters für einen Mann in den vierziger Jahren gehalten, während er in Wirklichkeit siebzig Jahre zählt. Wie bringt er das fertig? Indem er so ruhig und überzeugt handelt, als wäre er vierzig. „Ich hörte damit auf, die Jahre zu zählen, als ich fünfundvierzig wurde“, sagte er kürzlich. „Das Altern ist oft nur eine Sache des Geistes. Es besteht in der Vorstellung, ehe es im Körper besteht. Es besteht im Geist. Es spielt keine Rolle, wie lange Sie schlafen oder was Sie essen. Wenn jemand eine Nacht wenig schlafen konnte, redet er sich gewöhnlich ein: ‚Ich habe die letzte Nacht nicht genug geschlafen, also muß ich müde sein.‘ Infolgedessen *ist* er müde. Sein Körper brauchte den Schlaf nicht. Nur seine Einbildungskraft brauchte ihn.“
Was für eine gesunde Einsicht! Unser Körper braucht nicht müde, krank, erschöpft und alt zu werden. Ändern Sie Ihre Vorstel-

lung, die Sie von sich haben; betrachten Sie sich als frisch (natürlich beachten Sie dabei auch die Gesetze zur Erhaltung der Gesundheit), und Sie werden dazu neigen, so zu sein, wie Sie es sich vorstellen und in Übereinstimmung mit dieser Vorstellung handeln.

Das ist schon lange meine eigene, persönliche Auffassung gewesen, eine Auffassung, die ich auch auf mich selber angewandt habe. Ich bin Gott demütig dankbar, daß ich in sechzig Jahren nur zweimal als Patient in einem Spital war. Das erste Mal als ich ein Junge war und eine unbedeutende Operation zu überstehen hatte. Das zweite Mal war ich zwanzig Jahre alt, als man mir die Halsmandeln entfernte.

Ich bin kein Athlet, aber ich hatte das Glück, gesund zu sein. In meiner achtundzwanzigjährigen Tätigkeit als Seelsorger an der Marble Collegiate Church habe ich einen einzigen Sonntagsgottesdienst wegen Krankheit verfehlt, und daran war eine Erkältung schuld, die meine Stimmbänder befiel und mich beim Sprechen behinderte. Später habe ich die Möglichkeiten der Entspannung und des richtigen Denkens entdeckt, die mir erlaubt hätten, auch eine solche Schwierigkeit zu überwinden.

Welches sind die Grundsätze, die ich anwende? Einfach diejenigen, für die ich in meinen Büchern eintrete und die von vielen Menschen erfolgreich angewandt werden.

Es sind gesunde Grundsätze, hervorgegangen aus einer lebenslangen Erfahrung und Beobachtung, nicht nur in bezug auf mich selber, sondern in bezug auf Tausende, die meinen Rat angenommen haben. Sie wirken, und ich weiß, daß sie wirken werden, weil sie auch bei mir gewirkt haben, wie bei vielen andern. Sie sind ein untrüglicher Beweis für die bemerkenswerten Erfolge positiven Denkens.

1) Erklären Sie, daß Sie gesund sind. Sagen Sie zu sich selbst: „Ich fühle mich wohl heute; Gott erschuf meinen Körper, den

Geist und die Seele; also fühle ich mich heute gesund und stark, so wie es Gott beabsichtigte."

2) Halten Sie ständig ein klares Bild Ihrer selbst, als dasjenige eines gesunden Menschen, vor Ihrem geistigen Auge.

3) Danken Sie Gott mehrmals am Tag für das wunderbare Gefühl der Lebenskraft.
Ich fragte Dr. John Riley, der mit einundneunzig Jahren der älteste praktizierende Arzt im Staate New York war, nach dem Geheimnis seiner guten Gesundheit bei seinem hohen Alter. Er sprach: „Jeden Tag danke ich Gott für die fabelhaften Organe meines Körpers. Ich nenne sie beim Namen und sage: Ich danke dir, Gott, für meinen vorzüglichen Magen; ich danke dir, Gott, für mein wunderbares Herz; ich danke dir, Gott, für meinen ausgezeichneten Kreislauf."
Daß dieses einzigartige Vorgehen dazu beigetragen hat, sein Leben gesund zu erhalten und zu verlängern, daran zweifelt Dr. Riley keinen Augenblick. In täglichen Dankesäußerungen hat er das Bild guter Gesundheit fest in seinem Bewußtsein verankert.

4) Geben Sie sich alle Mühe, Ihren Geist frei zu halten von ungesunden Gedanken. Überwinden Sie negative Gedanken, wie die der Feindschaft, der Enttäuschung, der Reue oder rachsüchtige Gedanken mit entsprechenden Vorstellungen.
Haben Sie schon das balinesische Sprichwort gehört. „Wenn du in Wut gerätst, wirst du schnell alt!"?
Man hat mir erzählt, daß auf Bali am wenigsten Herbeschwerden in der ganzen Welt vorkommen.

5) Nehmen Sie nichts zu sich, das schwächt.

6) Drücken Sie Ihr Gewicht auf ein gewisses Niveau herunter. Finden Sie heraus, was die Ärzte als Ihr Idealgewicht betrachten,

und sorgen Sie dafür, daß es nicht höher ist. Die Lösung des Gewicht-Problems verlangt eine Kraft, die hauptsächlich geistiger Natur ist. Kontrolle über ein übermäßiges Verlangen, sei es nun nach Trinken oder Essen, ist eine Charakter-Frage. Und Charakter ist natürlich etwas, das dem Geist untersteht.
Vor ein paar Jahren beunruhigte mich mein eigenes Gewicht immer mehr. Ich hatte die Alarmquote bereits ziemlich weit überschritten. Ich fuhr jedoch fort, gut zu essen. Ich tat nichts dagegen und war mir dessen nur allzugut bewußt. Ich begann mich zu fragen, ob ich überhaupt dazu imstande sei. Es wurde für mich eine Gewissensfrage, ja ein moralisches Problem. Sollte ich durch meinen Appetit eine Niederlage erleiden?
So unterzog ich mich einer Diät-Kur, mit dem Resultat, daß ich fünfundvierzig Pfund abnahm. Einige Jahre später, nachdem ich fünfzehn Pfund des verlorenen Gewichts wiedererlangt hatte, wiederholte ich die Kur — dreißig Pfund diesmal —, um auf den Stand zu gelangen, der mir normal schien. Um die gewünschte Gewichtsabnahme zu erzielen, ging ich so vor, wie es im Büchlein „Leben Sie länger und besser“ behandelt wird, das ich zusammen mit meinem Bruder, Dr. Robert Clifford Peale, einem praktischen Arzt, geschrieben habe.*

7) Regelmäßige tägliche Übungen sind unerläßlich für eine gute Gesundheit. Ich ziehe Gewichtheben, Turnen und Schwimmen vor, manchmal etwas Golf. Es ist wichtig, eine Form der Übung zu wählen, die Ihnen genügend Freude bereitet, um sie regelmäßig fortzusetzen, ohne daß sie Ihnen lästig wird.
Ich selbst pflege täglich mindestens eineinhalb Kilometer spazierenzugehen, gewöhnlich vor dem Schlafengehen. Und wenn ich

* Das oben erwähnte Buch ist nicht in deutscher Sprache erhältlich. In der Monatszeitschrift LEBEN erscheinen jedoch laufend Beiträge und Ratschläge, die Ihnen helfen, das Gedankengut dieses Buches im täglichen Leben praktisch zu verwirklichen. Probenummern durch Verlagsanstalt Leben, 9490 Vaduz.

auf meiner Farm bin, befolge ich den Rat von Dr. Paul Dudley White und fahre auf dem Rad.
Dr. White sagt: „Ein langer Spaziergang am Abend hat sehr viel größere Aussichten, den Schlaf herbeizuführen, als jede Medizin. Der nervösen Spannung und Belastung kann entgegengewirkt werden, ja es kann ihr vorgebeugt werden durch regelmäßige, kräftige Bewegung. Sie ist das beste Gegengift, das ich kenne."
Dr. White führt weiter aus: „Eine gut entwickelte Muskulatur in den Armen und besonders in den Beinen erhält eine gute Blutzirkulation. Weiche, ungeübte Muskeln vollbringen die Arbeit nicht und lassen eher ein Blutgerinnsel in den Adern entstehen. Und", fügt Dr. White hinzu, „tiefe Atemübungen, mehrmals am Tage ausgeführt, sind von großem Wert." Ich habe diese Übungen meinen eigenen hinzugefügt und ausgezeichnete Resultate erzielt.

8) Lassen Sie sich regelmäßig von einem Arzt untersuchen. Schnelle Bekämpfung irgendeiner Gefahr trägt dazu bei, die Gesundheit zu erhalten.

9) Der wichtigste Punkt vor allem ist meiner Ansicht nach der, sein Leben dem Einfluß von Gottes erneuernder Macht zu öffnen. Die Worte „Meditation" und „Medizin" sind in ihrer Wurzel von fast identischer Bedeutung. Richtiges Denken ist Medizin. Gott erschafft gute Gesundheit, er kann sie ebensogut wiedererschaffen. Im Englischen heißt Gesundheit „health", das dem Angelsächsischen „wolth" entsprungen ist, das ebenfalls die Wurzel zu den Wörtern „wholeness" (Ganzheit) und „holy" (heilig) ist. Also ist „health" (Gesundheit) eng mit den Ideen von „wholeness" (Ganzheit) und „holiness" (Heiligkeit) verwandt. „Heilig" heißt, ein *ganzer* Mensch zu sein, nicht ein desorganisierter. Das bringt Platos berühmten Satz in Erinnerung: „Also sollst du es nicht wagen, den Körper heilen zu wollen ohne die Seele."

Der ganze Mensch muß wirklich wohlauf sein, in Körper und Seele soll die Gesundheit echt sein. Es ist wichtig, voller geistiger und seelischer Lebenskraft zu sein, wenn man gesund bleiben will. Wenn jemandes Geist mit positiven Gedanken und Gottesgedanken erfüllt ist, dann ist kein Platz mehr für negative, ungesunde Gedanken, die so häufig der Ursprung schlechter Gesundheit sind.

12. Kapitel

Wie man eine Ehe glücklich gestaltet

Möchten Sie eine glückliche Ehe führen? Natürlich, denn alle, die heiraten, möchten es, und manches Paar hat durch positives Denken gelernt, wie man sich gut verheiratet und glücklich wird. Nehmen Sie z.B. jenen zynischen jungen Mann, der sagte: „Ich, und mich verheiraten? Da ist nichts zu machen. Dafür bin ich mir zu gut!“ Er begann kurz nach dem letzten Krieg an der Jungmänner-Bewegung unserer Kirche teilzunehmen. Er traf sich öfters mit Mädchen, stellte jedoch stets klar, daß er nicht daran denke, sich zu verheiraten.

Schließlich entdeckten wir den Grund dieser zynischen Einstellung zur Ehe. Als erstes war ein zerrüttetes Familienleben daran schuld. Außerdem hatte er allzu viele unglückliche Ehen in seiner Umgebung gesehen. Als er bei der Marine war, kam er zu der Auffassung, daß „nicht ein einziger der verheirateten Männer auf dem Schiff seiner Frau die Treue halte“. Sobald das Schiff in den Hafen einlief, schien es, als ob die verheirateten Männer die ersten seien, die sich auf die Suche nach leichten Mädchen machten und sich mit der ersten besten einließen, die sie fanden. Solche Erfahrungen veranlaßten den jungen Mann, den festen Entschluß zu fassen, sich nicht zu verheiraten. Er hatte die Augen offen

gehalten. Er hatte die Gefahr erkannt und ging ihr aus dem Wege.
Nun ist zufällig in unserer Kirche ein wundervolles Ehepaar, die Wicks. Sie sind glücklich verheiratet, und wir richteten es ein, daß der junge Mann die Wicks in ihrem Heim besuchte. Er verbrachte mehrere Tage bei ihnen. Er beobachtete sie, wie sie lachten, spielten und beteten, aber auch wie sie miteinander in Wortwechsel gerieten, uneinig wurden und sich dann wieder versöhnten. Er sah sie in verschiedenen Geistesverfassungen und Situationen, und was er bisher verzerrt gesehen hatte, stellte sich als eine wahre Offenbarung heraus.
„Wissen Sie“, sagte er später, mit einem ganz neuen Gesichtausdruck, „diese Leute wissen tatsächlich, *wie* man verheiratet und dabei glücklich sein kann.“
Dieser Satz: „Wie man verheiratet und dabei glücklich sein kann“, hat mir immer gefallen. Wenn die Menschen es verstehen, eine Ehe glücklich zu gestalten, dann will das heißen, daß ihre Ehe gesund und schöpferisch ist und daß beide Partner dabei Ermutigung, Hilfe und inneres Wachstum finden. Einer unterstützt den andern. Es ist eine Verbindung, in der die Kinder echte Wärme und Liebe erfahren, und sie bringt ein Heim hervor, das Glück und Wohlbefinden ausstrahlt.
Die amerikanische Vereinigung für Erziehung hielt eine Versammlung ab, zu der die Rektoren von praktisch allen wichtigen Universitäten des Landes zugegen waren. Der Zweck dieser Versammlung war ein Meinungsaustausch über das, was die Erziehung leisten könne, im Hinblick auf die dringlichsten Aufgaben des Landes. Und was war das dringendste Gebot? Mehr wissenschaftliche Ausbildung, um mit den Russen besser konkurrieren zu können? Bessere Ausbildung in der Raumschiffahrt? In der Volkswirtschaft? Nichts von alledem! Diese Erzieher fühlten, daß das dringlichste Gebot für die heutige Welt ein glückliches und inhaltsreiches Familienleben ist. Das glückliche, gesunde

Heim ist der Grundstein einer gesunden Gesellschaft. Bestehen gesunde Verhältnisse daheim, so wird diese Gesundheit nach außen hin ausstrahlen, gleicherweise in Handel, Industrie, Erziehung, Regierung, kurz alle Aspekte der Gesellschaft berührend. Also ist eine erfolgreiche Ehe eine lebenswichtige Angelegenheit, ein Spitzenproblem unserer Zeit.

Bei der Material-Sammlung zu diesem Buch habe ich meine Korrespondenz nach Kategorien eingeteilt. Einer der dicksten unter den Ordnern trägt die Aufschrift „Ehe-Probleme". Die Briefe fließen nur so herein, Woche um Woche. Dafür einige Beispiele:

„Ich war während vierzehn Jahren verheiratet und ganz und gar nicht glücklich, obwohl ich drei wundervolle, gesunde Töchterchen habe, für die ich dem lieben Gott danke. Mein Mann, neunundvierzig Jahre alt, behandelt mich abscheulich. Manchmal schlägt er mich sogar mit den Fäusten. Ich denke, das Übel besteht darin, daß er Ruhe und Entspannung braucht. Er nimmt keine Ferien. Er will lieber ein doppeltes Gehalt, obwohl wir es nicht nötig haben. Er verdient gut. Das Haus ist ist sein Eigentum, und wir haben nie Schulden gehabt. Nun frage ich mich, was man in taktvoller Weise für ihn tun kann. Können Sie mir einen Rat geben?"

„Wir haben eine Tochter, die mit einem Mann verheiratet ist, der nicht regelmäßig arbeitet und auch sonst sehr unzuverlässig ist. Sie haben drei kleine Kinder. Sie hat lange Zeit regelmäßig Reisen für eine Reisegesellschaft unternommen, bis die Überanstrengung ihre Nerven angriff. Man hat ihr erklärt, daß ihre einzige Hoffnung auf vollständige Erholung in der Scheidung bestehe."

„Es wird immer viel von der kleinen Frau geredet, die reizend bleibt und der man weder die Geburten noch die Hausarbeit noch die Sorgen ansieht; sie bleibt so hübsch wie eine Bureau-Sekretärin. Aber wie steht es mit dem Mann? Ein dickwanstiges, kahlköpfiges männliches Wesen ist kein adretter Romeo mehr. Ein kleiner Wink könnte ihm gewiß nicht schaden."

„Meine Ehe ist ein Problem, und ich weiß nicht mehr, was ich tun soll. Ich verließ meinen Mann vor neun Monaten, einen Monat bevor unser herziger kleiner Sohn zur Welt kam. Ich bin nicht glücklich gewesen, seitdem ich ihn verlassen habe. Der Grund, warum ich meinen Mann verließ, liegt darin, daß er anfing mit ledigen Männern auszugehen und unheimlich zu trinken. Dazu kam, daß er mir kaum noch Geld überließ. Gerade so viel, um den Hauszins und die Lebensmittel zu bezahlen. Mein wirkliches Problem ist nun dieses, daß ich bei meinen Eltern lebe. Diese wollen, daß ich mich scheiden lasse, und schmieden eifrig Pläne in diesem Sinne. Ich fürchte, ihre Liebe zu verlieren, wenn ich zu ihm zurückkehre, und dabei liebe ich ihn doch noch immer so sehr. Er hat mir gesagt, daß er seinen Irrtum eingesehen habe und wünsche, daß ich wieder zu ihm komme. Was soll ich tun?"

„Es scheint, daß das, was mir das Leben am meisten vergällt, das Verhältnis zu meiner Frau ist. Ich weiß nie, wie ich sie anpacken soll. Wir sind seit achtzehn Jahren verheiratet, und ich liebe sie sehr. Sie aber, wie sie nun einmal ist, selbstgerecht und mit sich zufrieden, läßt mich nicht merken, daß sie mich je für irgend etwas braucht. Hie und da gibt sie mir wohl ein kleines Zeichen der Zuneigung, geht aber selten weiter. Wenn ich versuche, ihr zu erklären, was ich fühlte, will sie einfach nicht zuhören. Können Sie mir helfen?"

Und so geht es weiter; Woche um Woche ergießen sich die Briefe in meinen Briefkasten, voll von intimen Problemen, denen die Leute in der Ehe gegenüberstehen.

Eines der wichtigsten Resultate positiven Denkens ist seine Wirksamkeit in der Anwendung bei schwierigen ehelichen Situationen. Wenn die Menschen bei Störungen in der Ehe damit anfangen, eine positive Einstellung gegenüber ihrer Situation einzunehmen, geht ihre Ehe meistens gestärkt daraus hervor. Neue Wertschätzung, Achtung und Rücksichtnahme kommen in ihre Verhältnisse. Wenn zwei Menschen konstruktiv in bezug auf die Ehe zu denken beginnen, erzielen sie auch konstruktive Resultate.

Vor noch nicht langer Zeit hielt ich einen Vortrag an der Westküste. Als er zu Ende war, kam ein Mann auf mich zu und sagte, er möchte mir gern erzählen, welche große Rolle das positive Denken in seinem Leben gespielt habe.

Er sagte, daß er seit neun Jahren verheiratet sei. Zwei Wochen nach der Hochzeit war es ihm klar geworden, daß er keine kluge Wahl getroffen hatte.

„Die Heirat war ein Irrtum", sagte er. „Gleich von Anfang an wußten wir es beide. Es war weiter nichts als eine physische Anziehung gewesen; meine Frau entpuppte sich als sehr dumm. Außerdem war sie egoistisch. Ich mußte der Tatsache ins Auge sehen, daß ich niemals mit ihr auskommen würde, und ich mußte mich entscheiden, ob ich es aushalten könne oder nicht."

Dieser Mann entschloß sich, bei seiner Frau zu bleiben. Er sagte mir, daß er sich entschloß, das Beste aus der Situation herauszuholen und die Ehe zu ertragen. Sobald er diesen Entschluß gefaßt hatte, hörte er auf, sich zu ärgern, und versuchte, so gut wie möglich mit seiner Frau auszukommen, die er nicht liebte.

Die Dinge gingen während fünf Jahren ihren unglücklichen Gang, und dann las dieser Mann das Buch „Die Kraft positiven Denkens". Er begann damit, die darin erwähnten Grundsätze in seinem Berufsleben anzuwenden, und sie wirkten sich gut aus. Eines Tages fiel ihm ein, daß die Grundsätze, wenn sie im Berufsleben Erfolge zeitigten, vielleicht auch in seinem persönlichen Leben eine gute Wirkung ausüben könnten.

„Was würde wohl geschehen", fragte er sich, „wenn ich die Kraft positiven Denkens Seite um Seite auf meine eigene Situation zu Hause anwenden würde?"

Er fing an, seine Frau zu analysieren, sich selbst fragend, warum sie egoistisch sei und warum sie dumm zu sein scheine. Es kam ihm der Gedanke, daß seine Ehe vielleicht eine Art von Vorsehung sei. Er malte sich seine Frau in Gedanken als eine ganz andere Person aus, als eine anregende, anziehende Lebenspartnerin. Er begann für sie zu beten und schließlich sogar laut mit ihr zusammen. Gleichzeitig suchte er objektiv und ehrlich bei seiner eigenen Persönlichkeit nach den Fehlern, die seine Frau unglücklich machten. Das war sehr wichtig, denn auch er war egozentrisch eingestellt, was er bereitwillig zugab.

Dieser Vorgang dauerte vier Jahre, aber „die Resultate waren sehr gut", erklärte er. Und es war offensichtlich, daß er es aufrichtig meinte. Aus einer Ehe, die zuvor einfach erduldet wurde, entwickelte sich ein Verhältnis der aufrichtigen Partnerschaft, bei dem jedes sich Mühe gab, dem andern mehr zu geben, als es erhielt.

„Positives Denken", sagte mir dieser Mann, „war für die Wiedergeburt unserer Ehe entscheidend."

Der springende Punkt ist der, daß die Ehe eine der empfindlichsten und schwierigsten menschlichen Situationen überhaupt ist, weil sie die gegenseitige Anpassung von zwei verschiedenen Persönlichkeiten zu einer intimen Verbindung verlangt. Das Eingehen einer Ehe kann nicht dem Zufall oder der Hoffnung überlassen werden. Ein bestimmtes, praktisches Programm muß aufgestellt werden, damit jeder Teil wachsen und gedeihen kann und die Kinder ein abgerundetes, glückliches, schöpferisches Dasein haben. Das sind die Ziele der Ehe, und sie sollten immer im Geiste der Ehepartner verankert sein. Eine glückliche Ehe, lassen Sie es mich wiederholen, ist eine solche, in der alle Beteiligten — Mann, Frau und Kinder — sich aufs Beste entfalten können. Laßt uns einige leicht entstehende Probleme untersuchen und sehen, wie man ihnen erfolgreich begegnet.

Eine der häufigsten Klagen in bezug auf die Ehe betrifft den Mangel an gemeinsamen Interessen. Es ist zugegebenermaßen schwer für Mann und Frau, gemeinsame Interessen auszubilden.

Der Mann verläßt das Haus jeden Morgen und kommt gegen Abend zurück. Sein Tag war randvoll mit aktiven, beruflichen Interessen gefüllt, aber er spricht sich nie darüber mit seiner Frau aus, weil er bemerkt hat, daß es sie nicht interessiert, oder aber, weil er zu müde ist zum reden. Andererseits hat seine Frau vielleicht ihren Tag bei irgendwelchen Veranstaltungen zugebracht, und wenn sie versucht, ihn mit den Einzelheiten bekannt zu machen, findet er dies schrecklich langweilig. Auf diese Weise können die zwei Menschen natürlich nie übereinstimmen. Ihre Interessen gehen mehr und mehr auseinander.

Vor einigen Jahren begegnete ich einem eher lustigen Beispiel von widerstreitenden Interessen, als mir ein Mann erzählte, er und seine Frau hätten angefangen, sich darüber zu zanken, wer an der Reihe sei, das Fernsehprogramm anzusehen. Das war noch in den Tagen, als das Fernsehen neu war und die meisten Leute sich nur einen Apparat leisten konnten. So saßen sie jeden Abend im Wohnzimmer; der Mann wollte Kriminalgeschichten, Sport und Wildwester sehen, seine Frau hingegen zog kulturelle Sendungen vor. Sie begannen deswegen zu streiten. Sie sagten sich böse, verletzende Worte, und weil es trotzdem nicht zu einer Scheidung kam, wurde das Zusammenleben immer unerträglicher. Dieses Problem erscheint vielleicht zu unbedeutend, um einem Seelsorger unterbreitet zu werden, aber was unbedeutend zu sein scheint, ist oft das Symptom eines tiefer liegenden Problems. Der Mann konnte die Interessen seiner Frau nicht verstehen, und die Frau konnte diejenigen ihres Mannes nicht begreifen. So ging es während geraumer Zeit, bis beide beschlossen, etwas dagegen zu tun; deshalb kamen sie zu mir. Nach der Unterredung verlegte ich mich auf einen stategischen Plan. Ich kam erst mit dem Mann und später mit der Frau überein, es auf der Grundlage „Die brüderliche Liebe untereinander sei herzlich. Einer komme dem andern mit Ehrerbietung zuvor“ (Römer 12, 10), zu versuchen.

„Was dies bedeutet", sagte ich, „ist folgendes: Sie sollten dem *andern* Teil die bevorzugte Behandlung zukommen lassen. Ich möchte, daß Sie diesen biblischen Grundsatz einmal auf Ihr Fernseh-Problem anwenden. Wenn Sie heute abend heimkommen", sagte ich zu dem Mann, „dringen Sie darauf, daß Sie sich beide das kulturelle Programm ansehen und wirklich etwas dabei herausholen."

Etwas später sagte ich am gleichen Tag zu der Frau: „Wenn Sie heimkommen, beharren Sie darauf, daß Sie sich zusammen das Fußballmatch ansehen. Versuchen Sie, selbst eine gewisse Freude daran zu haben."

Zunächst nahmen die Dinge einen ungünstigen Verlauf. An jenem Abend stellte die Frau am Fernsehen das Fußballmatch ein.

„Aber nein, das sollst du nicht!" sagte der Mann. „Ich *bestehe* darauf, daß wir das philharmonische Orchester hören."

„Kommt nicht in Frage", sagte die Frau. „Jetzt werden wir uns das Fußballmatch ansehen, ob du magst oder nicht."

An diesem ersten Abend also kam es zu einem schrecklichen Krach, als sie versuchten, nach den Bibel-Worten zu handeln: „Die brüderliche Liebe untereinander sei herzlich. Einer komme dem andern mit Ehrerbietung zuvor."

Als sie später wieder zu mir kamen, erkannten sie das Humoristische an der Situation, und dann kamen wir auf die ernsteren Hintergründe zu sprechen. Ohne Zweifel bestand ihr Problem im Mangel an gemeinsamen Interessen. Sie lebten zu abgeschlossen, jedes für sich allein. Sie brauchten Betätigungen, die sie vom Fernsehapparat wegführen würden, in die Welt hinaus.

Seitdem ist dieses Paar so sehr in den Interessen der Gemeinschaft aufgegangen, daß das Fernsehgerät nur noch selten eingestellt wird. Sie haben zusammen ein Ziel in den gemeinsamen Interessen gefunden und sind jetzt eines der glücklichsten Paare in meiner Bekanntschaft.

In diesem Zusammenhang stellt sich auch die Frage der Ehe mit einem Partner anderer Konfession. Ich erhalte Hunderte von Briefen mit der Frage, ob ein Protestant mit einem Katholiken, oder ob ein Christ die Ehe mit einem Juden eingehen solle. Es gibt wenige Fragen, welche die Familie so stark berühren wie gerade diese.

Wenn die Menschen positiv denken, fällt es ihnen leicht, eine Mischehe erfolgreich zu gestalten. Voraussetzung ist die absolute gegenseitige Achtung des Glaubens des andern und ein ähnliches Gleichgewicht aller Faktoren, die Einfluß auf die Ehe haben. Trotzdem rate ich jungen Leuten dringend, sich innerhalb ihrer eigenen religiösen Gruppe zu verheiraten. Protestanten mit Protestanten, Katholiken mit Katholiken, Juden mit Juden. Manche Gefahren werden dadurch vermieden, wenn man einen Lebenspartner aussucht, der aus dem gleichen Milieu stammt. Die Ehe wirft in jedem Fall schon genug Probleme der Anpassung auf; es ist also klüger, nicht noch diejenigen, die aus der Verschiedenheit der Religion entstehen können, heraufzubeschwören.

Aber auch eine Mischehe kann, wie jede andere, zur höchsten Höhe des Glücks führen, wenn sie ganz erfüllt ist von Liebe, Glaube und Achtung der Persönlichkeit. Wenn ein Heim auf der Liebe zu Gott und den Menschen gründet, sieht man theologische Unterschiede von einer höheren Warte, und Mann und Frau und Kinder werden miteinander in Frieden und Harmonie leben.

Ein anderes heikles Problem, das immer wieder auftaucht, ist die alte Vorstellung von der männlichen Überlegenheit in der Ehe: daß er Herr und Meister im Hause sei. Er verwaltet das Geld und stellt der Frau eine gewisse Summe zur Verfügung, offenbar in der Annahme, die Frau besäße etwa so viel Geschäftssinn wie ein Wickelkind.

Daneben gibt es einen andern Anachronismus: nämlich den, daß viele Frauen, bewußt oder unbewußt, sich selbst als ein Wesen betrachten, das vom Vater-Ersatz in Gestalt des Ehemannes betreut werden will. Diese unreife, kindische Geisteshaltung erachtet es als ein weibliches Vorrecht, glücklich gemacht zu werden. In den Gedanken solcher Frauen besteht der ganze Zweck der Ehe darin, vom Partner etwas zu erhalten, was natürlich bedeutet, daß man alles, was man sich wünscht, von dem „Papa-Ehemann" bekommt.

Aber es geschieht häufig, daß der „Papa-Ehemann" die Lust verliert, diese Vaterrolle zu spielen. Er macht die Frau darauf aufmerksam, daß er einen wirklichen Beitrag von seiner erwachsenen Gattin erwartet, die er zur Lebenspartnerin erwählt hat. Dann ist es wahrscheinlich, daß sie ihrer Unreife gemäß reagiert, und die Ehe beginnt zu zerbröckeln.

Eine der wichtigsten Voraussetzungen, eine erfolgreiche Ehe zu führen, besteht darin, eine reife Persönlichkeit zu werden. Vielleicht ist es die schwierigste Aufgabe, die uns das Leben stellt. Dr. Smiley Blanton, Psychiater und Vorsteher der Amerikanischen Stiftung für Religion und Psychiatrie, hat unter Mithilfe des Psychologen Dr. Irwin Smalheiser einen sogenannten Reife-Test ausgearbeitet. Dieser gibt Ihnen darüber Aufschluß, ob sich die Frage der Reife in Ihrem ehelichen oder in Ihrem Leben überhaupt stellt:

1) Geraten Sie in Zorn, stampfen Sie mit den Füßen, werfen Sie Gegenstände herum, oder treten Sie mit den Füßen danach?

2) Nehmen Sie auf die andere Person ebensoviel Rücksicht wie auf sich selbst?

3) Üben Sie Kritik an Ihrer Frau (oder an Ihrem Mann) in Gegenwart anderer Leute?

4) Bestehen Sie darauf, daß immer alles nach Ihren Wünschen geht, und grollen Sie, wenn dies nicht der Fall ist?

5) Sind Sie ein chronischer Plagegeist?

6) Haben Sie Vertrauen in eine höhere Macht und tun Sie Ihr Bestes, um den Rest selber zu meistern?

7) Nehmen Sie das „Auf und Ab“ sowie die unvermeidlichen Zwischenfälle des Lebens mit Gleichmut hin?

8) Sind Sie positiv davon überzeugt, daß Sie Ihre Probleme meistern können?

JA zu den Fragen eins, drei, vier und fünf zeigt Unreife an. JA zu den Fragen zwei, sechs, sieben und acht deutet auf eine gewisse Lebensreife.

Das Ergebnis dieses Testes zeigt Ihnen, wieweit ein persönlicher Reifeprozeß nötig ist. Eine große Schwierigkeit liegt darin begründet, daß viele Leute unreife Vorstellungen von der Liebe haben. Die Ehe hat viel Schaden erlitten durch die Hollywoodschen Ideen über die Liebe. Es scheint, daß wir davon ausgehen, „Liebe“ sei eine einzige Fortsetzung von Mondschein, Rosenduft und Leidenschaft.
Erst kürzlich kam eine junge Frau zu mir und beklagte sich, der gefühlsmäßige Schwung ihrer Ehe sei abhanden gekommen. Sie war seit neun Monaten verheiratet, und ihr Herz hatte aufgehört höher zu schlagen, wenn ihr Mann sie berührte. Dafür hatte sie einen andern Mann gefunden, der ihr erneut dieses Hollywood-Gefühl innerer Erregung gab. Sie suchte Rat wegen einer Scheidung, um das eheliche Glück bei dem andern zu finden. „Ich muß einfach das prickelnde Gefühl der Romantik wieder zurückerlangen“, sagte sie.
„Nun gut, meine junge Dame“, sagte ich, „nehmen wir an, dieser neue Reiz hält so an wie der erste — das heißt, nicht mehr als neun Monate; was dann? Es kann aber auch sein, daß es dies-

mal nur fünf Monate dauert, weil Reize erfahrungsgemäß die Neigung haben, bei Wiederholungen an Intensität einzubüßen. Mit vierzig Jahren sind Sie vielleicht ein alter Drache, der verzweifelt Umschau hält nach diesem sogenannten Reiz, der Ihnen ständig wieder entgleitet. Sie müssen sich darüber klar werden, daß die Romantik, die Sie suchen, Teil einer gewissen Entwicklungsstufe ist, daß sie aber in ewig gleicher Intensität bestehen bleibt, ist reiner Hollywood-Aberglaube. Sie wird nicht bestehen bleiben und kann es auch nicht. Die psychologischen Gesetze lassen es einfach nicht zu."

Man hatte diese junge Dame nie darüber belehrt, daß sexueller Reiz nur eine Seite einer erfolgreichen und freudvollen Ehe ausmacht. Mein Vater, der zuerst Arzt war und später Seelsorger wurde, pflegte zu sagen, Liebesüberschwang sei nichts weiter als ein biologischer Trick der Natur zur Erhaltung der Art.

Viel zu viele Ehepaare meinen, die Liebe sei entschwunden, sobald die sexuelle Anziehungskraft nachläßt. Sie haben sich auf keiner andern Grundlage gefunden, als allein auf der des sexuellen Lebens, und in ihrer Unreife verlangen sie nicht danach, die Ehe auch von all den andern Gesichtspunkten aus zu sehen. Selbst bei seiner unbestrittenen großen Wichtigkeit macht der physische Teil in keiner Weise die *ganze* Ehe aus.

In einer Zeitung las ich die Ergebnisse einer Umfrage, bei der etwa vierhundert glücklich verheiratete Ehepaare befragt wurden. Daraus ging hervor, daß der für eine gegenseitige Anpassung nötige Durchschnitts-Zeitraum bei sechs Jahren liegt! Viele Leute brauchen aber viel länger. Wenn also ein junges Paar die Ehe während einiger Monate, oder selbst einige Jahre ausprobiert hat und feststellen muß, daß der sexuelle Reiz etwas von seiner Macht eingebüßt hat, dann sollten sie nicht mutlos werden. Um glücklich verheiratet zu sein, braucht es Zeit und Geduld. Es ist ein Irrtum, ja es ist absurd zu denken, die Zeit sei gekommen,

sich einen andern Partner zu suchen, sobald der erste romantische Hauch verflogen ist.
Damit will ich jedoch nicht sagen, daß die erotischen Freuden sich auf die ersten, rosagefärbten Monate beschränken sollen. Sexuelle Anpassung ist für eine reife Ehe lebenswichtig. Und bei der überwiegenden Mehrheit erfolgreicher Ehen bleiben erotische Interessen und Fähigkeiten bis ins hohe Alter erhalten. Der Mangel an sexueller Anpassung kann schwere Probleme aufwerfen, wie die folgenden Briefe zeigen.
„Sie haben viel Kluges über Sexual-Probleme geschrieben, deshalb wende ich mich an Sie mit meinem ernsten Problem. Ich komme mit meiner Frau in jeder Hinsicht sehr gut aus, ausgenommen im sexuellen Bereich. Sie hat ungefähr nur einen Drittel meines Verlangens. Ich will mich nicht mit einer andern Frau einlassen, aber es ist nun einmal so, daß meine Frau, die ich liebe, meine sexuellen Bedürfnisse zum großen Teil unbefriedigt läßt."
„Meine Frau ist schön und sehr anziehend. Sie gehört zu der Art von Menschen, die überall Freunde gewinnen, hauptsächlich bei Kindern. Es ist ihr Traum, selbst ein Kind zu bekommen. Ich liebe sie sehr, und sie bedeutet alles für mich. Mein Problem besteht nur darin, daß wir während zwei Jahren verheiratet waren, ohne daß ich in der Lage war, geschlechtlichen Verkehr mit ihr zu pflegen. Ich bin von einem Arzt zum andern gegangen, und alle haben mir versichert, daß physisch bei mir alles in Ordnung sei. Schließlich eröffnete mir ein Arzt, daß es eine Verquickung von Gefühls-, Nerven- und Unterbewußtseinsregungen sei, die jeden Versuch zum Scheitern bringe. Glauben Sie, daß ich das Recht habe, von ihr zu verlangen, den Rest ihres Lebens mit mir zu verbringen, da ich nicht imstande bin, eine glückliche Ehe zu führen?"
„Mein Mann und ich waren dreizehn Monate miteinander verheiratet. Ich habe nie die geringste Freude am geschlechtlichen Verkehr gefunden und fürchte mich sogar, ihn zu küssen, aus

Angst, es könnte zu einem Geschlechtsakt führen. Ich habe nie Verlangen danach gehabt, und mein Leben wäre ohne sexuellen Verkehr vollkommen glücklich. Ich habe dies meinem Mann auseinandergesetzt. Es hat ihn verärgert, was vermutlich normal ist. Soll ich mich von ihm scheiden lassen und ihm Gelegenheit bieten, mit einer andern Frau glücklich zu werden, oder sollen wir dieses Leben so weiterführen?"

„Meine Tochter hat sich im vergangenen Juli verheiratet. Ich versuchte, sie in geeigneter Weise auf die physische Seite der Ehe vorzubereiten. Ich war der Meinung, sie sei vollständig reif und bereit dazu. Sie scheint aber Schwierigkeiten zu haben, sich anzupassen, und fragt sich, ob sie vielleicht ‚frigid' sei. Ich denke manchmal, daß wir vielleicht zu viel lesen und dadurch vollständig verwirrt werden. Könnten Sie sich bereitfinden, ihr einiges zu sagen, das ihr helfen könnte?"

„Ich bin seit achtzehn Jahren verheiratet und habe einen wunderbaren Mann sowie vier Kinder. Aber ich habe noch immer eine gleichgültige Haltung gegenüber jedem geschlechtlichen Verkehr. Möglicherweise liegt der Grund darin, daß ich als Kind dazu angehalten wurde, in diesen Dingen einen gemeinen, sündigen Akt zu sehen. Betrachtet es Gott auf diese Weise? Ist der Verkehr nur da, um der Empfängnis willen und um Kinder in die Welt zu setzen?"

Diese Frage wird öfters gestellt. Es scheint, als habe der in unserer Geschichte wirkende puritanische Geist unserer Einstellung gegenüber dem andern Geschlecht ein unauslöschliches Mal aufgedrückt. Ich glaube, daß eine natürliche Freude an der geschlechtlichen Betätigung normal und gesund ist, andernfalls würde Gott die Menschen nicht so erschaffen haben wie sie sind. Liebe erfaßt gleichermaßen Leib und Seele. Infolgedessen kann die vollkommene Erfüllung der physischen Sinne in einer geistig orientierten Ehe niemals Ausdruck von Sünde oder Gemeinheit sein.

Der Geschlechtsakt ist ein weihevoller Ausdruck der Liebe zwischen zwei Menschen, die eins geworden sind. „Die zwei sollen ein Fleisch sein", sagt die Bibel. Geschlechtliche Vereinigung selbst ist wohl physischer Natur, gleichzeitig aber auch fundamentaler Ausdruck der höchsten und reinsten Gefühlsregungen in der Liebe. Sie als niedrig zu bezeichnen, entspringt einem verfälschten Begriff, der wahrscheinlich in der Kindheit entstand, als zum Zweck moralischer Erziehung, Schmutz auf die Auffassung wahrer göttlicher Grundsätze geworfen wurde.

Beachten Sie jedoch, daß wir bei den physischen Aspekten der Liebe stets die *geistige* Seite des ehelichen Lebens in den Vordergrund stellten. Darum auch die Bedeutung positiven Denkens. Durch eine angemessene geistige Haltung sind wir in der Lage, unsere Schwierigkeiten zu überwinden, seien sie ehelicher oder anderer Natur.

Einer der wirkungsvollsten Aspekte des positiven Denkens ist das positive Gebet. Ich stimme dem Sprichwort zu, das von Pater Patrik J. Peyton stammt: „Eine Familie, die zusammen betet, hält auch zusammen."

Ein junges Paar ging durch die Fifth Avenue in New York City, als der junge Mann das Mädchen fragte, ob es ihn heiraten wolle. Es sagte: „Ja." Die beiden Jugendlichen waren religiös eingestellt. Ihr erster Impuls war, in eine Kirche einzutreten und ihre Verbindung Gott zu weihen.

Die nächste Kirche war zufällig die St. Patricks Kathedrale, und obgleich beide Protestanten waren, gingen sie hinein, knieten nieder und beteten miteinander. Sie waren der Meinung, ihre zukünftige Ehe werde auf diese Weise geistig Gott geweiht, lange bevor sie offiziell vor dem Altar eingesegnet werden sollte. Es ist nicht verwunderlich, daß ihre Ehe sehr glücklich wurde. Es ist ein wirklich guter Gedanke, eine Ehe Gott zu weihen. So ist das Verhältnis von Anbeginn auf eine dauerhafte geistige Grundlage gestellt.

Allzu viele junge Leute verlassen Gott tatsächlich am Traualtar. Sie nehmen ihn nicht mit in ihr Heim. Ich sprach kürzlich mit einer sehr bekümmerten Frau namens Sally, deren Ehe, wie sie sagte, vor der Auflösung stand. Im Laufe der Unterhaltung äußerte ich meinen Glauben, eine betende Familie halte zusammen. „Wird der Name Gottes überhaupt jemals in Ihrem Heim erwähnt?“ fragte ich sie.

„O ja“, sagte sie, „aber nicht so, wie Sie es meinen.“

„Haben Sie jemals daran gedacht, laut mit Ihrem Mann zu beten?“ fragte ich. Darauf reagierte die Frau mit einem kurzen, aber aufschlußreichen Lachen. „Sie kennen meinen Mann nicht“, sagte Sally.

„Nun denn“, sagte ich, „ich habe viele Männer gekannt, die diesen Eindruck hervorriefen; sie sagen, daß sie nie beten würden. Aber es ist in vielen Fällen nur eine Verstellung. Ich möchte, daß Sie heute abend einen Versuch unternehmen. Bei Tisch, nachdem das Essen aufgetragen worden ist, sagen Sie Ihrem Mann, Sie möchten ein Dankgebet verrichten.“

Ich merkte wohl, daß die Frau das Gefühl hatte, es sei ein nutzloses Beginnen, aber sie war damit einverstanden, auch das zu versuchen. Wie sie mir später mitteilte, gelang der Versuch. An jenem Abend, als ihr Mann übelgelaunter und unfreundlicher denn je heimkam, verschanzte er sich hinter seiner Zeitung und sagte kein Wort. Das einzige, was er brummte, war: „Endlich!“ als die Frau ankündigte, das Essen sei bereit. Als sie am Tische saßen, sagte sie: „Es wird dich überraschen, aber es verlangt mich danach, ein Tischgebet zu verrichten. Du hast doch nichts dagegen?“

„Wie du willst“, brummte der Mann, „wir sind in einem freien Land.“

Etwas befangen verrichtete die Frau das Dankgebet. Und beim nächsten Essen sagte sie ebenfalls ein Gebet. So fuhr sie mehrere Tage fort, bis ihr Mann eines Abends, immer noch auf seine rauhe Art, zu ihr sagte: „Halt ein, Sally; du sagst das Gebet bei jedem Essen. Wer ist hier der Herr im Hause? *Ich* werde das Gebet sprechen." Er suchte in seiner Erinnerung und kam mit einem alten Familien-Dankgebet hervor, das er als Kind gehört hatte, und brachte es, obwohl etwas unsicher, gut zu Ende. Dieses Ehepaar hatte noch nie vorher die Stimme des andern im Gebet gehört. Mit der Zeit fiel es ihm leichter, zusammen zu beten. Schließlich begannen sie vor dem Schlafengehen zu beten. Das letztemal, als ich mit Sally sprach, konnte sie mir berichten, daß ein völlig neuer Geist der Zusammenarbeit und der Zuneigung in ihre Ehe gefunden habe.

Ein Heim, dessen Mittelpunkt das Gebet ist, hat die beste Voraussetzung für eine glückliche Ehe. Ich habe Eheleute gekannt, bei denen Gott auf vielfältigste Weise zum Mittelpunkt des Heims erhoben wurde.

In meinen Beratungen wird oft schlechte Haushaltung als Eheschwierigkeit erwähnt. Eine Frau, die bei mir Rat suchte, konnte die Hausarbeit nicht ausstehen, und die Folge davon war ein immer unsauberes und unordentliches Heim. Das ärgerte ihren Mann sehr, der ordnungsliebend und etwas pedantisch war.

„Ich kam zur Einsicht, der einzige gangbare Weg für mich bestehe darin, meine geistige Einstellung zum Haushalt zu ändern und diesen Gott zu weihen", sagte sie zu mir. „Die Bibel spricht: ‚Laßt alles ehrlich und ordentlich zugehen.' (Korinther 14, 40.) Dieser Satz wurde die Devise meines Haushaltes, und die Resultate waren wirklich erfreulich."

Eine andere Frau, die dieses System mit Erfolg angewandt hat, steht früher auf als die andern Familienmitglieder und „erfüllt das Haus mit lauter positiven Aussprüchen". Sie steht in der Mitte des Wohnzimmers und dreht sich nacheinander jeder Ecke zu. Dabei spricht sie laut: „Dieses Haus ist ein Ort, in dem Gott wohnt; es ist ein Heim voller Frieden, Liebe und Freude." Sie erklärt: „Das Resultat ist wirklich wie ein Wunder." Solche Aussprüche werden Wirklichkeit. Jedes Heim kann ein glücklicher Ort werden, wenn der unerfreuliche Teil der Hausarbeit in einen bedeutungsvollen Zweck verwandelt wird.

Der Mann sorgt vor — die Frau bewahrt — das sind die zwei grundlegenden Funktionen des Lebens, und darin liegt, wenn es in Liebe und Gleichklang geschieht, das wahre Glück.

Meine eigene Mutter besaß eine fabelhafte Gabe, die Hausarbeiten in schöpferische Teamarbeit zu verwandeln. Unser Haus war ständig erfüllt mit Humor und glücklicher Stimmung. Mutter war ein wahrer Stratege. Niemand wurde es z.B. gewahr, wie das Geschirr gewaschen wurde.

Mutters „Dreh" war es, ein Gespräch über irgendein interessantes Thema gerade dann zu beginnen, wenn die unerfreuliche Arbeit des Geschirrabwaschens zu erledigen war. Automatische Geschirrspüler gab es damals noch nicht. Wir selbst waren die Geschirrspüler jener Generation, und wir waren keine Automaten. Wenn die Mahlzeit vorüber war, warf Mutter eine heißumstrittene Frage auf. Im Handumdrehen hatte jeder von uns Partei ergriffen. Sobald die Kontroverse einen gewissen Grad erreicht hatte, drückte die Mutter meinem Vater, mir und meinem Bruder je einen Teller in die Hand. Sie selbst lief umher, ging hinaus in die Küche mit dem Geschirr, dabei immer das Gespräch fortführend. Ehe wir wußten, was geschehen war, standen wir alle draußen in der Küche bei ihr, abwaschend und abtrocknend, dabei lebhaft weiter diskutierend.

In jeder Auseinandersetzung über ein erfolgreiches Eheleben ist die richtige Gattenwahl von ausschlaggebender Bedeutung. Es ist gewiß eine der folgenschwersten Entscheidungen, die man in seinem Leben zu treffen hat. Manchmal war die Wahl eine falsche, und es folgte ein qualvolles Leben. Ich bin deshalb fest davon überzeugt, daß die Verlobungszeit eine angemessene Dauer haben sollte. Sind die Verlobten wirklich imstande, sich gegenseitig zu verstehen? Haben sie gemeinsame Interessen an vielen Dingen? Passen ihre Familien und ihre Familientraditionen zusammen?

Ein guter Freund von mir, Mr. M., ein ganz hervorragender Mann, erzählte mir, sein Sohn Jim sei mit der Neuigkeit heimgekommen, er habe sich verliebt. Er hatte sich Hals über Kopf in ein „zauberhaftes" Mädchen „verknallt" und wollte auf der Stelle heiraten, sobald es die gesetzliche Frist erlaubte. Die Familie des Jungen traf sich mit dem Mädchen und wußte sofort, daß es nicht zu Jim paßte. Aber diese Meinung zu äußern, wäre vergebliche Mühe gewesen.

Die M's beschlossen in kluger Weise, ihrem Sohn Gelegenheit zu geben, zu entdecken, was er wirklich fühlte. Sie ergriffen also die erste Gelegenheit und luden das junge Mädchen ein, eine Woche in ihrem Haus zu verbringen. Fast augenblicklich wurde es klar, daß das Mädchen nicht hineinpaßte. Es ließ sich ziemlich gehen, blieb liegen, wenn die Familie aufstand, und half nicht bei den Hausarbeiten. Sie betrachtete sich offenbar den anderen Familienmitgliedern überlegen und hielt sich von ihnen fern.

Der Junge war etwas enttäuscht, aber noch nicht bereit zuzugeben, daß er sich geirrt habe. Dann, um die Weihnachtszeit, drangen Jims Eltern darauf, er möge die ganzen Ferien im Hause der jungen Dame verbringen. Sie hießen ihn gehen und hofften, ihn nicht vor dem Neujahrstag wiederzusehen. Aber nach drei Tagen war er zurück. Jim war besonders peinlich berührt worden von der Art, wie seine Verlobte ihre Eltern anbrüllte. Sie lehnte es ab, an den üblichen Hausarbeiten teilzunehmen, kurz, sie benahm sich vulgär und ungezogen.

Ihre Eltern selbst machten einen unsauberen Eindruck. Jim sagte, die Seifenkachel im Badezimmer habe ausgesehen, als sei sie seit Jahren nicht gereinigt worden. Die Folge dieser Besuche war, daß Jims Begeisterung vollständig erlosch. Nehmen wir aber an, Jim hätte diese Tatsachen bezüglich seiner „großen" Liebe erst *nach* der Heirat entdeckt. Nehmen wir an, er hätte darauf gedrängt, die Heirat zu überstürzen, und wäre der wahren Natur des Mädchens erst gewahr geworden, wenn es zu spät gewesen wäre! Liebe auf den ersten Blick mag schon schön und gut sein, aber sie reicht nicht zu einer Heirat auf den ersten Blick. Es gibt allzu viele Probleme, über die man sich im klaren sein muß, ehe man hastig eine Ehe eingeht.

Ich beschließe dieses Kapitel mit einem von Dr. Smiley Blanton und Dr. Irwin Smalheiser verfaßten „Ehespiegel".

„Wie gut kennen Sie Ihren Gatten?"

Es ist eine der traurigsten Tatsachen in vielen Ehen, daß zwei Menschen das intimste Verhältnis einzugehen gedenken, ohne daß eines die Ansichten des andern kennt.

Ein Maßstab für die Reife zur Ehe ist der Grad des Verständnisses für Ihren Partner. Der folgende Test vergleicht die Gesichtspunkte einer Reihe wichtiger Probleme.

Der erste Teil ist vom Mann auszufüllen, der zweite von der Frau.

1. Teil (Nur für Männer)

	Ja/Nein
1) Sind Sie noch ebenso romantisch eingestellt wie zur Zeit der Flitterwochen?	______
2) Kommen Sie gut mit Ihren Verwandten aus?	______
3) Nehmen Sie Anteil an den Haushaltssorgen Ihrer Frau?	______
4) Ziehen Sie, wenn Sie Ihren Finanzplan aufstellen, zuerst die Bedürfnisse der Familie in Betracht?	______
5) Finden Sie, daß die Frauen Ihres Heimatlandes zu herrschsüchtig sind?	______

6) Überraschen Sie Ihre Frau mit gelegentlichen Geschenken? ________

7) Nehmen Sie Ihre Arbeit und Ihre Karriere wichtiger als Ihre Familie? ________

8) Wären Sie damit einverstanden, wenn Ihre Frau zu arbeiten wünschte, selbst wenn es vielleicht finanziell nicht nötig ist? ________

9) Sollen Mann und Frau getrennte Ferien verbringen? ________

10) Fassen *Sie* die wichtigsten Beschlüsse in der Familie? ________

11) Passen Sie in geschlechtlicher Hinsicht zusammen? ________

12) Würde es Ihnen etwas ausmachen, wenn Ihre Frau Freunde und Interessen außerhalb des Hauses besäße? ________

13) Sind Sie mit Ihrer Frau über die Art einig, wie die Kinder zu erziehen sind? ________

14) Ist Zukunftsplanung eine Angelegenheit der Familie? ________

15) Gibt sich Ihre Frau Mühe, noch ebenso anziehend auszusehen wie zur Zeit, da Sie frisch verheiratet waren? ________

16) Zeigt Ihre Frau Interesse an Ihrer Arbeit? ________

17) Begrüßt Sie Ihre Frau mit einer Litanei von Haushaltsproblemen, kaum daß Sie heimgekommen sind? ________

18) Versucht Ihre Frau mit so wenig Geld als möglich auszukommen? ________

19) Haben Sie das Gefühl, daß die Kinder den ersten Platz in der Liebe Ihrer Frau einnehmen? ________

20) Nimmt sich Ihre Familie Zeit für den Glauben und religiöse Fragen? ________

2. Teil (Nur für Frauen)

	Ja/Nein
1) Ist Ihr Mann noch ebenso romantisch eingestellt wie zur Zeit der Flitterwochen?	______
2) Kommt Ihr Mann friedlich mit seinen Verwandten aus?	______
3) Nimmt Ihr Mann Anteil an Ihren Haushaltssorgen?	______
4) Zieht Ihr Mann, wenn er den Finanzplan aufstellt, zuerst die Bedürfnisse der Familie in Betracht?	______
5) Findet Ihr Mann, daß die Frauen seines Heimatlandes zu herrschsüchtig seien?	______
6) Überrascht er Sie mit gelegentlichen Geschenken?	______
7) Nimmt er seine Arbeit und seine Karriere wichtiger als die Familie?	______
8) Wäre er damit einverstanden, wenn Sie zu arbeiten wünschten, selbst wenn es vielleicht finanziell nicht nötig sein sollte?	______
9) Sollen Mann und Frau getrennte Ferien verbringen?	______
10) Faßt Ihr Mann die wichtigsten Beschlüsse in der Familie?	______
11) Passen Sie in geschlechtlicher Hinsicht zusammen?	______
12) Würde es Ihrem Mann etwas ausmachen, wenn Sie Freunde und Interessen außerhalb des Hauses besäßen?	______

13) Sind Sie und Ihr Mann einig, über die Art wie die Kinder zu erziehen sind? _______

14) Ist die Zukunftsplanung eine Angelegenheit der Familie? _______

15) Geben Sie sich Mühe, noch ebenso anziehend auszusehen wie zur Zeit der Flitterwochen? _______

16) Zeigen Sie Interesse an der Arbeit Ihres Mannes? _______

17) Begrüßen Sie Ihren Mann mit einer Litanei von Haushaltsproblemen, kaum daß er heimgekommen ist? _______

18) Versuchen Sie mit so wenig Geld als möglich auszukommen? _______

19) Haben Ihre Kinder den Vorrang in Ihrer Liebe? _______

20) Nimmt sich Ihre Familie Zeit für den Glauben und religiöse Fragen? _______

Übereinkommen in fünfzehn oder mehr Punkten deutet darauf hin, daß ein Ehepartner die Gesichtspunkte des andern außerordentlich gut versteht. Übereinkommen in zehn bis fünfzehn Punkten ergibt, daß unterschiedliche Gesichtspunkte bestehen, daß sie jedoch nicht sehr bedeutend sind. Übereinkommen in weniger als zehn Punkten zeigt an, daß vielen Fragen nicht genug Beachtung geschenkt worden ist. Eine freimütige, ruhige Aussprache darüber kann verhindern, daß solche Differenzen sich zu ernsteren Problemen entwickeln.

13. Kapitel

Wie man lernt, mit den geistigen Kräften zu leben

Eine Frau sagt: „Ich las in der Zeitung, daß Herr Sowieso an einem Herzschlag gestorben ist."
„In welcher Zeitung?" fragt man sie.
„Ich weiß nicht mehr genau in welcher, aber ich las es in einer Zeitung." Sie sagt den Artikel Wort für Wort her.
Eine Suche im Zeitungsstoß förderte keinen solchen Artikel zutage. Eine Untersuchung ergab, daß die Person nicht an einem Herzschlag gestorben war. Jedoch drei Tage später stirbt sie an einem Herzfehler. Der Bericht in der Zeitung lautet genau so, wie die Frau ihn vorausgesagt hatte.
Und wie nennt sich diese merkwürdige Erscheinung? Voraussage. Während des ersten Weltkrieges rief ein kleines Mädchen von vier Jahren seiner Mutter zu: „Mutti, Papi ist zu Tode getroffen! Er liegt in einem tiefen Loch!"
Eine spätere Untersuchung ergab, daß der Vater dieses Kindes, genau in jenem Augenblick, während eines Gasangriffs in einem Keller lag.
Auch Hellsehen ist eine merkwürdige Erscheinung.
Ein Mann in mittleren Jahren lenkte seinen Wagen eine Hochstraße in New Jersey entlang, als er plötzlich schreckliche Schmerzen in der Brust verspürte. Die Schmerzen wurden so un-

erträglich, daß er den Wagen anhielt, in der Meinung, es sei eine Herzattacke; aber schließlich gingen sie vorüber. Eine Stunde später erfuhr er, daß sein Sohn, der in Colorado in seinem Wagen fuhr, in jenem Moment getötet wurde, die Brust vom Lenkrad seines Wagens eingedrückt.

Und diese mystische Kraft? Telepahtie.

Solche Vorgänge, wie die eben geschilderten, werden von Dr. J. B. Rhine von der Duka Universität, einem Fachmann auf dem Gebiet der Parapsychologie, untersucht. Was sind diese Dinge, die wir als Voraussage, Hellsehen und Telepathie bezeichnen? Was können sie beweisen? Nun, Dr. Rhine glaubt, es seien nur einige der Kräfte des menschlichen Geistes, die das Universum erfüllen, ohne durch Raum und Zeit behindert zu werden. Wir erwähnen sie hier als weiteren Beweis einer größeren Fähigkeit, die in uns wohnt, eine Fähigkeit, die uns dazu verhelfen kann, ein erfülltes, erfolgreiches Leben zu führen.

Natürlich gibt es immer wieder Leute, die auf solche Vorgänge mit der Bemerkung reagieren: „Das ist unmöglich!" Der einzige Grund, warum sie dies sagen, besteht darin, daß sie noch nie etwas davon gehört haben. — Ich traf mit dem Mann zusammen, der Funkapparate für Autos erfunden hat. Der Bankier, bei dem er um ein Darlehen zur Finanzierung der Produktion nachsuchte, sagte: „Ich habe noch nie eine so verrückte Idee gehört! Es wird niemals Funk in Autos geben!" Das ist die Art, in der ein Verstand ohne Einbildungskraft öfters auf etwas reagiert.

Der Autor dieses Buches ist überzeugt, daß es etwas sehr Großes im Menschen gibt, das jenseits des Physischen, jenseits des Materiellen liegt. Wir müssen uns selbst als Teil von Gottes großem Plan sehen. Ein hervorragender Wissenschaftler erzählte mir, man kalkuliere auch in der höheren Mathematik die Unendlichkeit ein.

Die nachdrückliche Beachtung des Unendlichen bringt uns in nähere Beziehung mit mächtigen Kräften außerhalb und innerhalb unseres Selbst. Wenn Sie sich auf diese Kräfte einstellen, werden Sie große Siege über die negativen Elemente in Ihrem Leben erringen.

Als Beispiel zeige ich Ihnen einen Brief, der klarlegt, was mit gewissen Leuten geschieht, wenn sie durch positives Denken Kontakt mit den geistigen Kräften in ihrer Umgebung gewinnen.

„Seit 1930 bin ich Berufsjockey. Der Grund zu diesem Brief ist ein Geschehnis, das mir im Oktober 1956 passierte.
Seit 1934 bin ich ein schwerer Trinker gewesen. Im April 1955 kam mir ein Exemplar Ihres Buches ‚Die Kraft positiven Denkens' in die Hand. Nebenbei gesagt, es war der Besitzer einer Bar, der mir das Buch gab.
Ich hatte praktisch die Kraft, mich zu konzentrieren, verloren, obwohl ich es immer fertigbrachte, körperlich gut in Form zu bleiben — ich mußte es, um reiten zu können. Ich brauchte drei Wochen, um den 23. Psalm auswendig zu lernen; daraus können Sie ersehen, wie weit ich schon gekommen war.
Ich kaufte mir eine Bibel und setzte Ihre Theorien in die Praxis um. Es ging nur langsam voran. Ich wußte kaum, was ich gelesen hatte, aber ich fuhr fort zu lesen und zu beten. Ich lernte sogar einige kurze Psalmen auswendig.
Unterdessen hatte ich das Trinken von starkem Schnaps aufgegeben, vertilgte aber große Quantitäten Bier. Ich war nicht mehr so oft betrunken, aber ich betrank mich immer noch, fuhr aber fort, meine Bibel zu lesen, betrunken oder nüchtern, und ich betete auch.

Gegen Ende des Jahres 1956 hatte ich einen gewissen Fortschritt erziehlt — nicht überwältigend —, aber immerhin war es der Rede wert. Das bringt mich zum Kern der Sache.

Ich sollte bei einem Rennen in Spokane reiten und wohnte in einem einige Kilometer vom Rennplatz entfernten Motel. Eines Abends ging ich früh zu Bett. Ich erwachte mit einem sonderbaren Gefühl in der Nähe des Herzens, welches sich nach und nach über meinen ganzen Körper ausbreitete. Zuerst verflog alle Spannung, die sich in mir in den vergangenen Jahren angesammelt hatte, und wich einem mächtigen Gefühl der Liebe. Mein ganzer Körper war glühend heiß. Ich konnte meinen Vater und meine Mutter sehen, die neben mir saßen. Sie verflüchtigten sich, und ich sah viele Dinge. Ich vergoß Tränen der Freude und des Schmerzes. Ich betete für viele Leute, deren Bild, eines nach dem andern, in meinem Geist auftauchte.

Ich stand auf und drehte das Licht an, so daß ich mich im Spiegel sehen konnte. Ich weinte Tränen der Verzückung und dann der großen Reue.

Als wir am andern Morgen auf den Rennplatz gingen, um zu arbeiten, schauten mich die Leute verwundert an. Einige fragten: „Was ist mit Ihnen geschehen?" Die meisten waren gute Freunde und sagten weiter nichts mehr. Ich hatte das Gefühl, irgendeine verkrüppelte oder lahme Person, sie nur berührend, heilen zu können. Ungefähr zwei Wochen verblieb ich in diesem Zustand der Verklärung, dann nahm er ab, erschien in kurzen Perioden wieder, und dann wurde er wieder schwächer. Ganz hat er mich nie mehr verlassen.

Und nun kommen Sie selbst ins Spiel. Am nächsten Tag hatte ich kein Rennen zu reiten, blieb in der Nähe des Hauses meines Chefs und mähte den Rasen. Alle waren zum Rennen gegangen. Ich ging zur Garage und setzte mich dort in die Sonne. Ein Esel, der meinem Chef gehörte und der mich nie in seine Nähe kommen ließ, kam gerade auf mich zu und schaute mich lange an. Ich begann zu weinen, und nach einer Weile stand ich auf, setzte die Mähmaschine in Gang und arbeitete.

Die ganze Zeit befand ich mich in einem Zustand, in dem mir

die geringsten Einzelheiten auffielen. Nachdem ich den Rasen fertig gemäht hatte, ging ich ins Haus, nahm ein Bad und legte mich auf das Sofa. Ich schlief nicht, schien aber in einer Art von Trancezustand des Gebetes zu schweben. Durch meinen Geist bewegten sich viele Dinge. Schließlich erschien mir Ihr Name. Er berührte mich sehr stark, nicht einmal, sondern viele Male nacheinander. Mit großem Nachdruck sah ich immer wieder auf Ihren Namen.

Ein wenig später las ich den 23. Psalm, und als ich zum letzten Vers kam: ‚Gutes und Barmherzigkeit werden mir folgen mein Leben lang und ich werde bleiben im Haus des Herrn immerdar', kam ein wunderbarer Ausbruch der Freude über mich, wobei mir jedes Wort des Psalms ganz deutlich gegenwärtig war. Seit etwa zehn Tagen rauche ich nicht mehr; seit dem 1. Januar habe ich jedes Verlangen zum Trinken verloren. Ich habe seither weder geraucht noch getrunken..."

Ich habe diesen Mann getroffen und ihn als eine ruhige und intelligente Persönlichkeit kennengelernt.

Wie wundervoll ist doch die Welt, in der wir leben! Wir sind umringt von merkwürdigen mystischen Kräften, die wir kaum begonnen haben zu verstehen, geschweige denn zu gebrauchen. Dieser Jockey war dazu ausersehen, eine Kraft kennenzulernen, wie es ähnlich nur wenige erfahren, besonders in einer so dramatischen Form, und sein Leben wurde dadurch völlig umgestaltet. Aber bis zu einem gewissen Grade kann sich ein jeder von uns mit diesen gewaltigen Kräften in Einklang bringen. In diesem Kapitel werde ich die Kenntnis der bemerkenswerten Briefe, die ich in diesem Zusammenhang erhalten habe, mit Ihnen teilen. Ich werde nicht den Versuch unternehmen, diese Briefe auszulegen, vielmehr werde ich sie einfach zitieren, um Ihnen die Möglichkeit zu geben, darüber nachzudenken. Alle, die mit diesen mystischen Kräften in Berührung gekommen sind, haben in vielen Fällen eine erstaunliche Hilfe in der Bekämpfung ihrer Haßgefühle, Schwächen, Sünden, ja selbst physischer Krankheiten gefunden. Vielleicht werden Ihnen die Erfahrungen anderer ebenfalls Trost und Kraft verleihen.

Der Bericht über das folgende Erlebnis wurde mir von einem Professor an der berühmten Akademie von New England zugesandt.

„In meinen Studienjahren wurde ich gelegentlich von Kopfschmerzen geplagt, die immer von meiner Großmutter, die bei meinen Eltern wohnte, gelindert wurden, wenn sie ihre Hände auf meine Stirn legte. Als ich später an der Anherst Universität lehrte, fuhren diese besonderen Kopfschmerzen fort, mich zu peinigen.

Eines Abends im Dezember des ersten Jahres, das ich dort verbrachte, zwang mich der Schmerz dazu, mich früher als sonst zurückzuziehen. Gegen Mitternacht war es mir, als stehe meine Großmutter an meinem Bett. Sie legte ihre Hand auf meine Stirn, und der Schmerz verschwand, um *nie* wiederzukehren. Ich hatte in letzter Zeit keinen Brief von meinen Eltern erhalten, so daß ich nicht wissen konnte, daß meine Großmutter plötzlich krank geworden war. Ich erfuhr erst am andern Tag, daß sie in der Stunde verschieden ist, als ich ihre Hand auf meiner Stirn fühlte. Ich bin davon überzeugt, daß sie die erste Gelegenheit wahrnahm, mir die Linderung zu bringen, die sie allein mir geben konnte."

In einem Brief, der von einem Leser aus Inman, Kansas, stammt, erfahren wir von einem Erlebnis, das darauf hinzielt, die Furcht vor dem Tode zu vermindern.

„Am 18. November dieses Jahres wurde ich von einer Krankheit befallen und in bewußtlosem Zustande ins Spital verbracht. Der Ambulanz-Wagenführer erzählte mir später, es sei wie ein Wunder gewesen. Als er schon glaubte, mich zu spät ins Spital gebracht zu haben, lebte ich noch. Es geschah mir etwas Wunderbares: Ich sah visionenhaft ein helles Licht und ging näher, immer näher darauf zu; es war wie ein Sonnenaufgang. Weitergehend sah ich eine große Wasserfläche, blieb am Rande stehen und blickte genau durch dieses wunderbare Licht hindurch. Dann drehte ich mich um und sah einen langen, langen Weg bis zurück zum Ort, woher ich gekommen war."

Ist diese Art von Erfahrung einzig dastehend? Keinesfalls. In meinen Ordnern gibt es eine ganze Anzahl von ähnlichen Berichten, die auf die Möglichkeit hinweisen, daß der Tod nicht dieses schreckliche Gespenst ist, das wir uns vorstellen. Auch er untersteht den erstaunlichen Kräften um uns herum.

Eine Zeitschrift brachte einen Aufsatz mit der Überschrift „Was fühlt man, wenn man stirbt?" Der Inhalt besteht aus neun Aussagen von hervorragenden Ärzten über die Natur des Todes. Sir William Osler, der berühmte Arzt, behauptete einmal: „Die meisten menschlichen Wesen sterben nicht nur als Helden, sondern nach meiner großen klinischen Erfahrung ohne Schmerz und Angst. Es besteht gerade so viel Unwissenheit und Unklarheit in bezug auf die letzten Stunden des Menschen, wie auf seine ersten. Infolgedessen sehen die Menschen Gespenster, wo in Wirklichkeit keine sind."

Kate Holliday, die Verfasserin dieses Aufsatzes, fragte also neun Ärzte, ob sie mit der Aussage Sir Williams einverstanden seien, und das Sonderbare an der Sache ist, daß nicht ein einziger dieser Ärzte anderer Meinung war. „Die Natur meint es gut mit den Menschen", sagt Dr. Frank Adair, Professor für Chirurgie am Cornell University Medical College. „Das Gespenst der Angst, welches den Durchschnittsmenschen ein Leben lang verfolgt, verflüchtigt sich beim Herannahen des Todes."

Und Dr. H. D. Van Fleet, Präsident der Los Angeles Academy of Medicine, sagt: „Ich habe dem Tode von Menschen aller Rassen und Glaubensbekenntnisse beigewohnt — Hindus, Schintoisten, Katholiken, Protestanten, Juden und Mohammedaner. Sie entschliefen alle in Frieden, und ich habe herausgefunden, daß

der Tod bei allen Menschen durch kindlichen Glauben an ihre Religion verschönt wird. Abgesehen von der eigenen Interpretation ihrer Religion ist es immer dasselbe, woran die Menschen in der ganzen Welt einen inneren Halt finden."
Dr. Johannes Neilson, Professor der Medizin an der Southern California Universität, sagt: „Menschen, die den Tod fürchten, stellen sich ihn wie ein plötzliches Verlöschen vor. Ein plötzliches Verlöschen gibt es nicht. Wenn sie immer schwächer werden, sei es aus Blutarmut, durch Krebs oder selbst als Folge eines Unfalls, beschäftigen sie sich mehr und mehr mit dem Problem des Augenblicks, nämlich mit dem Zustand ihres eigenen Körpers. Selbst sterbenden Ärzten geht es so. Ihre Interessensphäre wird immer kleiner, bis sie sich schließlich nur noch mit der unmittelbaren Frage auseinandersetzen, ob sie weiter atmen werden oder nicht. Und wenn die Sphäre zu klein wird, dann gehen sie hinüber in die bessere Welt... Mit andern Worten, die Sphäre hat sich so eingeengt, daß selbst die Angst keinen Platz mehr darin findet. Wenn sie der Ewigkeit begegnen, verflüchtigt sich selbst die Angst in nichts."

Die Angst vor dem Tode entbehrt also, aus der Perspektive der Untersuchung Kate Hollidays gesehen, einer realistischen Grundlage. Am lebhaftesten macht sie sich in der Fülle des Lebens bemerkbar, aber in der Krankheit und Schwäche zieht sich die Welt zusammen, und Gott gewährt Geist und Seele eine wohltuende Betäubung. Das Ende ist kein schmerzensreiches Erlebnis, auch kein erschreckendes, obwohl die dem Tod vorangehende Krankheit sehr schmerzhaft sein kann. Die Angstgefühle, die wir mit der Vorstellung des Todes verknüpfen, sind am stärksten, wenn wir noch kräftig leben und gesund sind; dann aber scheint es, als ob sich das Leben selbst verenge. Die üblichen Interessen verlieren ihre Bedeutung, und selbst der Tod wird etwas so Natürliches, daß er seinen Schrecken verliert.

Wer weiß, wie nahe das Jenseits uns ist? Leser erzählen mir fast etwas beschämt, wie teure Verstorbene auf ihr Leben, aus Gründen, die wir nicht kennen, eingewirkt haben. Jedenfalls dürfen wir annehmen, daß wir von mächtigen und guten Kräften umgeben sind.

Vor einigen Jahren fuhr ich mit meiner Frau von Asbury Park, New Jersey, nach New York City. In Asbury Park hatte ich einer Versteigerung von Haushaltsgegenständen beigewohnt, in einem Gut, genannt „Shadow Lane", das als das Sommerhaus des Präsidenten Woodrow Wilson Berühmtheit erlangt hat. Ich kaufte ein Paar wunderschöne Hurricane-Leuchter. Obwohl es ein gutes Geschäft war, zahlte ich einen ziemlich hohen Preis dafür, so daß ich ein wenig bedrückt und schuldbewußt war. Da sie jedoch als Geburtstagsgeschenk für meine Frau gedacht waren, hielt ich die Ausgabe für berechtigt. Sie wurden verpackt, in den Gepäckraum des Wagens verstaut, und wir fuhren nach Hause. Auf halbem Wege hielten wir bei einem Gasthaus am Wege an, um zu essen. Das Lokal war voll besetzt, aber es gelang uns, zwei Stühle an der Bar zu belegen. Ich war zuerst fertig, und um jemand anderem meine Sitzgelegenheit abzutreten, stand ich auf und sagte Ruth, daß ich beim Wagen auf sie warten würde. Als ich in die strahlende Sonne hinaustrat, hatte ich plötzlich das überwältigende Gefühl von der Gegenwart meiner Mutter. Sie war vor mehreren Jahren ins Jenseits gegangen. Ich fühlte mehr ihr Lächeln, als ich es sah, wie auch ihre ganze liebevolle, Wärme ausstrahlende Persönlichkeit, genau so lebhaft wie bei einer wirklichen Begegnung. Dann erreichte mich der Klang ihrer Stimme mit der alten Vertraulichkeit und Kraft. Sie sagte etwas über Ruth, sie sei eine wunderbare Frau und verdiene die schönen Hurricane-Leuchter wohl, ich möge mir keine Sorge deswegen machen. Dann verflog alles, ich aber war im Innersten meines Wesens aufgewühlt und bewegt. Sprachlos stand ich da, vollständig der Umgebung entrückt. Ich weinte, und glauben Sie

mir, ich gehöre nicht zu den Männern, die so bald weinen. Schnell lief ich zum Wagen, und als mich meine Frau fand, war sie erschrocken, mich weinend und zum Sprechen unfähig vorzufinden. Wir fuhren mehrere Kilometer, bis ich mich wieder in der Gewalt hatte und ihr die Geschichte erzählen konnte. Warum wohl hat meine Mutter mich in einem solchen Moment, an einem solchen Ort aufgesucht, wegen einer belanglosen Angelegenheit? Wer kennt die Logik der merkwürdigen Mächte, die uns umgeben? Daß meine Mutter und ich in jenem erregenden Augenblick tatsächlich Verbindung hatten, darüber hege ich keinen Zweifel. Bei jener Begegnung habe ich ein herrliches Gefühl des Friedens und der Kraft empfunden.
Solche Dinge sind nichts Ungewöhnliches, und es besteht gewiß keine Notwendigkeit, mit Beschämung darüber zu sprechen. Ich las auch einen Brief von Frau Mark Clark, der Gattin des berühmten Generals aus dem zweiten Weltkrieg. Er lautet auszugsweise wie folgt:
„Bei vielen Gelegenheiten habe ich meine Großmutter und auch meine Mutter die Geschichte vom Tode des fünfundzwanzigjährigen Sohnes der ersteren, Elmer, erzählen gehört.
Elmer hatte Typhus. Um 1900 bedeutete das meistens den Tod. Seine Zwillingsschwester Eva, der Elmer sehr zugetan gewesen war, starb zwei Jahre vorher an der gleichen Krankheit. Während mehrerer Tage lag mein Onkel Elmer schon im Koma, zu schwach, um sich noch zu bewegen. Plötzlich setzte er sich im Bett auf, die Arme zum Himmel erhoben, mit vor Glück strahlendem Anlitz und rief laut und mit klarer Stimme: ‚Eva!‘ Dann starb er.“
Cecil de Mille erzählte eine wundervolle Geschichte über eine Erfahrung, die ihm Einsicht in den Wechsel von Leben und Tod verlieh. „Ich war auf einem See in den Wäldern von Maine. Das Boot trieb langsam ab. Ich las, ruhte aus, auf der Suche nach einer Idee. Ich schaute in das Wasser hinunter, denn mein kleines

Boot war an eine Stelle getrieben worden, wo der See nur noch etwa zehn Zentimeter tief war. Dort, in einer Welt von Schlamm und Feuchtigkeit, sah ich Wasserkäfer. Einer davon krabbelte an der Bootswand empor, steckte das Ende seiner Beine in das Holzwerk und verendete. Ich schenkte dem Vorgang weiter keine Beachtung und machte mich wieder ans Lesen. Die Sonne brannte. Ungefähr drei Stunden später bemerkte ich meinen Wasserkäfer wieder. Er war ausgetrocknet. Sein Rücken brach auf. Ich schaute näher hin und sah aus dem Rücken des toten Käfers eine neue Gestalt herauskriechen — zuerst einen feuchten Kopf, dann Flügel. Es war eine sehr schöne Libelle. Sie schillerte in allen Farben des Regenbogens. Noch während ich zuschaute, flog sie davon. Sie flog in einer Sekunde weiter, als ein Wasserkäfer in Tagen krabbeln konnte.

Mit den Fingerspitzen entfernte ich die zusammengeschrumpfte Käferhülle von der Bootswand. Sie fiel ins Wasser und sank auf den schlammbedeckten Grund. Die andern Wasserkäfer krabbelten neugierig heran, um zu sehen, was es sei.

Wenn Gott dies für einen Wasserkäfer tut, glauben Sie dann nicht, daß er für mich dasselbe tun kann?" fragte Cecil B. de Mille.

Meiner Ansicht nach ist das eine schöne und vernünftige Beschreibung der Natur des Todes. Tod ist einfach eine Veränderung, kein Ende, und es scheint logisch, anzunehmen, daß wir in eine bessere Lebensform aufsteigen werden.

Alle Erfahrungen, über die mir berichtet wurde und die mit übersinnlichen Vorgängen zu tun haben, scheinen auf ein Weiterbestehen hinzuweisen.

Am 2. Mai 1914 lag unsere geliebte Mutter im Sterben. Sie befand sich in einer geschwächten körperlichen Verfassung, die auf Diabetes beruhte. Sie war seit dem 1. Mai nicht mehr aufgestanden und versank allmählich ins Koma.

Vater saß am Kopfende des Bettes; in einer Hand hielt er seine Uhr, mit den Fingern der andern fühlte er der Mutter den Puls. Ich hatte das Zimmer für einige Minuten verlassen. Meine Schwester saß am Fußende des Bettes. Als ich aus dem Hausgang zurückkam und an die offene Tür trat, dem Fußende des Bettes gegenüber, blieb ich plötzlich voller Verwunderung über das, was ich sah, stehen — dann schritt ich langsam zum Bett und stand still neben meiner Schwester, bis zum Ende. Ich erwähnte ihr gegenüber nie, was ich gesehen hatte, weil ich befürchtete, sie könnte sich einbilden, dasselbe gesehen zu haben. Ich wollte, daß *sie es mir* von sich aus sage.

Zwei Wochen nach Mutters Begräbnis saßen meine Schwester und ich ruhig im Garten, gelegentlich einige Worte wechselnd. Nach einiger Zeit sagte sie: „Ich sah das unglaublichste, ungewöhnlichste Ding, als wir am Fußende von Mutters Bett standen, bevor es zu Ende ging.“ Ich unterbrach sie nicht. Als sie ihre Erzählung beendet hatte, sagte ich: „Ich sah dasselbe und habe darauf gewartet, daß du es mir erzählst.“ Was wir sahen, war folgendes:

Genau über der Mutter, in einer Höhe von etwa zwanzig Zentimetern, schwebte die dünne Schicht eines graublauen Dunstes, einer Farbe, die man bei Zwielicht in den Bergen sehen kann. Dieser Dunst, dessen Ränder mit der Luft verschmolzen wie eine Wasserfarbenzeichnung, bewegte sich sehr langsam von den Füßen gegen den Kopf hin.

Mutters Nachthemd war ein wenig über der Brust geöffnet. Die Haut hatte, durch den Dunst gesehen, die Farbe des Lebens, aber als der Dunst weiterzog, über diese Stelle hinweg, hatte sie die Farbe des Todes; beide Farben waren gleichzeitig zu sehen, als der Dunst vorüberzog.

Gerade als der Nebel über ihr Haupt ging, sagte Vater traurig, ohne seine Augen von der Uhr zu wenden, seine Finger noch an ihrem Puls: „Mutter hat uns verlassen.“ Der Dunst verschwand sofort in der Luft des Raumes. Weder eine Tür noch ein Fenster stand offen. Wir hatten mit unseren Augen gesehen, wie das Leben von ihr ging.

Dieser Vorgang scheint zu beweisen, daß der Tod eine Wandlung der Persönlichkeit oder der Seele von einem Zustand in einem anderen darstellt.

Die Berichte über ähnliche Erfahrungen, die mir unterbreitet wurden, weisen ferner darauf hin, daß der Wechsel des Lebens Tod genannt, nicht ohne Würde ist. Die geistigen Mächte, die uns umgeben, scheinen immer auf uns Rücksicht zu nehmen.

Ein Leser aus Stratford, Connecticut, schrieb mir über ein Erlebnis, das von einem Arzt erzählt wurde. Eine Frau war von einem Auto angefahren worden und lag am Straßenrand. Die Zuschauer dachten, sie sei tot. Als der Ambulanzwagen mit dem Arzt kam, kniete dieser nieder und hob den Kopf der Frau. Sie öffnete die Augen und fragte, ob er der Arzt sei. Als er dies bejahte, sagte sie: „Gut, dann möchte ich, daß Sie allen meinen Freunden sagen: Wenn das der Tod ist, so ist das Sterben das wunderbarste Erlebnis, das mir je widerfahren ist." Daraufhin lehnte sie den Kopf zurück und verschied.

Gott hat uns den Willen zum Leben und die Liebe zum Leben gegeben. Es liegt in unserer Natur, dem körperlichen Tod bis zum Äußersten zu widerstehen. Warum können wir nicht glauben, Gott habe es so eingerichtet, daß unser Leben, wenn es in dieser Welt beendet ist, in einer besseren Welt weitergeht? Alle, die ihr Leben Gott unterstellen, brauchen keine Angst vor dem Jenseits zu haben.

Hier der Brief einer Dame aus Hamilton, Ohio:

„Als ich zwölf Jahre alt war, bewirkte eine einfache Operation der Halsmandeln schreckliche Blutungen. In jenen Tagen waren Bluttransfusionen eine Seltenheit, und außerdem war ich schon

zurück aus der Klinik. Mein Geist war klar, und da Kinder gewöhnlich bei solchen Gelegenheiten merkwürdig unerschrocken sind, wünschte ich nur, daß die Prüfung bald vorüber wäre.
Ich sah, daß das Gesicht meiner Mutter grau war, als sie noch mehr Becken hereinbrachte. Der Türrahmen meines Zimmers füllte sich mit Leuten, selbst die Großmutter hatte es fertiggebracht, die Treppe heraufzukommen. Plötzlich waren alle fort, und ich war allein. Ich stand in einem finsteren Gang, furchtlos, nur etwas zögernd. In der Finsternis berührten mich Leute flüchtig, zusammen eilten wir vorwärts gegen das Ende des Ganges, wo ein wunderbares Licht leuchtete, wie ich noch keines gesehen hatte. Es waren lauter glückliche Leute.
Ich ging ein wenig vorwärts, bis ich ‚nach außen' sehen konnte. Keine Leute, nur eine wunderschöne Wiese mit großen Margeriten unter einem strahlenden Himmel. Auf der Wiese saß ein kleines Mädchen, kleiner als ich, und pflückte Blumen.
In meinem ganzen ewigen Leben hatte ich, ein Stadtkind, seit einem Besuch auf der Farm meines Onkels, immer gedacht, eine Wiese mit Margeriten, die auf einem von sanften Winden umwehten Hügel liege, unter strahlendem Himmel, sei das Schönste, was es gebe. Ich wußte genau, daß die Blumen für mich waren; und alle Helle jenseits dieses Ganges und jenseits des Hügels war mein.
Dann, wie ein vor das Licht geschobener Vorhang, gelangten die Worte zu mir: ‚Mutti braucht dich'. Ich will Sie nicht mit den Gründen bekannt machen, weshalb ich dies glaubte, aber es war so... Ich erwachte, den Kopf an die Brust meiner Mutter gebettet; sie sprach leise meinen Namen, immer und immer wieder. An allen folgenden Tagen war ich völlig sicher, wieder gesund zu werden."
Solche Erfahrungen geben vielleicht einige Andeutungen über die Art des Lebens auf der andern Seite. Beachten Sie, daß alle Erfahrungen, ohne Ausnahme, helle und freudige sind. Erlauben sie

wohl, einen kleinen Widerschein der Wirklichkeit zu erleben, die uns sonst erst nach dem Tode vertraut wird?
Eine übersinnliche Wahrnehmung muß eine Gottesgabe sein, durch die ein gelegentlicher Schimmer der wahren Wirklichkeit zu sehen ist. Es gibt etwas außer Reichweite unseres sterblichen Strebens, das aber trotzdem unser Leben beeinflussen kann. Es wird uns durch ein kurzes Aufleuchten und in Teilstücken einer höheren Einsicht vermittelt, um uns daran zu erinnern, daß wir zwar Wesen einer sterblichen Welt, gleichzeitig aber Teil einer größeren, umfassenderen Welt sind.
Verstehen wir diese mystischen Gesetze? Noch nicht. Wir verstehen ja kaum die physischen Gesetze, die uns umgeben, wieviel weniger erst diese tiefen, geistigen Gesetze!

C. B. Colby stellte folgende Frage in White Plains Reporter Dispatch:
„Haben Sie sich schon einmal gefragt, was schließlich aus den von Funk und Fernsehen vierundzwanzig Stunden am Tag ausgestrahlten Wellen wird? Lösen sie sich auf, oder bewegen sie sich in alle Ewigkeit fort?" Wir wissen, daß manchmal auf mysteriöse Weise Bilder auf dem Fernsehschirm erscheinen, lange nachdem das Programm zu Ende ist. Eine der berühmtesten dieser sonderbaren Erscheinungen zeigte sich in England im September 1953.
Plötzlich leuchtete auf einem großen Teil der englischen Fernsehschirme der Programmtitel der Fernsehstation Klee in Houston, Texas, auf. Es gab viele Zuschauer, die dieses Bild fotografierten, um die merkwürdige Erscheinung beweisen zu können.
Was nun aber die Welt des Fernsehens in höchstes Erstaunen versetzte, war die Tatsache, daß die britischen Funkingenieure, welche die Klee-Station in Houston von dem ungewöhnlichen Ereignis unterrichteten, erfahren mußten, daß diese Station seit

1950 außer Betrieb war. Während der drei letzten Jahre war kein Programmtitel von Klee mehr gezeigt worden.
Wo ist das Bild während dieser drei Jahre gewesen? Warum erschien es nur in England, und wie kam es von dort, wo es gewesen war, zurück?
Wir sind von vielen Phänomen — auch physischen — umgeben, die zu erklären wir außerstande sind. Welches ist z. B. das Verhältnis derer im Jenseits zu unserem Leben? Gelangen sie manchmal auf seltsamen und wunderbaren Wegen in unsere Nähe, um uns zu helfen?
Durch die Jahre hindurch sind uns viele Berichte zugegangen, welche die Hilfe dieser merkwürdigen Kräfte um uns zu beweisen scheinen. Dies bestätigt unsere Überzeugung, daß das umfassende Leben, in dem wir uns befinden, uns mit großer Kraft ausstattet, wenn wir vertrauensvoll unsere Aufgabe erfüllen.
Dr. Smiley Blanton gab mir den Brief eines begeisterten Lesers seines neuen Buches „Jetzt oder nie". Dieser Leser berichtet von einem Wortstreit, der vor Jahren in einer Gemeindeversammlung ausbrach, in welcher der Ortsgeistliche einem Unternehmen entgegentrat, das wiederum heftig von einem Mann rauher Wesensart namens Sam unterstützt wurde. Bei der Wahl gewann die Haltung des Geistlichen die Oberhand. Außer sich vor Wut schrie Sam: „Das werden Sie mit dem Tode büßen!"
Da dieser Mann als gewalttätig bekannt war, sagten einige Männer zum Geistlichen: „Wir werden Sie heimbegleiten, denn Sie müssen durch dieses einsame Waldstück gehen, und wir sind nicht sicher, daß Sam seine Drohungen nicht wahr machen wird." Aber der Pfarrer schlug das Angebot aus; er wolle ohne sie gehen, da er nie allein sei — es gebe jemanden, der über ihn wachen werde.
Einige Jahre später wurde der Geistliche an Sams Sterbebett gerufen. „Hochwürden", sagte dieser, „ich muß Ihnen etwas beich-

ten, ehe ich sterbe. Erinnern Sie sich an die Nacht, da ich schwor, Sie umzubringen? Nun gut, es war tatsächlich meine Absicht, es zu tun, und ich wartete auf Sie in jenem Waldstück, das Gewehr in der Hand."

„Warum tatest du es denn nicht?" fragte der Pfarrer.

„Wie konnte ich es denn tun, da zwei starke Männer Ihnen zur Seite standen?"

Es gibt keine Zauberei in der Welt. Aber Gott ist gegenwärtig, und seine Macht ist groß. Wir haben schon lange gelernt, diese Tatsache in der materiellen Welt anzuerkennen. Was die Menschen früher „Wunder" nannten, sind nun alltägliche Erscheinungen geworden. Keine Wunder setzen uns mehr in Erstaunen, denn heutzutage geschehen fast täglich so viele Wunder im Bereiche der Wissenschaft.

Warum sollten wir daran zweifeln, daß es eine ganze Welt von Phänomenen im physischen Bereich gibt? Auch das ist kein Wunder, denn ohne Zweifel geschieht alles in Übereinstimmung mit einem natürlichen Gesetz. Dieses Gesetz ist im Kosmos verankert. Wir nennen ein Phänomen ein Wunder, bis wir sein Verhältnis zum Gesetz erkennen. Vorkommnisse wie ich sie hier berichte, sind keine phantastischen Kuriositäten, sondern sie haben den Zweck, darzutun, daß wir als geistige Wesen mit einer geistigen Welt von ungeheuren Kräften verbunden sind, die wir jedoch noch nicht verstehen.

Nach unserem Tod werden wir durch diese Kräfte in jenes umfassendere Leben eingehen, das das jetzige so stark beeinflußt und das wir das „ewige" nennen. Wir können das sterbliche Leben nicht vom ewigen Leben trennen. Ewigkeit bedeutet die *ganze* Zeit. Wir befinden uns jetzt schon in der Ewigkeit. Wenn die Sterblichkeit zu Ende geht, beginnt die Unsterblichkeit; aber es gibt keine Unterbrechung im Fließen des Zeitstromes.

Die Sterblichkeit ist nur eine Erscheinungsform des Geistigen.

Der Körper ist nur ein zeitbedingtes Instrument der wirklichen Persönlichkeit; diese aber ist geistiger Natur.
Dr. J. B. Rhine führt viele Fälle psychischer Phänomene an, wie z. B. den Fall einer Lehrerin.
„Es geschah während meines ersten Praktikums als Lehrerin. Ich war damals achtzehn Jahre alt. Ein vierzehnjähriger Junge wollte unbedingt wissen, wo ich später unterrichten würde. Damals wußte ich es noch nicht. Er betonte ausdrücklich bei vielen Gelegenheiten, daß er zu mir in die Schule gehen werde und in keine andere, wohin ich auch immer ginge.
Ich saß am neuen Ort an einem Pult, kurz nachdem unser Nachmittagskurs begonnen hatte, als eine Stimme rief: ‚Hallo, Miß Long!' Als ich aufsah, stand er dort unter der Tür, den Hut in der Hand, und lächelte mir zu. ‚Ich habe Ihnen gesagt, ich würde zu Ihnen kommen, egal wo Sie unterrichten werden. Hier bin ich nun.'
Ebenso erfreut wie erstaunt lächelte ich zurück und rief aus: ‚Truman, wie kamst du hierher?' Er antwortete: ‚Ach, ich kam einfach. Wo kann ich mich hinsetzen?'
Ich war mir der tödlichen Stille im Raume bewußt; alle Schüler schienen auf ihren Plätzen angefroren zu sein — verwirrte Ergriffenheit lag auf ihren Gesichtern. Aller Augen waren auf mich gerichtet. Ich wollte gerade antworten, als ich bemerkte, daß das Bild, das zuerst aus einer festen Substanz zu bestehen schien, sich auflöste.

Einige Tage später brachte mir ein Brief meiner Mutter, der mir von Trumans plötzlichen Tod erzählte, das Gruseln bei. Er war während einiger Tage nur leicht krank gewesen, und seine Mutter hatte im Sinn, ihn anderntags wieder zur Schule zu schicken. Er ging die Treppe hinunter, um sein Mittagessen einzunehmen. Als er um halb zwei Uhr, zur Zeit, da ich die Erscheinung sah, wieder die Treppe hinaufgehen wollte, brach er tot zusammen."

Solche Vorkommnisse sind deshalb bemerkenswert, weil sie sich häufig mit ähnlichen Einzelheiten wiederholen. Daß sie auf eine Welt außerhalb der Reichweite unserer Sinne hindeuten, scheint keine unvernünftige Annahme zu sein. Und da jedes Geschehnis in dem von Gott erschaffenen Universum sinnvoll und zweckbedingt ist, dürfen wir annehmen, daß wir in irgendeiner Beziehung zu diesen ungeheuren Kräften stehen und daß sie zur menschlichen Wohlfahrt beitragen.

Dr. Rhine erzählt die seltsame Geschichte eines Autobusführers aus Los Angeles, der eines Nachts träumte, er fahre auf einer neuen Straße. Als er einen aus der andern Richtung kommenden Autobus kreuzte, schoß ein grüner Lieferwagen über die Straße. In seinem Traum prallte sein Autobus mit dem Lieferwagen zusammen; zwei Männer wurden auf der Stelle getötet und eine Frau schwer verletzt. „Sie hätten es vermeiden können", schrie die Frau ihm zu, und er bemerkte, daß ihre Augen hellblau waren.

Am andern Morgen ging der Fahrer an seine Arbeit, immer noch über seinen Traum nachdenkend. „Ich gebe Ihnen heute Jims Route", sagte der Betriebsleiter. „Er hat gerade telefoniert, er sei krank." Als der Fahrer diese neue Route entlangfuhr, wurde er plötzlich gewahr, daß es genau die Straße seines Traumes war. Kalter Schweiß brach ihm aus. Dann sah er einen Autobus auf sich zukommen. Instinktiv zog er die Bremsen. In diesem Moment schoß ein grüner Lieferwagen aus einer Seitenstraße heraus. Der Autobus kreischte und hielt, den Lieferwagen um Haaresbreite verfehlend. Darin saßen zwei Männer und eine Frau. Als sie nahe an ihm vorbeifuhren, sahen die hellblauen Augen der Frau in die seinen. Sie sagte nichts, sondern hob langsam ihre Hand zur bekannten Geste, die „Okay" bedeutet.

Diese Erfahrungen scheinen darauf hinzuweisen, daß unsere gewöhnlichen Begriffe von Zeit und Raum nicht auf einer absoluten Wirklichkeit begründet sind. Es gibt anscheinend noch andere Erkennungsmöglichkeiten als die, welche wir durch unsere gewöhnlichen, sinnlichen Reaktionen erhalten. Einer der führenden technischen Experten in den Vereinigten Staaten, Charles F. Kettering, sagt, es sei ein großer Irrtum der Erziehung von heute, daß nicht genügend Wert auf die Intuition gelegt werde. Er erwähnte den Fall eines Professors der organischen Chemie in Darmstadt vor ungefähr hundert Jahren. Dieser Professor hatte einen Traum oder ein Gesicht, in welchem er die vollständige Strukturformel eines Hexametabenzene-Moleküls sah. Er zeichnete sie auf; aber er starb, und die Leute machten sich über seinen Traum lustig.

Erst kürzlich hielt bei einer Laboratorium-Untersuchung ein Wissenschaftler das Bild eines Hexametabenzene-Moleküls fest. Und genau wie es der Professor hellseherisch vor hunder Jahren gesehen hatte, bis in jede Einzelheit, erschienen die Umrisse seiner atomaren Struktur!
Wir scheinen Teil irgendeines ungeheuren Mechanismus zu sein, mit welchem wir uns gelegentlich gegen unsern Willen herumschlagen. Ein praktizierender Psychologe in New York City, Dr. Russel G. MacRobert, schrieb für „Tomorrow Magazine" einen Artikel „Intuition im wissenschaftlichen Studium". Darin führte Dr. MacRobert aus:
„Folgendes Ergebnis widerfuhr einer Frau im April 1949, nachdem man ihr im Sprechzimmer eines prominenten New Yorker Zahnarztes ein Betäubungsmittel verabreicht hatte. Während des dadurch hervorgerufenen Schlafes hatte sie einen Traum, der sie aufwühlte. Sie sah, wie ihre Freundin, Frau Manuel Quezon, Witwe des ersten Präsidenten der Philippinen, auf einem einsamen Weg in der Nähe Manilas ermordet wurde. In Anbetracht des Zeitunterschiedes zwischen New York und Manila erfolgte der Traum zehn Stunden bevor der Mord tatsächlich geschah. Eine sehr weite Spanne, um etwas vorauszusehen,

beziehungsweise ein wirkliches Geschehen (ohne das Auge) zu sehen."

„Merkwürdig genug", schloß der Bericht des Zahnarztes an mich, „wenn man bedenkt, daß das Erlebnis einer sehr intelligenten, mit beiden Füßen auf dem Boden stehenden Person widerfuhr." Das sind Berichte, die aufhorchen lassen. Und beachten Sie, daß solche Vorkommnisse nicht unbedingt nur geistig eingestellten Personen widerfahren; oft genug sind es äußerst konservative Leute. Und manchmal sind solche Erlebnisse auch sehr gut dokumentiert. Einer der Herausgeber unseres „Guidepost Magazines" war zufällig in Boston, einige Stunden nach einer seltsamen telepathischen Erscheinung. Er interviewte selbst die darin verwickelten Personen und unterwarf sie einem sorgfältigen Kreuzverhör, um jede Möglichkeit einer bewußten oder unbewußten Übertreibung zu entlarven. Er war überzeugt, einer echten Illustration der Tatsache beigewohnt zu haben, daß der menschliche Geist einer geheimnisvollen Ausdehnung seiner selbst fähig ist. Hier ist die Geschichte:

Am Nachmittag des 14. Juni 1955 hatte Thomas Whittaker, ein Schweißer aus Boston, eine plötzliche und starke Anwandlung. Er hatte das Gefühl, es sei etwas nicht in Ordnung, doch wußte er nicht, was es war, fühlte es aber so stark, daß er seine Arbeit verließ, sich in sein Auto setzte und fortfuhr. Bei mehreren Stopplichtern auf dem Wege war er versucht, seinen Wagen in Richtung auf sein eigenes Heim zu lenken, aber eine Intuition hielt ihn davon ab. Jedesmal drehte er, statt nach Hause, seinen Wagen in die Richtung der Washington Street, wo seine Gesellschaft ebenfalls eine Arbeit ausführte.

„Es ist lächerlich", sagte er immer wieder zu sich selbst. „Die Arbeit in der Washington Street ist ja eingestellt." Aber er fuhr nichtsdestoweniger in derselben Richtung weiter.

Es war gut, daß er es tat. Als er schließlich dort ankam, sah er einen zwölf Meter tiefen Graben, der mitten auf der Straße

ausgehoben worden war und dessen Wände eingestürzt waren. Mitten aus den Massen von Schmutz, Sand und Holzteilen ragte eine menschliche Hand heraus!
Whittaker sprang in den Graben und versuchte den Mann mit bloßen Händen zu befreien. Er grub weit genug, um die Armbanduhr freizulegen, die er sofort als seinem Freund und Chef John H. Sullivan zugehörend erkannte. Noch bewegte sich die Hand. In höchster Erregung stieg Whittaker den Grabenrand hinauf und rief nach Feuerwehr und Polizei, um ihm zu helfen, Sullivan zu retten.
Einige Stunden später, unverletzt, wenn auch noch nicht ganz wohlauf nach dem Lebendigbegrabensein, erzählte John Sullivan dem Herausgeber der „Guidepost", wie er beschlossen hatte, allein nach der Washington Street zu gehen, um dort eine Arbeit fertig zu machen und wie die Wände des Grabens plötzlich nachgegeben hätten. Er wurde begraben. Der Umstand, daß er seine Schweißermaske anhatte, die genug Luft enthielt, um ihn am Leben zu erhalten, bis Hilfe kam, bewahrte ihn vor dem Erstickungstod.
Hatte er um Hilfe gerufen? Natürlich. Zuerst rief er laut und dann, als er einsah, daß dies keinen Zweck hatte, begann er, geistige Hilferufe nach Art des SOS auszusenden, „Gott, schicke mir jemanden", bat er. „Gott, schicke mir jemanden! Gott, schicke mir jemanden!" Immer und immer wieder sagte er diese Worte. Und es war, während er auf diese Weise betete, daß Thommy Whittaker dieses starke Verlangen ankam, den Washington Street-Bau zu besuchen. Es scheint klar, daß John Sullivan seinen Freund Thommy Whittaker durch Mittel anrief, die gewöhnlich nicht zur Verfügung stehen.
Was hat das alles mit dem täglichen Leben zu tun? Vielleicht wird es uns einst gelingen, diese geistigen Vorgänge zum Nutzen der Menschheit unter Kontrolle zu bringen, gerade so wie es uns gelungen ist, natürliche Vorgänge zu kontrollieren, die unsere

Vorfahren als „Wunder“ oder als unglaublich empfunden haben würden. Wer dachte jemals daran, die Menschen würden einst fliegen, oder Bilder durch die Luft senden können? Der Schöpfer legte diese Macht in des Menschen Hand, auf daß er sie zu seinem Besten verwende.

Seit vielen Jahrhunderten sind diese seltsamen Kräfte bekannt und angewandt worden. Es gibt z. B. von den ersten spanischen Forschern und Abenteurern, welche die südamerikanischen Inka-Indianer bekämpften, sonderbare Erzählungen, die darauf hinweisen, daß die Inka das Geheimnis der geistig kontrollierten Telepathie kannten. Wenn die spanischen Armeen zu einer geheimen Expedition aufbrachen, mußten sie entdecken, daß die Inka genau wußten, wann sie fortgingen, mit wie vielen Truppen und in welcher Absicht. Es machte die Spanier fast verrückt. Es gab kein Anzeichen von Zeichenübermittlung. Die Spanier folgerten daraus, die Inka müßten das Geheimnis kennen, sich gegenseitig Nachrichten durch eine Form von Telepathie zu übermitteln.

Aber selbst wenn der Tag noch fern ist, an dem der praktische Gebrauch solcher Phänomene möglich ist, können wir nicht umhin zu glauben, der Mensch werde schließlich Herr über gewisse Bereiche im Geistigen, genau wie im Materiellen. Es ist eine erstaunliche Welt, in die Gott uns gestellt hat. Es ist eine Welt, die durch physische Gesetze beherrscht wird, die heute in einer fast unglaublichen Weise angewendet werden, wie es das Beispiel der Raumforschung zeigt. Aber auch um uns und in uns gibt es geistige Gesetze, die so gut wie brach liegen im Vergleich zu den Möglichkeiten, die ihnen innewohnen.

Wir sind ein Teil eines lebendigen, vibrierenden Weltalls, in dem die volle Wirklichkeit der Geist ist. Wenn wir lernen, in Harmonie mit diesem Geist zu leben, seinen Rhythmus zu erkennen, werden wir im Gleichklang mit Mächten leben, die wir heute nur ahnen können. Das Endresultat wird sein, daß wir näher zu Gott gelangen und zu der erregenden Erkenntnis kommen, daß unsere Existenz mit IHM nicht an eine physische Welt gebunden ist, sondern an eine viel größere, geistige Welt. Wir werden darauf kommen, daß wir ein Teil seines unsterblichen Geistes und größer und wichtiger sind, als wir denken. Das wird uns bewußt werden lassen, Gott wolle uns nicht schwach, klein oder besiegt sehen, sondern frei und zuversichtlich. Sie und ich haben die Macht, ein wirklich großes Leben zu leben. Die seltsamen und mächtigen Kräfte überall um uns und in uns sind sicherlich von Gott dazu bestimmt, seine Kinder das Leben meistern zu lassen und nicht vom Leben beherrscht zu werden. Und diese Mächte sind unendlich größer als alle unsere Schwächen und Sünden, als unsere Ängste, Haß- und Minderwertigkeitsgefühle. Die Macht, freudig und siegreich zu leben, ist Ihnen und mir gegeben. Diese Macht vermag Ihnen bei der Lösung Ihrer Probleme und der Überwindung Ihrer Schwierigkeiten zu helfen; sie kann Herz und Geist mit Frieden erfüllen.

Das Leben, das Gott für uns erschuf, ist weder klein noch banal, noch begrenzt. Die Möglichkeiten, die in ihm liegen, sind grenzenlos.

14. Kapitel

Sie können am stärksten werden, wo Sie sich am schwächsten wähnen

Sie können am stärksten an Ihrer schwächsten Stelle werden. Das ist eine höchst wichtige Tatsache für jedermann. Wiederholen Sie diesen Satz laut, damit er tief in Ihr Bewußtsein eingeht. Daß die Leute sich ganz und gar verändern können — stark, wo sie schwach, im Recht, wo sie im Irrtum waren, wird durch die Erfahrung eines zweiundzwanzig Jahre alten Mannes bestätigt. Aus seinem Brief geht hervor, daß er vermutlich in Gefahr war, kriminell zu werden, es jedoch bestimmt nicht mehr ist. Lesen Sie seinen Brief:

„Ich habe gerade Ihr Buch ‚Die Kraft positiven Denkens' gelesen. Es hat aus mir einen neuen Menschen gemacht. Ich bin erst zweiundzwanzig Jahre alt, aber ich war mir vorher noch nie bewußt, wie sehr ich diese Jahre vergeudet habe. Alles, was ich in meinem Leben getan habe, bestand darin, schlecht zu sein, mich herumzubalgen, zu trinken und zu fluchen, weil alle meine Freunde dasselbe taten. Aber ich erkenne nun, wie sehr ich im Irrtum war, und ich habe es wirklich mit Ihren Ideen versucht. Sie haben Wunder für mich getan. Ich habe aufgehört zu rauchen, zu trinken und nach Gelegenheit zu suchen, um mich herumzubalgen. Ich habe aufgehört, mich mit Leuten abzugeben, die solches tun. Ich habe mich dem Sport zugewandt, aber das Beste von allem ist, daß ich wieder angefangen habe, in die Kirche zu gehen, denn ich habe gelernt, an Gott zu glauben. Ich habe eine junge Freundin gefunden, die mich wirklich liebt und denselben Glauben hat wie ich. Sie ist ein gutes Mädchen, nicht von der Art wie ich sie vorher gekannt habe. Ich weiß heute, was Liebe und Achtung sind, Gefühle, die mir früher fremd waren, ausgenommen auf mich selbst bezogen. Es macht mir mehr und mehr Freude, Ihre Ideen in die Tat umzusetzen. Ich bin noch nie in meinem Leben so glücklich gewesen wie jetzt, seit ich Ihr Buch gelesen habe."

Viele Leute haben es auf verschiedene Art gezeigt, daß sie am stärksten an ihrer schwächsten Stelle werden können. Da gibt es auch Glenn Cunningham, dessen Beine als Kind so schwer verbrannt wurden, daß man ihm sagte, er würde nie mehr gehen können. Aber er wurde einer der besten Olympia-Läufer der Geschichte.

Glenn Cunningham erzählte mir, Glaube und positives Denken machen 85% des Erfolges der Athleten aus; mit andern Worten: Sie glauben, es erreichen zu können. Dazu müssen sie auf drei verschiedenen Ebenen ansetzen, nämlich der physischen, verstandesmäßigen und geistigen. Es ist speziell die geistige, die ihnen erlaubt, Kräfte zu gewinnen und durchzuhalten. Glenn sagt: „Ich glaube nicht, daß es ein Ding der Unmöglichkeit gibt."

Paul Anderson war ein kränklicher, armer Schwächling. Hinter seinem Hause in Tacome, Georgia, stellte er ein selbsterfundenes Gerät zum Gewichteheben her. Es bestand aus Gußblöcken, die am Ende eines Stockes angebunden waren. Durch eifriges Üben wurde er damit der stärkste Mann der Welt, und er stellte Rekorde auf, die während Jahrzehnten ungebrochen blieben.

Wer positiv denkt, betrachtet schwache Stellen als eine Herausforderung des Schicksals. Sie vermögen diese schwache Stelle in Ihre stärkste Kraft zu verwandeln. Dieser Vorgang ist mit dem des Schweißens zu vergleichen. Wenn ein Stück Metall bricht

und wieder zusammengeschweißt wird, dann ist die geschweißte Stelle stärker als das übrige Stück. An der Stelle der starken Hitze verschmilzt die Struktur des Metalls ineinander.
Ein Möbelschreiner erzählte mir einmal, zwei ineinander geschobene und heißverleimte Holzstücke hielten besser als das ungebrochene Holz. Ein ähnlicher Vorgang kann sich bei Menschen einstellen. Durch die nachhaltige Anwendung positiver Gedanken und durch festen Glauben kann eine Schwäche in ihr Gegenteil umgewandelt werden.
Nun also, wie geht man vor, um einen schwachen Punkt in ein großes Plus umzuwandeln?

Der folgende Sechspunkteplan wurde mit Erfolg angewandt:

1) Trennen Sie die schwache Stelle ab, isolieren Sie sie; dann studieren Sie sie, bis Sie eine umfassende Kenntnis davon haben. Stellen Sie einen Plan auf, um dagegen wirksam anzukämpfen.

2) Umreißen und bezeichnen Sie genau das Resultat der Stärke, das Sie erzielen wollen.

3) Stellen Sie sich bildlich vor, wie Sie an Ihrer schwächsten Stelle am stärksten werden.

4) Fangen Sie sofort damit an, die starke Person zu werden, die Sie zu sein wünschen.

5)Handeln Sie, als ob Sie am stärksten an Ihrer schwachen Stelle wären.

6) Bitten Sie Gott, er möge Ihnen dabei helfen, und vertrauen Sie fest auf seine Hilfe.

Diese Formel wurde von H. C. Mattern aufgestellt, einem sehr positiv eingestellten Menschen, den ich gut gekannt habe. H. C.

Mattern ist selbst ein Beispiel dafür, daß ein Mann eine ernste Schwäche in eine echte Stärke verwandeln kann. Er war durch und durch negativ eingestellt, so sehr, daß er vor einigen Jahren versuchte, auf einer einsamen Wiese in Long Island Selbstmord zu begehen. Das Leben schien keinen Wert mehr für ihn zu haben. Es gab keine Hoffnung mehr. Er trug ein Fläschchen Gift bei sich, hob es an seine Lippen und trank es aus. Dann sank er zu Boden.

Das nächste, was ihm wieder bewußt wurde, war, daß er die Augen öffnete und höchst erstaunt in einen vom Mond erleuchteten Himmel starrte. Zuerst fragte er sich, ob er nicht doch tot sei.

Er sollte nie erfahren, warum er damals nicht starb. Er glaubte einfach, Gott wolle offenbar, daß er eine bestimmte Aufgabe erfülle. Als ihm klar wurde, daß er nicht tot war, spürte er plötzlich ein gewaltiges Verlangen zu leben. Er dankte Gott dafür, ihn verschont zu haben, und widmete sein Leben der Aufgabe, anderen Menschen zu helfen. Mattern wurde ein wertvoller positiver Mensch. Er machte es sich zur Pflicht, andern Mut einzuflößen.

Welches ist die Schwäche, die *Sie* überwinden wollen?

Ist es Furcht? Nervosität? Haß? Verletztes Gefühl? Minderwertigkeitsgefühle? Enttäuschung? Sind geistige Getränke Ihre Schwäche? Oder Frauen? Eines ist sicher, was immer es auch sei, es ist nicht nötig, sich weiter davon beherrschen zu lassen. Bedenken Sie die große Tatsache: Sie können am stärksten werden, wo Sie am schwächsten sind!

Betrachten wir einige Leute, die eine Schwäche in Stärke verwandelt haben. Dieser Brief stammt von einem jungen Mann, der in New Mexico lebt.

„Ich weiß nicht, wie ich diesen Brief anfangen soll. Ich lebe auf einer Ranch hier in New Mexico. Während der letzten zehn Jahre habe ich den größten Teil der Zeit in Bars und Nachtlokalen verbracht. Es ging bergab mit mir. Ich versuchte dreimal, mich umzubringen. Ich hatte keine wahren Freunde. Und kein Mädchen wollte etwas mit mir zu tun haben. Ich verarge es ihnen nicht. Ich kann es nur *einem* übelnehmen, und das bin ich selbst.

Aber nun hat sich alles für mich verändert. Ich war in Lubbok, Texas, um meinen Bruder zu besuchen. Er und seine Frau ließen mich einen Abend allein dort, um ihre Kinder zu hüten, während sie ins Kino gingen.

Als die Kinder schliefen, ging ich in ihr Schlafzimmer, um zu sehen, wie sie wohnten. Dort lagen zwei Bücher über positives Denken. Ich nahm sie zur Hand und ging dann zurück ins Wohnzimmer.

Ich begann darin zu lesen und hatte bald gefunden, wonach ich suchte: ein neues Leben. Ich bin lange Zeit ohne Gott gewesen. Nun gehe ich wieder jeden Sonntag zur Kirche. Die Menschen in der Stadt haben ihr Benehmen mir gegenüber geändert. Ich habe Freund gewonnen — neue Freunde. Aber ich verlor den größten Teil meiner alten Bar-Kumpane. Sie denken wohl, ich sei verrückt geworden. Ich aber bete darum, daß sie meinem Beispiel folgen und das finden, was ich gefunden habe — ein neues Leben. Ohne Gottes Hilfe hätte ich es nicht geschafft. Und auch Ihnen bin ich zu Dank verpflichtet.

Ich habe immer noch keine Freundin, aber ich verstehe das jetzt. Hier im Südwesten sind Rancharbeiter und Cowboys nicht sehr beliebt. Ich habe keine großen Schulkenntnisse, aber ich werde mich dadurch nicht niederdrücken lassen. Wenn ich auf Gottes Weg wandle, werde ich ein Heim finden, auch wenn ich es nicht auf Erden finden sollte, denn ich bin voller Vertrauen und Glauben an mich selbst und an Gott. Sei zufrieden mit dem, was du hast, denn Er hat gesagt: ‚Ich werde dir nie fehlen, noch dich verlassen.' Ich trage die ganze Zeit diese zwei Bücher mit mir

herum, und es vergeht kein Tag, ohne daß ich den einen oder andern Vers daraus lese.
Ich bin zweiunddreißig Jahre alt. Ich sende Ihnen ein Bild von mir, das letzten Sommer hier auf der Ranch aufgenommen wurde. Ich bin so glücklich, diesen Brief schreiben zu können, um Ihnen mitzuteilen, wieviel Gutes mir Ihre Bücher getan haben. Ich schließe diesen Brief. Bitte beten Sie für mich.
P.S. Bitte übersehen Sie meine schlechte Schrift und die Orthographie. Ich weiß nicht, wie man gewisse Wörter schreibt. Ich muß mit einem Bleistift schreiben. Ich mache Fehler und muß vieles streichen."
Das Leben dieses jungen Mannes wurde durch ein plötzliches Aufgehen seines Geistes für die Macht Gottes verändert. Wenn jemand eine Schwäche unter Kontrolle bringen möchte und dies scheinbar nicht fertigbringt, aber willig positive Gedanken in seinen Geist einläßt, wird er herausfinden, daß die Macht solcher Gedanken zur Veränderung seines Lebens gewaltig ist. Dies erklärt viele der dramatischen Wandlungen, die manche Leute allein durch ihren festen Glauben erfahren durften. Ein neuer und mächtiger Gedanke ist in ihr Leben eingedrungen und hat die alten Schwächen in Scherben geschlagen. Nur geistige Prozesse können grundlegende Veränderungen bewirken. Der Satz „Wandlung des Herzens" meint in Wirklichkeit eine tiefe, geistige Wandlung. Das Herz ist weiter nichts als ein Muskel, um Blut zu pumpen. Es ist der Geist, der die neuen Begriffe, welche Wandel schaffen, aufnimmt. Vertrauen und Glaube sind so mächtige Ideen, daß sie ein ganzes Leben in eine neue Richtung lenken können, mit einem unerhörten Gewinn an Macht und Stärke.
Das ist der Grund, weshalb Sie die Bibel lesen sollten, denn sie ist die reichste Sammlung lebensverändernder Gedanken, die es jemals gab. Es ist aber auch der Grund, weshalb Sie regelmäßig zur Kirche gehen sollten, um die Worte Gottes zu hören, die,

wenn sie tief in Ihren Geist eindringen, die Macht haben, Ihr ganzes Leben zu verwandeln.

Vor einiger Zeit, als ich in Los Angeles vorlas, kam ich mit einer jungen Dame zusammen, die ein lebendiges Beispiel war für die Art, wie man sein Leben durch den Gebrauch unrichtiger Worte zugrunde richten kann. Worte als Symbole einer zerstörerischen Idee. Wenn Sie fortwährend negative oder abschätzige Worte in bezug auf sich selbst gebrauchen, pflanzen Sie gleichermaßen zerstörerische Begriffe in Ihren Geist. An jenem Tag nun war ich gerade dabei, nach meiner Vorlesung eine große Anzahl Leute zu begrüßen. Darunter war eine reizende junge Dame, die meine Hand mit einem schüchternen, kleinen Händedruck nahm und mich mit einem befremdenden Satz begrüßte.

„Ich hatte ein so großes Verlangen, mit Ihnen zu sprechen", sagte sie, „aber natürlich bin ich niemand. Sie können mich nicht kennen. Ich bin ohne Bedeutung, aber ich habe Ihre Bücher gelesen und wollte Ihnen nur die Hand drücken."

Ich sage, dieser Satz war befremdend, weil er Gottes höchste Form der Schöpfung, ein menschliches Wesen, herabwürdigte.

Ich war es müde, so viele Leute sagen zu hören, sie seien „niemand". Es geschieht immer wieder, daß Menschen in dieser Art von sich selbst sprechen. Also unterbrach ich die junge Dame und sagte: „Fräulein Niemand, wollen Sie mir einen Gefallen tun? Wollen Sie warten, bis ich hier fertig bin? Ich möchte mit Ihnen sprechen." Etwas später kehrte ich zurück, und sie wartete auf mich.

„Nun, Fräulein Niemand", sagte ich, „auf ein paar Worte."

Das Mädchen lachte: „Wie nannten Sie mich eben?" fragte sie.

„Fräulein Niemand", erwiderte ich, „wie Sie sich selbst betitelten. Haben Sie einen andern Namen?"

Sie sagte ja und gab mir ihren richtigen Namen an.

„Nun sagen Sie mir, warum sagten Sie, Sie seien niemand?" fuhr ich fort. „Sie sagen, Sie hätten etwas über positives Denken gelesen, aber offenbar haben Sie nicht viel daraus gelernt, sonst würden Sie nicht von sich selbst als einem ‚Niemand' sprechen. Diese Bücher sind dazu bestimmt, die Leser darauf aufmerksam zu machen, wer und was sie wirklich sind. Und nun erzählen Sie nicht nur andern, sondern was noch ernster ist, sich selbst, daß Sie ohne Bedeutung seien. Aber ich bemerke wohl, daß Sie im Irrtum sind, denn es ist klar, daß Sie viele gute Eigenschaften haben. Sie sehen ohne Zweifel reizend aus. Sie haben gute, klare Augen. Sie verstehen es, sich gut anzuziehen. Sie haben ein reizendes Lächeln. Ich für meinen Teil finde: Sie sind eine sehr nette Person, und ich bin der Ansicht, Sie sollten keinen ‚Niemand-Komplex' mit sich herumtragen."

Die junge Dame und ich sprachen während geraumer Zeit über ihre Hoffnungen und darüber, wie wichtig es ist, Hoffnungen nicht durch negative Gedanken niederdrücken zu lassen. Ihre schwache Stelle war ein tief eingesessener „Niemand-Komplex", und sie versuchte, diese Schwierigkeiten mit negativen Worten auszugleichen. Die Heilung bestand für sie in einer Umkehrung des Begriffes, den sie von sich hatte.

Ich gab ihr die Formel zur Überwindung ihrer Schwäche und erklärte ihr, wie sie anzuwenden sei. Ich empfahl ihr ferner, den folgenden bejahenden Satz auszusprechen: „Ich bin der Tempel Gottes. Ich lebe und wandle in Gott, in ihm liegt mein ganzes Sein. Ich bin ein Kind Gottes. Ich will als ein Kind Gottes denken und handeln."

Sie war damit einverstanden, diesen Satz ein dutzendmal jeden Tag auszusprechen und gleichzeitig sich selbst bildlich so vorzustellen, wie es die Worte beschreiben. Monate später, als ich neuerdings in Kalifornien weilte, kam eine reizende junge Dame auf mich zu und sagte: „Sie sollten mich doch kennen — aber Sie kennen mich nicht mehr." Das war eine ungewöhnliche Redensart, so daß ich sie genauer ansah. Zu meiner Verwunderung war es niemand anders als „Fräulein Niemand". „Ich habe herausge-

funden, daß ich vieles tun kann“, sagte sie. „Ich habe die schreckliche Gewohnheit abgelegt, von mir als von ‚Niemand‘ zu denken, und wollte mich dafür bedanken, daß Sie mir geholfen haben, meine Persönlichkeit umzuwandeln.“
Im weiteren Gespräch wurde es offenbar, daß sie sich tatsächlich merklich verändert hatte. Hier war ein Mädchen, das eine Schwäche durch den Gebrauch positiver Gedanken überwunden hatte. Sie war am stärksten an ihrer schwachen Stelle geworden. Sie hatte eine entwertende Einstellung zu sich selbst überwunden. Unter dieser sich selbst abwertenden Schwäche leiden sehr viele Leute. Man bezeichnet sie als „Minderwertigkeitskomplex“. Ein solches Gefühl der Minderwertigkeit kann äußerst schmerzlich und niederdrückend sein. Glauben Sie es mir — ich weiß es aus persönlicher, harter Erfahrung. Als Knabe war ich das, was man „schüchtern“ nennt. Dieses Übel ist sehr weit verbreitet, wenn ich nach der Zahl der Briefe über dieses Thema urteilen will. Hier ist einer davon, als Beispiel.
„Ich habe lange gezögert, ehe ich mich entschloß, Ihnen zu schreiben. Ich brauche gewiß Hilfe, aber ich weiß nicht, ob mir jemand helfen kann.
Mein Problem ist folgendes: Mein Mann ist Küster in unserer Kirche, und ich helfe ihm dabei, aber ich fühle mich von den Frauen nicht als zu ihnen gehörig betrachtet. Häufig, wenn ich zur Kirche gehe, sitze ich allein. Die Frauen kommen und setzen sich in die Bank vor oder hinter mir, aber nicht in meine, es sei denn, daß alle andern besetzt seien.
Wir kleiden uns nicht so elegant wie andere, und ich nehme an, der Hauptgrund ihres sonderbaren Benehmens liegt darin, daß ich nicht so intelligent bin wie sie. Ich sage manchmal Dinge, die ich nicht sagen sollte, aber ich meine es nicht so, wie es manchmal herauskommt.
Die Frauen wollen nicht, daß ich mit ihnen arbeite, beim Nähen oder bei sonstigen Arbeiten, die sie in Gruppen ausführen. Ich

habe meine Dienste angeboten, aber sie sagten, sie würden mich rufen, wenn ich gebraucht würde. Jedoch erfuhr ich, daß sie andere um ihre Mitarbeit baten.
Meine Verwandten scheinen sich meiner zu schämen. Sie führen mich nicht bei ihren Freunden ein und sehen es nicht gern, wenn ich mit ihnen zur Kirche gehe. Wir leben hier in dieser Gegend seit einem Jahr, und nur ein einziger Nachbar besuchte uns. Ich wäre dankbar, wenn ich erfahren könnte, was ich tun soll, um von den Frauen akzeptiert zu werden und Freunde zu gewinnen."
Dies ist ein typischer Brief, der die Leiden von Männern und Frauen, die Opfer des Gefühls sind, gemieden zu werden, tragisch beleuchtet. Sehr oft (und ich nehme an, dies trifft auch auf die Frau des Küsters zu) lädt man sich diese Sorgen selbst auf. Beachten Sie in dem genannten Brief, wie diese Frau sich in eine Lage versetzt, in der sie es herausfordert, daß man sie verletzt. Sie geht absichtlich früh in die Kirche, setzt sich in die Bank, wo die Leute sich symbolisch so verhalten müssen, als sagten sie „ich mag dich" oder „ich mag dich nicht." Nun, die Wahrscheinlichkeitsrechnung steht zu ihrem Nachteil. Wenn neunhundert Personen in die Kirche kommen, können sich nur zwei Personen zu ihr setzen und achthundertachtundneunzig müssen sich woanders hinsetzen, aber sie legt das Verhalten von jedem dieser achthundertachtundneunzig als gegen sich gerichtet aus.

Wie kommt es, daß so viele Leute förmlich dieses Gefühl der Minderwertigkeit suchen? Psychologen erklärten mir, eine der meistverbreiteten Schwächen des Menschen bestehe darin, den Erfolg nicht zu wünschen! Irgendwie haben sie erfaßt, es sei ein gefährliches Ding, Erfolg zu haben, weil er ihnen die Bürde auferlegt, auf einem gewissen Niveau zu leben. So suchen sie, unbewußt natürlich, einen Weg um minderwertig zu bleiben, indem sie ihre Schwächen überbetonen.

Nun ist es erwiesen, daß jeder Mensch aus stärkeren und schwächeren Seiten besteht. Die Frage ist die: auf welche legen Sie Wert? Welche wollen Sie hervorheben und unterstreichen? Wenn Sie sich auf die schwächeren Seiten spezialisieren, werden Sie schwach werden, wenn Sie die stärkeren Seiten bevorzugen, werden Sie stark werden. Nichts ist so einfach und gewiß als das. Wir müssen jedoch aufpassen, daß wir nicht tatsächliche Schwäche mit angenommener Schwäche verwechseln. Selbsterkenntnis ist der erste Schritt zu Überwindung der Schwäche. Die meisten, die mit Minderwertigkeitsgefühlen behaftet sind, schenken sich selbst und ihren angenommenen Schwächen und Mißerfolgen zu viel Beachtung. Sie beschäftigen sich mit Dingen, die nicht wesentlich sind. Wir meinen, jedermann bemerke diese Schwächen, während man das in Wirklichkeit gar nicht tut.

Vor noch nicht langer Zeit hatte ich eine ungewöhnliche Gelegenheit, diese Theorie zu prüfen. Ich hatte viele Briefe erhalten, die alle dieselbe unsagbar kleinmütige Empfindung aussprachen: „Niemand liebt mich." Dafür wurden die verschiedensten Gründe angeführt.

Ein Mädchen schämte sich, weil es zu dick war, ein anderes, weil es zu mager war. Ein Junge meinte, seine Ohren wären zu groß, ein anderer fand seine Ohren zu nahe am Kopfe anliegend. Noch ein anderer Junge kam sich zu groß vor, während ein anderer Minderwertigkeitsgefühle hatte, weil er zu klein war. Ja, ich erinnere mich sogar an einen Brief, in dem ein Mädchen sich darüber beklagte, es sehe zu gut aus. Niemand liebe sie um ihrer selbst willen, sondern nur wegen ihres Körpers.

Nun kam zufälligerweise eine dieser typischen Klagen von einem jungen Mann, der in unserer Stadt wohnt. „Dr. Peale", schrieb er, „niemand liebt mich, weil mein Nase zu groß ist."

Ich hatte schon so vieles von dieser Sorte gehört, daß ich mich auf der Stelle entschloß, ein Experiment zu machen. „Nenne mir sechs von deinen Bekannten, die dich nicht lieben, weil deine

Nase zu große ist“, sagte ich zu dem Jungen. Er nannte mir sechs Namen, und etwas später nahm ich mir die Zeit, einen jeden dieser jungen Leute anzurufen. Kaum hatte ich sie am Telefon, als ich sie schon fragte, welches die hervorstechendsten Merkmale der Persönlichkeit des betreffenden jungen Mannes seien. Jeder wollte zuerst ein wenig nachdenken; aber nun kommt das Ergebnis meiner Untersuchung: Einer sagte mir, es sei seine Freundlichkeit, ein anderer, daß er ungewöhnlich gut im Rechnen sei. Ein Mädchen sagte, er sei ein wunderbarer Tänzer. Und so ging es weiter. Nicht ein *einziger* dieser jungen Leute kennzeichnete die Nase des Jungen als besonders charakteristisch. Anscheinend hatte niemand, außer ihm selbst, etwas Besonderes an seiner Nase gefunden.

Viele von uns haben eine kleine, charakteristische Eigenheit, die sie als Schwäche betrachten, und sie verwenden viel Mühe darauf, sich selbst davon zu überzeugen, daß sie auf Grund dieser Schwäche keinen Erfolg haben können. Die Lösung des Problems liegt im Wissen, daß Gott darauf abzielt, glückliche, erfolgreiche und starke Persönlichkeiten aus uns zu machen. Sie müssen sich entscheiden, ob Sie die schwachen oder die starken Seiten hervorheben wollen, denn Sie besitzen beide. Die Wahl kann Ihnen niemand abnehmen. Sobald Sie damit beginnen, Ihre Stärke zu betonen, wird Ihr Minderwertigkeitsgefühl abnehmen, einem neuen Gefühl der Tüchtigkeit Platz machen und Ihre alte Schwäche verdrängen.

Wir wollen einen Blick auf eine andere, häufig erscheinende Schwäche werfen und auf die Lösungen, die wir gefunden haben. Diese Schwäche heißt Mutlosigkeit und Enttäuschung. Wie oft schon war es die Mutlosigkeit, die statt zum Erfolg zur Niederlage führte. Wenn Sie nur ein klein wenig länger ausgehalten hätten! Aber die Mutlosigkeit brachte Sie dazu, aufzugeben, gerade vor einem Erfolg. Wie tragisch, loszulassen, wenn ein richtiger Ruck genügt hätte, um den Erfolg herbeizuführen.

Der Rhythmus des Auf und Ab ist etwas, womit wir uns im Leben abzufinden haben. Aber positives Denken wird mit diesem Problem fertig. Mein Freund Frank W. Kridel, Generaldirektor der großen Manhattan und Astor Hotels in New York, ist ein gutes Beispiel für positives Denken, das auch mit der Mutlosigkeit aufräumen kann. Über die Hilfeleistung des Gebetes und seine Führung in praktischen Problemen, sagte er: „Sie können Ihre Ab und Auf beherrschen! Das heißt, wir müssen es verstehen, unsere Schwächen in Stärken umzuwandeln. Gerade wenn wir mutlos werden, hat positives Denken phantastische Erfolge gezeitigt. Eine meiner Freundinnen, Ruth Hardy, eine Hotelbesitzerin, leitet die Ingleside Gaststätte in Palm Springs, California. Es ist ein kleines Juwel, inmitten von Orchideengebüschen, Palmen und Orangenbäumen. Bei Nacht, wenn der silberne Mond über die Berge aufsteigt, ist der Ort von beinahe himmlischem Reiz und Frieden.
Aber es hatte auch dort Kampf neben der Schönheit gegeben. Kann es tatsächlich eine wirkliche Schönheit geben ohne Kampf? Dieses reizende Gasthaus wurde durch Glauben und positives Denken zur Wirklichkeit. Mrs. Hardy muße sich durch viele Schwierigkeiten hindurchkämpfen, ehe sie aus ihrem Unternehmen einen Erfolg machen konnte. Sie wußte, daß sie geistige Stärke brauchte, um es zu vollbringen, und sie suchte überall nach einer passenden Führung. Sie fand Hilfe bei Ernest Holmes und anderen.
Einem Freund, der mir den Brief übermittelte, schrieb sie: „Es ist seltsam, wie mich Normans Lehren erreichten. Damals im Jahre 1942, als ich allein blieb, kam ich zu der Erkenntnis, einen Lebensplan oder sonst etwas zu brauchen, um einen Halt zu finden. Ich hatte alles, was mir in der Metaphysik eine Antwort hätte geben können, gelesen. Dann schickte mir jemand einige Bücher von der Marble Collegiate Church. Für mich war es eine Sensation; ich nahm mir vor, wenn diese Grundsätze sich effek-

tiv als wirksam erweisen sollten, mich ihnen vollständig zu verschreiben. Von dieser Zeit an habe ich Ingleside so gut als möglich nach dem Lebensplan, den N. V. Peale mir gab, geleitet. Sie wissen ja, daß allen Gesetzen der Aerodynamik zufolge, die Drohne nicht fliegen kann! Aber die Drohne weiß es nicht und fährt fort zu fliegen! Sie ist zu dick und zu groß, und ihre Flügel sind zu kurz, was aber nicht verhindert, daß sie fliegt. In allen Hotelbüchern steht geschrieben, ein American Plan Hotel, das weniger als fünfzig Zimmer habe, könne nicht bestehen, weil nicht genug Einkommen da ist, um es am Leben zu erhalten. Und dennoch leite ich seit sechsundzwanzig Jahren ein kleines American Plan Hotel — und es geht. Und je länger ich nach den Richtlinien Norman V. Peales vorgehe, um so besser geht es. Ich brauche nicht zu hetzen und mich abzurackern und abgespannt zu sein — im Gegenteil, ich führe ein sehr entspanntes, glückliches Leben, nur darum, weil ich Gott um seine Führung bitte und diese auch erhalte. Ich lese meine Bibel und meine Bücher und wende deren Grundsätze an. Das größte Glück, das mir je zufiel, war die Bekanntschaft mit Norman Vincent Peales Büchern."

Positives Denken hat sich schon in vielen erfolgreichen Kämpfen gegen das Versagen bewährt, indem es eine Schwäche in Stärke verwandelte. Ein Mann, der heute erfolgreich und geachtet ist, hatte gegen ein dumpfes Gefühl der Minderwertigkeit zu kämpfen. Als ich ihn das erste Mal traf, schien er ein äußerst in sich selbst zurückgezogener junger Mann zu sein. Und er war es in einem Grade, daß er sich förmlich in sich zusammenzog. Es war eine echte Schwäche, die ihn außerordentlich behinderte. Er drückte sich selbst herunter und machte den Eindruck, als fehle es ihm an Kraft und Fähigkeit.

Er arbeitete in der Personalabteilung eines großen Unternehmens. Eines Tages eröffnete man ihm, man bedürfe seiner Dienste nicht mehr, nachdem er acht Jahre lang in dieser Gesellschaft gearbeitet hatte. Er war niedergeschlagen und benommen. Er hatte nur wenig Geld gespart, und die Zukunft sah düster aus. Aber dann geschah etwas Seltsames. Da er nun ganz auf sich selbst angewiesen war und sich einer wirklichen Krise gegenübersah, verwandelte er seine Schwäche in Stärke. Er erinnerte sich an einige der Kernsätze, die wir über das posititive Denken ausgesprochen hatten, und entschloß sich, diese Theorien in die Tat umzusetzen.

Ich erfuhr von seiner schwierigen Lage und sagte: „Ich will Ihnen helfen. Ich habe einige Beziehungen, und vielleicht kann ich etwas für Sie tun."

Aber zu meiner Verwunderung antwortete er: „Ich will gar nicht, daß Sie etwas für mich tun! Tun Sie gar nichts! Ich werde Ihre Grundsätze des positiven Denkens anwenden. Sie müssen vergessen, an mich zu denken, außer wenn Sie für mich beten, das ist alles. Wenn diese Grundsätze sich bewähren sollen, dann tun sie es, ob Sie mir helfen oder nicht; und wenn sie sich nicht bewähren, dann wird mir Ihre Hilfe auch nur von geringem Nutzen sein." Seine Worte freuten mich, denn ich sah daraus, daß sich seine Seele zu entfalten begann.

Einige Monate später berichtete er mir vom Ergebnis seines Experiments. Er sagte: „Zum erstenmal in meinem Leben war ich dazu gezwungen, schöpferisch zu denken. Ich hatte keine Arbeit, und es war auch keine in Aussicht. Es galt aber, eine Familie zu ernähren. Ich stellte mir lebhaft vor, es müsse irgendwo eine Zukunft für mich bereit sein, und ich konzentrierte mich darauf, diese zu finden. Ich mußte meinen Glauben und meinen Verstand ganz einsetzen."

Was tat er? Einfach dies: Er verschaffte sich die Namen der Leiter von hundert Unternehmen. Er las „Who's Who" und andere Adreßbücher, um sich Einsicht in das Denken eines jeden Arbeitgebers zu verschaffen, mit dem er Kontakt aufnehmen wollte. Er untersuchte ihr geschäftliches und persönliches Verhalten, ihre Gewohnheiten und Abneigungen und entwickelte eine umfassende Persönlichkeits-Analyse eines jeden.

Dann schrieb er jedem einen persönlichen Brief, in dem er erklärte, er habe es gelernt, Personalfragen zu bearbeiten, und beschrieb seine Erfahrungen. Er sagte den voraussichtlichen Arbeitgebern in bescheidenem, aber bestimmtem Ton, welche Leistung er anzubieten habe. Er legte dar, wie er gedenke, seinem Chef von Nutzen zu sein. Er paßte seine Ausführungen den besonderen Interessen der Firma an. Er war nicht anmaßend, aber auch nicht unterwürfig. Er wies seine Eignung ganz objektiv nach und erhielt eine schöne Anzahl von Antworten, die Interesse verrieten.

Er hielt am geistigen Bild der Arbeit fest, die er suchte, fuhr fort, positiv zu denken, und seine Kontakte ließen ihm schließlich die Wahl zwischen zwei guten Stellen. Er nahm diejenige an, bei der er zwölfhundert Dollar mehr im Jahr verdiente, als dort, wo er entlassen worden war. Nachdem er seine neue Stelle angetreten hatte, sagte ich zu ihm: „Es ist wirklich ein Wunder, was mit Ihnen geschah?"

„Ein Wunder? Ganz und gar nicht! Es ist weiter nichts als eine Demonstration der Kraft positiven Denkens, die Sie lehren. Ich habe durch bittere Erfahrung gelernt, daß positives Denken in praktischer und wissenschaftlicher Hinsicht gesund ist. Ich weiß nun, warum uns die Bibel dazu anhält, den Glauben zu haben, denn wenn man wirklich glaubt, wird der Geist klar, und dann kann man sich einen Weg ausdenken, der durch die Schwierigkeiten hindurchführt. Außerdem", fügte er hinzu, „ist eine solche Erfahrung keine so schlechte Sache. Vielleicht brauchte ich etwas, das mich aus der Einstellung eines ängstlichen Hasen aufrüttelte. Ich bin nun viel selbstsicherer." Und in der Tat, er war am stärksten dort geworden, wo er vorher am schwächsten gewesen war.

Das wirksamste Mittel zur Entwicklung der Stärke aus der Schwäche besteht in dem das Leben verändernden Vorgang, der aus einem positiven Glauben entsteht. Beweise dieser Tatsache gibt es täglich so viele, daß es mir schwerfällt, die besten Beispiele herauszusuchen.

Ich habe diesen Vorgang schon öfters Leuten erzählt, die im Kampfe mit einer Schwäche stehen, und sie sagen mir: „Aber ich gehe doch in die Kirche, ich beteilige mich an den Werken der christlichen Nächstenliebe und lese die Bibel. Es scheint mir, daß ich mit dem christlichen Glauben lebe, ohne daß es mir etwas helft." Aber was wirklich wichtig ist, ist ein geistiges Erleben der Macht Gottes. Das aber verlangt viel mehr als nur religiöse Formalitäten.

Nehmen wir den Fall Bill Carters. Ich will ihn so nennen, obwohl Carter nicht sein richtiger Name ist. Er versuchte es mit allen bekannten Methoden, um seine Schwachheit loszuwerden, ohne den geringsten Erfolg. Eines Tages sagte ihm sein Arzt ziemlich schonunglos: „Bill, es tut mir leid, aber ich kann nichts mehr für Sie tun."

„Meinen Sie, mein Fall sei hoffnungslos?"

„Ja, wenn Sie nicht die Hilfe eines der besten Spezialisten in Anspruch nehmen."

„Aber Herr Doktor, wer weiß denn mehr über den Alkoholismus als gerade Sie?"

„Well", sagte der Arzt, „ich kenne einen Spezialisten, der vielleicht in der Lage ist, Ihnen zu helfen. Aber er ist sehr teuer, und Sie müssen bereit sein, zu zahlen. Er nimmt Ihnen alles, was Sie haben, aber er kann Ihnen bestimmt helfen."

Bill richtete sich auf in seinem Stuhl. „Wer ist dieser Spezialist? Ich werde zahlen, was nötig ist, wenn ich nur wieder Halt finde und das Trinken aufgeben kann."

„Bill", sagte der Arzt, „der Spezialist, von dem ich spreche, hat sein Sprechzimmer im Neuen Testament. Sie wissen, wer es ist, aber ich zweifle sehr stark daran, daß Sie den Preis zahlen wollen, den er verlangt. Ich weiß, daß Sie zur Kirche gehen, Ihre Gebete sagen, ja selbst, daß Sie die Bibel lesen, aber Sie zahlen nicht den angemessenen Preis, um einen wirklichen Wandel herbeizuführen."

„Und was ist das Honorar, das dieser Arzt verlangt?"

„Sie selbst. Ihr ganzes Wesen. Sie halten sich noch heraus, das ist der Grund, warum wir in Ihrem Fall keine Heilung erzielen. Ich habe den Alkohol aus Ihnen vertrieben, aber 5 % Ihres Gehirns kann ich nicht erreichen. Nur der große Arzt kann dorthin gelangen und die Schwäche heilen, welche Sie drückt und fortfahren wird Sie zu drücken. Sehen Sie, Sie müssen alles einsetzen — Ihr ganzes Ich. Tun Sie das, und Sie werden wirkliche Stärke erhalten."

Was für ein Arzt! Ein Arzt der Seele, nicht nur des Körpers!

Bill Carter folgte schließlich dem Rat des Arztes. Er verrichtete ein einfaches Gebet, aber eines, das er vorher nie hätte sagen können: „Herr, ich werde nicht mehr an diesen 5 % Widerstand festhalten. Ich werde mich Dir ganz hingeben. Du nimmst Dich meiner an. Ich gehöre mir nicht mehr selbst. Tue mit mir, was Du willst. Amen."

In kurzer Zeit verstärkte sich Bills Fähigkeit, mit dem Problem des Alkoholismus fertig zu werden. Heute ist er ein nüchterner und fähiger Mann, weil er gelernt hat, sich ganz dem Willen Gottes zu fügen. „Als ich es Gott überließ, die Sache für mich in die Hand zu nehmen", sagte er, „fühlte ich tatsächlich, wie die alte Schwäche in mir ausgelöscht wurde."

Es ist ein grundlegender Faktor, daß der Glaube eine große Macht entfaltet, wenn Sie sich ihm ganz hingeben. Halten Sie mit nichts zurück. Seien Sie ohne Vorbehalte. Glauben Sie positiv mit Ihrem ganzen Herzen, mit Ihrer ganzen Seele, mit Ihrem ganzen Verstand, und keine Schwäche wird so groß sein, um nicht von Ihnen gemeistert werden zu können.

In diesem Kapitel haben wir die Systeme betrachtet, die von verschiedenen Menschen angewendet werden, um durch positives Denken Schwäche in Stärke zu verwandeln. Wir haben unsere Aufmerksamkeit besonders den Gefühlen des Hasses, der Minderwertigkeit, der Mutlosigkeit und moralischen Schwäche zugewandt.

Das gleiche Prinzip kann auf jede Schwäche angewandt werden, worin sie auch immer bestehen möge. Studieren Sie Ihr spezielles Problem, beleuchten Sie es von allen Seiten, damit Sie genau die Schwächen kennenlernen, die Sie zu bekämpfen haben. Dann stellen Sie die Resultate, die Sie erreichen möchten, in den Brennpunkt Ihrer Aufmerksamkeit. Was wollen Sie ganz besonders erreichen? Beginnen Sie *sofort* damit, die Person zu sein, die Sie zu sein wünschen. Üben Sie sich in der Erwartung, am stärksten an Ihrer schwächsten Stelle zu werden. Und Sie *werden* es sein. Bleiben Sie beharrlich in Ihren Anstrengungen, dieses Ziel zu erreichen. Geben Sie nicht auf. Fahren Sie fort — fahren Sie fort — fahren Sie fort!

Wenn Sie fühlen, daß Ihre Energie abflaut, dann lesen Sie dieses Kapitel noch einmal durch. Lenken Sie Ihre Aufmerksamkeit besonders auf die Art, wie *andere* ähnliche Schwächen zu überwinden hatten und den Sieg davontrugen. Halten Sie sich immer das vor Augen, daß Gott nicht will, daß Sie das Opfer Ihrer Schwäche werden. Glauben Sie fest daran, denn es ist die Wahrheit. Glauben Sie daran, daß Ihnen Gott Möglichkeiten gegeben hat, die Sie bis jetzt nicht genützt haben. Aber nun werden Sie damit beginnen, sie auszuwerten.

Dichten Sie Ihre schwache Stelle ab, stellen Sie im einzelnen die Ziele auf, die Sie zu erreichen wünschen, malen Sie sich aus, wie Sie stark werden; beginnen Sie damit, die starke Persönlichkeit zu sein, die Sie sein möchten. Handeln Sie so, als ob Sie sich zu einer starken Persönlichkeit entwickelten; glauben Sie daran, daß Sie die Erfolge verbuchen werden, die Sie suchen, demütig und gläubig darauf vertrauend, daß Gott Ihnen dabei helfen wird.

Ihr ganzes Leben kann sinnvoller und glücklicher in jeder Hinsicht werden. Indem Sie die Lehren dieses Buches aufnehmen und anwenden, werden große Dinge mit Ihnen geschehen, weil etwas Großes in Ihrem Innern vorgeht. Ihr gestärkter Glaube und Ihr tieferes Verständnis wird Ihnen ein wundervolles neues Leben eröffnen. Sie werden außerdem genügend Kraft und Einsicht haben, um schöpferischen Einfluß auf viele andere auszuüben.

Keine Niederlage, keinen Fehlschlag, keine Hoffnungslosigkeit mehr. Das aber wird nicht plötzlich ein leichtes und oberflächliches Leben werden — ganz und gar nicht. Das Leben ist ernst und voller Probleme. Aber mit Gottes Hilfe werden Sie Ihre Probleme meistern. Durch die Geisteshaltung, die in diesem Buch dargelegt wird, brauchen Sie sich nicht mehr von Ihren Schwierigkeiten bedrücken zu lassen. Sie werden imstande sein, Ihre Schwierigkeiten ebenso zu überwinden, wie alle andern Menschen, die die erstaunliche Kraft und Macht des positiven Denkens erfahren haben.

Bücher für positive Lebensgestaltung

Ganz selten nur glückt einem Autor ein Buch, das den Erfahrungsschatz der Vergangenheit mit den Erkenntnissen der Gegenwart verbindet, um den Leser mit Zuversicht in die Zukunft zu führen. Mach das Beste aus Dir selbst ist ein solches Buch! NORMAN VINCENT PEALE

Nido R. Qubein
Mach das Beste aus Dir selbst
Das neue Modell der persönlichen und beruflichen Entfaltung.
255 Seiten, Leinen mit Schutzumschlag.

Nido R. Qubein ist es gelungen, die Erkenntnisse der grossen Denker aller Zeiten auf fesselnde Art darzulegen und unserer Generation zugänglich zu machen.
Qubein fordert zum «Management der eigenen Persönlichkeit» auf. Er bietet dem Leser Vertrauen, hilft ihm, an sich selbst zu glauben, und vermittelt ihm Mut, zu sich selbst zu stehen.
Wer Nido R. Qubeins Grundsätze befolgt, legt den Grundstein zum eigenen beruflichen und persönlichen Erfolg.

OESCH VERLAG
Industriestrasse 54, CH-8152 Glattbrugg-Zürich

Erhältlich in Ihrer Buchhandlung. Bitte verlangen Sie das kostenlose Gesamtverzeichnis ‹Bücher für positive Lebensgestaltung› direkt beim Verlag.